Von A bis Zett

Wörterbuch für Grundschulkinder

von
Gerhard Sennlaub

mit Bild-Wort-
Lexikon Englisch

Cornelsen

Inhaltsverzeichnis

1. Anfangswortschatz 4

2. Wörterverzeichnis
2. Schuljahr 18

3. Wörterverzeichnis

4. Sprachschätze 212

5. Englisch 286

Goldene Regel,
wie man richtig kontrolliert:
Ein Finger im Buch,
ein Finger im Heft.
Buchstabe für Buchstabe,
dabei leise mitsprechen.
Am Schluss:
Hefte tauschen und
ein Partnerkind
kontrollieren lassen.

Katze

nass

4

1. Anfangswortschatz

1. Anfangswortschatz

Laut für Laut:
25 Wörter

der **Hase**

die **Hose**

der **Juli**

der **Juni**

lesen

das **Lexikon**

malen

die **Minute**

der **Monat**

der **Name**

die **Nase**

rot

rufen

das **Telefon**

das **Ei**

fein

das **Haus**

die **Haut**

laut

leise

die **Maus**

reisen

die **Seife**

weit

die **Zeit**

Was Kinder in der Schule tun und nicht tun

fragen

antworten

arbeiten

freuen

helfen

hören

denken

laufen

lernen

schlafen

lesen

geben

gehen

bewegen

malen

schlagen

schreien

quaken

reden

rufen

reisen

rechnen

trinken

singen

turnen

üben

schreiben

1. Anfangswortschatz

Namen von Tieren
und anderen Wesen

der **Vogel**

der **Hase**

die **Kuh**

der **Hund**

der **Käfer**

das **Pferd**

die **Katze**

die **Ente**

die **Eule**

der **Igel**

das **Monster**

die **Maus**

die **Raupe**

die **Hexe**

Besondere Namen
in der Familie

der **Bruder**

die **Schwester**

der **Onkel**

die **Tante**

der **Vater**

der **Papa**

die **Puppe**

die **Mutter**

die **Mama**

der **Freund**

die **Freundin**

der **Sohn**

die **Tochter**

der **Junge**

das **Mädchen**

der **Teddy**

der **Opa**

die **Oma**

1. Anfangswortschatz

Essen und Trinken

Reihum-Lesen: Nur Namen von
Flüssigem, nur Namen von Obst,
nur Namen von Ungenießbarem,
nur, was man beim Essen tut…

das **Gemüse**	**beißen**
die **Pizza**	der **Zucker**
das **Kraut**	die **Birne**
die **Seife**	das **Obst**
die **Zwiebel**	die **Spagetti**
essen	das **Brot**
der **Apfel**	die **Raupe**
das **Ei**	die **Frucht**
das **Wasser**	das **Brötchen**
der **Igel**	**trinken**
der **Saft**	die **Pommes**
die **Biene**	

Wie Blumen und wie
Menschen sein können

leicht	weiß
alt	laut
still	blau
groß	rot
schön	bunt
fein	krank
flüssig	dunkel
gesund	grün
schwarz	lieb
böse	hell
klein	gelb
reich	neu
frisch	gut
leise	frech

1. Anfangswortschatz

Was ist lebendig?

Reihum-Lesen macht Spaß:

die **Ampel**	der **Vogel**
der **Apfel**	der **Käfer**
der **Bruder**	der **Kalender**
der **Computer**	der **Körper**
der **Igel**	die **Wurzel**
der **Nebel**	der **Oktober**
der **Onkel**	die **Schwester**
der **Dezember**	die **Tochter**
das **Fenster**	der **Vater**
der **Finger**	der **Winter**
der **Stängel**	die **Puppe**

Ei, ei, ei –
eine kleine Rätsel-Eierei

heiß,
w🥚ß

f🥚n,
r🥚n,
kl🥚n

r🥚ch
w🥚ch

eins,
zw🥚,
dr🥚

🥚ne M🥚se,
zw🥚 M🥚sen

das Kleid,
die Kl🥚der

bleiben,
ich bl🥚be

arb🥚ten,
die Arb🥚t

🥚ne Am🥚se

m🥚ne S🥚fe

d🥚ne Arb🥚t

h🥚ßer Br🥚

13

Mädchennamen

Hier sind die Namen der Mädchen versteckt. Rate, welche gibt es?

An

na   ne   ni   gel   ja   ke   zu

A

li   mi   le   na   ni   si   ta

na   ra   bel   ne   za   fa   ra

Jungennamen

Hier sind die Namen der Jungen
versteckt. Rate, welche gibt es?

A	An
chim dam	ders ton dy
leps lex	gelo put drej

HU OS AL AU AN

GUST KAR WIN TON GO

1. Anfangswortschatz

Welche Namen passen
zu den Tieren?

E   Mem

---

lisa mil mo rik gon ba beni

El   Ma

---

la len mar sa ja ke way

Em   Bur

---

ma mi sel ba mely sa

Die Umweltmonster

Sie bestehen aus lauter Abfall.
Sie stinken nach Gas.
Wenn sie durchs Land ziehen,
lassen sie Giftwasser unter sich.
Setze passende Namen zusammen.

Nachtmonster

Tagmonster

SCHLAM RUP WITSCH PI

LA KO PI KI MODO

MATSCH KE GOLO HULU

BABU WUDU FRODU PIPS

Wichtige Wortarten
erkennst du an der Farbe:

Nomen (Namenwörter) sind blau:

der **Abend**

Verben (Tunwörter) sind rot:

singen

Adjektive (Wiewörter) sind grün:

groß

2.

Wörterverzeichnis

2. Wörterverzeichnis

Wie man im Wörterverzeichnis nachschlägt

Lösungen → Ⓛ Seite 319

Ehe du anfängst, solltest du bei deiner
Lehrerin oder deinem Lehrer das ABC gelernt
und immer wieder geübt haben.
Danach kannst du alleine weiterarbeiten.
Wenn du das einfach der Reihe nach tust,
braucht dir niemand mehr zu helfen.
Nimm dir jeden Tag höchstens zwei
Aufgaben vor.

Dieses Zeichen heißt: Suche dir ein
Partnerkind. Arbeite mit ihm zusammen.

1. Sprich die ABC-Buchstaben wie ein Gedicht. So:
A B C D E F G
H I J K L M N O P
Q R S T U V W
X Y Z

2. Ein Kind sagt einen Buchstaben. Beispiel: „Y!"
Das andere nennt die ganze Zeile:„X Y Z!"

3. Ein Kind sagt einen Buchstaben. Beispiel: „N!"
Das andere nennt die beiden Buchstaben
danach: „O P!"
Oder:
Erfindet selbst Partnerspiele zum ABC.

4. Sprich das ABC so schnell, wie du kannst.
Kontrolliere mit dem Sekundenzeiger einer Uhr.
Beurteile dein Ergebnis selbst:

- Mehr als 15 Sekunden: Du kannst noch
nicht zufrieden sein.
Übe jeden Tag weiter.
- 12 bis 15 Sekunden: Du bist schon gut!
- 8 bis 12 Sekunden: Du bist richtig gut.
- Unter 8 Sekunden: Absolute Spitze!

5. Ordne die Mädchennamen nach dem ABC.
Ⓛ Achte auf den ersten Buchstaben.
Schreibe so: A̲nna, …
Sofie, Anna, Lena, Hanna, Emma

6. Ordne die Jungennamen nach dem ABC.
Ⓛ Schreibe so: D̲avid, …
Murat, Paul, Felix, Jonas, David

7. Ordne diese Familiennamen nach dem ABC:
Ⓛ *Wagner, Meier, Lehmann, Seiler, Posser*
Oder:
⭐ Ordne alle zehn Vornamen aus den
Aufgaben 5 und 6 nach dem ABC.

8. Sucht seltene oder lustige Namen.
Macht eigene Listen und stellt sie vor.

Alles, was du ins Heft schreibst, braucht eine
Überschrift. Die lautet jedes Mal: Nachgeschlagen.

2. Wörterverzeichnis

9. Benutze von nun an das 2. Wörterverzeichnis.
Es sind die Seiten mit dem blauen Rand.
Auf welcher Seite stehen die Wörter,
die mit *C, J, U, Q, N, I, O, V* anfangen?
Schreibe so: C: S. 28, …

10. Wie heißt das erste Wort, das so anfängt:
Ba, Ha, St, Ce, Sp, Ta, Va?
Schreibe so: Baby S. 27, …

11. Suche die Namen von Sachen,
die man essen oder trinken kann
und die so anfangen:
Te, Qu, Br, Sa, Ku, Sp, Zw, Ge

12. Suche die Namen von Tieren,
die so anfangen:
Ku, P, A, M, Schm, R, B, V
Oder:
⭐ Schreibe die Namen der gesuchten Tiere
nach dem ABC geordnet auf.

13. Sucht alle Zahlwörter von eins bis zehn und
schreibt sie mit der Seitenzahl auf.
Oder:
⭐ Sucht alle zwölf Monatsnamen und
schreibt sie mit der Seitenzahl auf.

Denke an die Überschrift: Nachgeschlagen.

Auch Wörter, die alle mit dem gleichen Buchstaben anfangen, kannst du nach dem ABC ordnen. Dann kommt es nicht nur auf den ersten, sondern auch auf den zweiten Buchstaben an. Beispiel:

E	a	
E	b	er
E	c	
E	d	uard
E	e	
E	f	eu

14. Lege dir eine ABC-Liste von **a** bis **f** an und ordne ein:
Abend, Ader, Affe, Aal, acht
Oder:
Lege dir eine ABC-Liste von **a** bis **z** an und ordne ein: *Ofen, Ort, Ohr, Obst, Onkel, Oma, Oktober, Ozean, Opa, Osten*

15. Ordne und schreibe ohne Liste:
Pommes, Pizza, Quatsch, Ring, Puppe

16. Schreibe nur die Wörter, die man großschreibt. Das Wörterbuch hilft dir.
VERKEHR, STUNDE, ABEND, JEDER, WIND, WOLKE, STADT, VORSICHTIG, JULI, ALT

Denke an die Überschrift: Nachgeschlagen.

2. Wörterverzeichnis

Die Buchstaben **ä, ö, ü** und **äu** sind so eingeordnet, als hätten sie nicht ihre Umlautpünktchen; **ä** ist wie **a**, **ö** wie **o**, **ü** wie **u** und **äu** wie **au** eingeordnet.

17. Ordnet die folgenden Wörter in Gruppen:
Wörter mit **ü**, Wörter mit **ä**, Wörter mit **ö**.
ⓛ Ordnet jede Gruppe für sich
nach dem ABC:
Rücken, können, wünschen, plötzlich, müde, hören, böse, spät, zwölf, Brötchen, Stängel

18. Ordne nach dem ABC.
Kontrolliere mit dem Wörterverzeichnis:
Flügel, Tisch, Blume, Käfer, Klasse, füllen, Brötchen, Tür, böse, Körper
Oder:
⭐ Ordne zusätzlich diese Wörter nach dem ABC:
nämlich, füllen, nur, hören, früh, Herz

19. Wie heißen mehrere?
Ein Kind bearbeitet die erste Zeile,
das Partnerkind die zweite Zeile.
Kontrolliert mit dem Wörterverzeichnis:
Apfel, Haut, Nacht, Blatt, Bild, Platz, Saft, Feld, Gras, Geld, Hund, Kind, Kleid, Wald

Denke an die Überschrift: Nachgeschlagen.

20. Zwei Wörter stehen nicht im Wörterverzeichnis. Sucht sie und schreibt sie auf.
Sie ergeben den Namen des Lümmels,
der an allen Schreibfehlern schuld ist.
Man schreibt ihn mit Bindestrich.
Kalender, Birne, Buchstaben, Zwiebel,
hundert, Spaß, Oktober, Schere, Kraut,
Gespenst, Freitag, Freund

21. Schreibe sechs Wörter aus dem Kasten,
die man großschreibt.
Oder:
⭐ Schreibe alle Wörter aus dem Kasten,
die man großschreibt.

WIND	*FREITAG*	*ÜBERALL*	*MITTE*
LICHT	*STUNDE*	*HINTER*	*HEFT*
JUNI	*ZUERST*	*ZEIT*	*FREUDE*
ERSTE	*GEBURT*	*GELD*	*KÄLTE*

22. Suche die Wörter und schreibe sie mit der
Seitenzahl auf. Addiere alle Einerzahlen:
rechts, faul, schnell, gestern, eng,
Zirkus, ordentlich, wild, rund
Oder:
⭐ Addiere nur die Einerzahlen der Adjektive
(Wiewörter).

Denke an die Überschrift: Nachgeschlagen.

A a

ab

der **Abend,**

die **Abende**

aber

abholen

acht

der **Affe,** die **Affen**

alle, alles

als

also

alt,

noch **älter**

am Abend

die **Ampel,**

die **Ampeln**

an der Ampel

andere

anders

anfangen

die **Angst,**

die **Ängste**

ankommen

anrufen

wir **antworten**

anziehen

der **Apfel,** die **Äpfel**

der **April**

die **Arbeit,**

die **Arbeiten**

wir **arbeiten**

der **Arm,** die **Arme**

der **Ast,** die **Äste**

auch

auf

die **Aufgabe,**

die **Aufgaben**

aufmachen

aufstehen

das **Auge,** die **Augen**

der **August**

aus

aussehen

das **Auto,** die **Autos**

B b

das **Baby,** die **Babys**
backen
baden
der **Ball,** die **Bälle**
die **Bank,** die **Bänke**
der **Bauch,**
die **Bäuche**
bauen
der **Baum,**
die **Bäume**
bei
alle **beide**
das **Bein,** die **Beine**
beißen
sie **bekam**
bekommen
der **Berg,** die **Berge**
beschreiben
besser
das **Bett,** die **Betten**
bewegen,

es **bewegt** sich
bezahlen
die **Biene,**
die **Bienen**
das **Bild,** die **Bilder**
ich **bin**
die **Birne,**
die **Birnen**
bis morgen
du **bist**
bitten
das **Blatt,**
die **Blätter**
blau
bleiben,
es **bleibt**
blond
blühen,
es **blüht**
die **Blume,**
die **Blumen**
die **Blüte,**
die **Blüten**

A
B
C
D
E
F
G
H
I
J
K
L
M
N
O
P
Q
R
S
T
U
V
W
X
Y
Z

bluten
der **Boden,**
die **Böden**
böse
braun
brechen, sie bricht
bremsen
es **bricht**
der **Brief,**
die **Briefe**
bringen,
sie **bringt**
das **Brot,** die **Brote**
das **Brötchen,**
die **Brötchen**
der **Bruder,**
die **Brüder**
das **Buch,**
die **Bücher**
bunt
der **Busch,**
die **Büsche**

C c

der **Cent,** die **Cents**
der **Christbaum,**
die **Christbäume**
der **Clown,**
die **Clowns**
der **Computer,**
die **Computer**

D d

da
damals
danken
dann
ich **darf**
das
gut, **dass** du kommst!
davon
dein Freund
deine Freundin
in deiner Jacke
in dem Haus
gib den Ball!
denken
wo denn ?
der
des Vaters Hose
der **Dezember**
dich
dick

die
der **Dienstag,**
die **Dienstage**
dies
diese Frau
dieser Mann
das **Diktat,**
die **Diktate**
das **Ding,** die **Dinge**
dir
doch
der **Donnerstag,**
die **Donnerstage**
dreckig
drei
an **dritter** Stelle
du
dumm
dunkel
durch
dürfen, sie darf

A
B
C
D
E
F
G
H
I
J
K
L
M
N
O
P
Q
R
S
T
U
V
W
X
Y
Z

E e

eben
ehrlich
das **Ei,** die **Eier**
eigen
ein
eine
an **einem** Tag
für **einen** Freund
mit **einer** Hand
eines Tages
einfach
eins
einzeln
an **einzelnen** Tagen
das **Eis**
der **Elefant,**
die **Elefanten**
elektrisch
elf
die **Eltern**
das **Ende,** die **Enden**

endlich
eng
die **Ente,** die **Enten**
er
die **Erde**
erklären
erschrecken
erst
erste
als **Erster**
erzählen
es
wir **essen,** sie isst
euch
euer Lehrer
die **Eule,** die **Eulen**
eure Lehrerin
der **Euro,** die **Euros**
ewig

F f

die **Fabrik,**

die **Fabriken**

fahren, sie fährt

das **Fahrrad,**

die **Fahrräder**

er **fährt**

fallen,

sie **fällt**

falsch

die **Familie,**

die **Familien**

fangen,

er **fängt**

faul

der **Februar**

fehlen

der **Fehler,**

die **Fehler**

feiern

fein

das **Feld,** die **Felder**

das **Fenster,**

die **Fenster**

der **Fernseher**

fertig

fest,

noch **fester**

finden

der **Finger,**

die **Finger**

fleißig

fliegen,

er **fliegt**

der **Flügel,**

die **Flügel**

flüssig

fort

fragen,

er **fragt**

die **Frau,** die **Frauen**

frei

der **Freitag,**

die **Freitage**

freiwillig

fremd

der **Fremde,**

die **Fremden**

die **Freude,**

die **Freuden**

sich **freuen**

der **Freund,**

die **Freunde**

die **Freundin,**

die **Freundinnen**

frisch

froh,

noch **froher**

die **Frucht,**

die **Früchte**

früh,

noch **früher**

der **Frühling**

füllen

der **Füller,** die **Füller**

fünf

für

der **Fuß,** die **Füße**

G g

ganz fertig

eine **ganze** Stunde

ein **ganzer** Tag

der **Garten,**

die **Gärten**

geben, sie gibt

die **Geburt,**

die **Geburten**

der **Geburtstag,**

die **Geburtstage**

die **Gefahr,**

die **Gefahren**

gefährlich

gegen

gehen,

er **geht**

gelb

gelbe Blumen

das **Geld,**

die **Gelder**

das **Gemüse**

genau

genug

geschehen

das **Geschenk,**

die **Geschenke**

das **Gesicht,**

die **Gesichter**

gestern

gesund

gesunde Zähne

er **gibt**

das **Glas,**

die **Gläser**

das **Glück**

das **Gras,**

die **Gräser**

grau

groß,

noch **größer**

grün

gucken

gut, besser

H h

das **Haar,**

die **Haare**

haben, sie hat

der **Hals,** die **Hälse**

halten,

er **hält**

die **Hand,**

die **Hände**

hart, härter

der **Hase,** die **Hasen**

sie **hat,** er hatte

das **Haus,**

die **Häuser**

die **Haut,**

die **Häute**

die **Hecke,**

die **Hecken**

das **Heft,** die **Hefte**

heiß und kalt

heißen

helfen, er hilft

A
B
C
D
E
F
G
H
I
J
K
L
M
N
O
P
Q
R
S
T
U
V
W
X
Y
Z

33

hell

das **Hemd,**

die **Hemden**

her damit!

der **Herbst**

der **Herr,** die **Herren**

das **Herz,** die **Herzen**

heute

die **Hexe,** die **Hexen**

hier

die **Hilfe,** die **Hilfen**

er **hilft**

der **Himmel,**

die **Himmel**

hin

hinfallen

hingehen

hinter mir

holen

hören

die **Hose,** die **Hosen**

der **Hund,** die **Hunde**

hundert

ich

die **Idee,** die **Ideen**

der **Igel,** die **Igel**

mit **ihm**

für **ihn**

mit **ihnen** allen

ihr Bruder

ihre Puppe

im Haus

immer

in dem Haus

innen

ab **ins** Bett!

die **Insel,** die **Inseln**

insgesamt

interessant

interessieren

sie **isst** alles auf

es **ist** Zeit

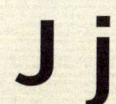

J j

ja

jagen

das **Jahr,** die **Jahre**

jährlich

der **Januar**

jede Frau

jeder Mann

jedes Kind

jemand

jetzt

jubeln

der **Juli**

jung

der **Junge,**

die **Jungen**

der **Juni**

K k

der **Käfer,** die **Käfer**

der **Kalender,**

die **Kalender**

kalt

die **Kälte**

ich **kam** (von kommen)

er **kann** (von können)

kaputt

die **Katze,**

die **Katzen**

kaufen

kein Tag

keine Stunde

keiner weiß das

das **Kind,** die **Kinder**

das **Kino,** die **Kinos**

klar

die **Klasse,**

die **Klassen**

das **Kleid,**

die **Kleider**

A
B
C
D
E
F
G
H
I
J
K
L
M
N
O
P
Q
R
S
T
U
V
W
X
Y
Z

klein

kochen

kommen

können, er kann

der Kopf, die Köpfe

der Körper,

die Körper

was kosten die Bücher?

was kostet ein Buch?

der Krach

krank

das Kraut,

die Kräuter

kriegen,

er kriegt

der Kuchen,

die Kuchen

die Kuh,

die Kühe

kurz

L l

lachen

wir laden ein

das Land, die Länder

lang, lange

langsam

lassen,

er lässt

laufen,

sie läuft

laut,

noch lauter

lauter Arbeit

das Leben

wir leben,

er lebt

legen,

sie legt

der Lehrer,

die Lehrer

die Lehrerin,

die Lehrerinnen

leicht
leise
lernen
lesen, er liest
das **letzte** Mal
die **Leute**
das **Lexikon**
das **Licht,** die **Lichter**
lieb
lieben
das **Lied,** die **Lieder**
liegen,
er **liegt**
er **liest**
die **Lippe,**
die **Lippen**
das **Loch,** die **Löcher**
los
die **Luft,** die **Lüfte**
lügen
lustig

M m

machen
das **Mädchen,**
die **Mädchen**
ich **mag** das
der **Magen,**
die **Mägen**
der **Mai**
geh **mal** weg!
wir **malen** Bilder
die **Mama**
die **Mami**
man sieht es
manchmal
der **Mann,**
die **Männer**
männlich
der **März**
die **Maschine,**
die **Maschinen**
die **Maus,**
die **Mäuse**

A
B
C
D
E
F
G
H
I
J
K
L
M
N
O
P
Q
R
S
T
U
V
W
X
Y
Z

A
B
C
D
E
F
G
H
I
J
K
L
M
N
O
P
Q
R
S
T
U
V
W
X
Y
Z

mehr wert

mein

für **meine** Mutter

wir **meinen** es gut

von **meiner** Mutter

der **Mensch,**

die **Menschen**

merken

messen

das **Messer,**

die **Messer**

der/das **Meter,**

die **Meter**

für **mich**

die **Milch**

die **Minute,**

die **Minuten**

von **mir**

mit

mitmachen

mitnehmen

der **Mittag,**

die **Mittage**

die **Mitte** finden

der **Mittwoch**

ich **möchte**

mögen, sie mag

möglich

der **Monat,**

die **Monate**

der **Montag,**

die **Montage**

der **Morgen**

morgen früh

müde

der **Mund,**

die **Münder**

die **Musik**

ich **muss**

müssen, sie muss

die **Mutter,**

die **Mütter**

die **Mütze,**

die **Mützen**

N n

nach
der **Nachbar,**
die **Nachbarn**
der **Nachmittag,**
die **Nachmittage**
nachsehen
der **nächste** Tag
die **Nacht,**
die **Nächte**
nah
die **Nähe**
die **Nahrung**
der **Name,**
die **Namen**
nämlich
die **Nase,** die **Nasen**
nass
natürlich
der **Nebel,** die **Nebel**
nehmen, sie nimmt

nein
nennen
das **Nest,**
die **Nester**
nett
das **Netz,** die **Netze**
neu
neun, zehn, elf
nicht
nichts
nicken
nie
niedlich
niemand
sie **nimmt** (von nehmen)
noch
die **Not,** die **Nöte**
die **Note,** die **Noten**
der **November**
nun
nur
die **Nuss,** die **Nüsse**

A
B
C
D
E
F
G
H
I
J
K
L
M
N
O
P
Q
R
S
T
U
V
W
X
Y
Z

O o

ob

oben

das **obere** Stockwerk

das **Obst**

obwohl

oder

offen geblieben

oft, öfter

ohne

das **Ohr**, die **Ohren**

der **Oktober**

die **Oma**, die **Omas**

der **Onkel**,

die **Onkel**

der **Opa**, die **Opas**

ordentlich

ordnen

die **Ordnung**,

die **Ordnungen**

der **Ort**, die **Orte**

das **Ostern**

P p

ein **paar** Tage

packen

das **Paket**,

die **Pakete**

der **Papa**, die **Papas**

das **Papier**,

die **Papiere**

die **Pappe**,

die **Pappen**

passen

passieren

die **Pause**,

die **Pausen**

die **Person**,

die **Personen**

pfeifen

das **Pferd**,

die **Pferde**

wir **pflanzen**

pflegen,

sie **pflegt**

pflücken

der **Pinsel,**

die **Pinsel**

die **Pizza,** die **Pizzen**

 oder: **Pizzas**

der **Platz,** die **Plätze**

 platzen

 plötzlich

der **Plural**

die **Polizei**

der **Polizist,**

die **Polizisten**

die **Pommes**

der **Preis,** die **Preise**

 probieren

der **Punkt,**

die **Punkte**

die **Puppe,**

die **Puppen**

 putzen

Qu qu

das **Quadrat,**

die **Quadrate**

 quaken

der **Quark**

der **Quatsch**

 quatschen

die **Quelle,**

die **Quellen**

 quer

 quetschen

A
B
C
D
E
F
G
H
I
J
K
L
M
N
O
P
Q
R
S
T
U
V
W
X
Y
Z

R r

das **Rad**, die **Räder**

der **Rand**,

die **Ränder**

rasch

sie **rasen**

wir **raten**

die **Raupe**,

die **Raupen**

rechnen

die **rechte** Hand

rechts

reden

die **Regel**,

die **Regeln**

der **Regen**

regnen

das **Reh**, die **Rehe**

reich sein

die **Reihe**,

die **Reihen**

rein

reingehen

reisen

reiten

rennen

retten

richtig

riechen

der **Ring**, die **Ringe**

der **Rock**, die **Röcke**

rollen

der **Roller**, die **Roller**

rosa

rot

der **Rücken**,

die **Rücken**

rufen

ruhig

rund

runterfallen

die **Rutsche**,

die **Rutschen**

wir **rutschen**

S s

die **Sache,**

die **Sachen**

der **Saft,**

die **Säfte**

sagen,

er **sagt**

das **Salz**

der **Samen,**

die **Samen**

der **Samstag,**

die **Samstage**

der **Sand**

sandig

er **sang** schön

der **Satz,**

die **Sätze**

sauber

sausen

schaffen

schalten

scharf

schauen

schaukeln

scheiden

scheinen

schenken

die **Schere,**

die **Scheren**

schicken

schieben

schief

schießen

das **Schiff,**

die **Schiffe**

schimpfen

schlafen,

er **schläft**

schlagen,

er **schlägt**

schlau

schlecht

A
B
C
D
E
F
G
H
I
J
K
L
M
N
O
P
Q
R
S
T
U
V
W
X
Y
Z

schleudern

schließen

schlimm

der Schluss,

die Schlüsse

der Schlüssel,

die Schlüssel

schmecken

schmeißen

der Schmetterling,

die Schmetterlinge

schmutzig

der Schnee

schneiden

schnell

schon

schön

der Schrank,

die Schränke

schreiben,

sie schreibt

schreien

die Schrift,

die Schriften

der Schuh,

die Schuhe

die Schule,

die Schulen

der Schutz

schwach

der Schwanz,

die Schwänze

schwarz

schwer

die Schwester,

die Schwestern

schwimmen

sechs

der **See,** die **Seen**

sehen, er sieht

sehr

die **Seife,** die **Seifen**

sein Heft

seine Hefte

in **seiner** Tasche

seit gestern

die **Seite,** die **Seiten**

die **Sekunde,**

die **Sekunden**

selber

selbst

selten

senden

der **September**

setzen

sich

sicher

sie und er

sieben

er **sieht** (von sehen)

sie **sind**

wir **singen,**

er **singt**

sitzen,

er **sitzt**

so

sofort

sogar

der **Sohn,** die **Söhne**

sollen

der **Sommer,**

die **Sommer**

sondern

die **Sonne,**

die **Sonnen**

der **Sonntag,**

die **Sonntage**

sonst

A B C D E F G H I J K L M N O P Q R **S** T U V W X Y Z

die **Spaghetti**

sparen

der **Spaß**,

die **Späße**

spät

der **Spaziergang**,

die **Spaziergänge**

das **Spiel**, die **Spiele**

spielen

spitz

der **Sport**

sprechen,

sie **spricht**

springen,

er **springt**

die **Stadt**,

die **Städte**

die **Stange**

der **Stängel**

stark

stecken

stehen,

er **steht**

steigen

steil

der **Stein**, die **Steine**

wir **stellen** es hin

sterben

der **Stift**, die **Stifte**

still

die **Stimme**,

die **Stimmen**

die **Stirn**, die **Stirnen**

der **Stock**,

die **Stöcke**

stolz

stören

stoßen

die **Straße,**
die **Straßen**
der **Strauch,**
die **Sträucher**
streicheln
der **Streit**
das **Stück,**
die **Stücke**
die **Stunde,**
die **Stunden**
suchen
die **Suppe,**
die **Suppen**

T t

der **Tag,**
die **Tage**
die **Tante,**
die **Tanten**
die **Tasche,**
die **Taschen**
tausend
der **Teddy,**
die **Teddys**
der **Tee,** die **Tees**
das **Telefon,**
die **Telefone**
der **Teller,**
die **Teller**
die **Temperatur,**
die **Temperaturen**
teuer
der **Teufel,**
die **Teufel**
der **Text,** die **Texte**

das **Thermometer,**
die **Thermometer**
tief
das **Tier,** die **Tiere**
der **Tisch,** die **Tische**
die **Tochter,**
die **Töchter**
toll
der **Topf,** die **Töpfe**
tot umfallen
tragen,
er **trägt**
der **Traum,**
die **Träume**
traurig
treu
trinken
trocken
trotzdem
tüchtig
wir **tun** alles
die **Tür,** die **Türen**
turnen

U u

üben, sie **übt**
über
überall
überhaupt
übrig
sie **übt**
die **Übung,**
die **Übungen**
die **Uhr,** die **Uhren**
um
und
der **Unfall,**
die **Unfälle**
uns
unser Haus
unsere Wohnung
unten im Keller
unter dem Sofa

V v

der **Vater,** die **Väter**

verbieten

vergessen,

er **vergisst**

der **Verkehr**

verlieren

verloren

verstehen

versuchen

viel Zeit

vier

der **Vogel,** die **Vögel**

voll

vom Vater

von dem Vater

vor dem Haus

vorbei

vorher

vorn, vorne

vorsichtig

W w

der **Wagen,**

die **Wagen** rollen

der **Wald,**

die **Wälder**

wann

es **war** einmal

warm

die **Wärme**

warten

warum

was

waschen,

er **wäscht**

das **Wasser**

geh **weg** !

der **Weg,**

die **Wege**

wegfahren

weglaufen

wehtun, es tat weh

weich

A
B
C
D
E
F
G
H
I
J
K
L
M
N
O
P
Q
R
S
T
U
V
W
X
Y
Z

das **Weihnachten,**
die **Weihnachten**

weil

weinen

weiß

weit und breit

noch **weiter**

weitergehen

welche

welcher

die **Welt,**
die **Welten**

wem gehört das?

für **wen** ist das?

wenig

wenn ich gehe

wer

wir **werden,** es wird

werfen, er wirft

das **Wetter**

wie

wieder

wiederkommen

wiegen

die **Wiese,**
die **Wiesen**

wild

ich **will**

der **Wind,**
die **Winde**

der **Winter,**
die **Winter**

wir

es **wird** schön

er **wirft**

wirklich

wo

die **Woche,**
die **Wochen**

wohnen

die **Wolke,**
die **Wolken**

wollen, er will

das **Wort,** die **Worte**

wünschen

es **wurde** hell

Z z

die **Zahl,** die **Zahlen**

wir **zahlen** Geld

zählen

der **Zahn,**

die **Zähne**

die **Zehe,** die **Zehen**

zehn, elf, zwölf

zeigen,

er **zeigt**

die **Zeit,** die **Zeiten**

die **Zeitung,**

die **Zeitungen**

das **Zelt,** die **Zelte**

der/das **Zentimeter,**

die **Zentimeter**

der **Zettel,**

die **Zettel**

das **Zeug**

ziehen

das **Zimmer,**

die **Zimmer**

die **Zipfelmütze,**

die **Zipfelmützen**

der **Zirkus,**

die **Zirkusse**

der **Zoo,** die **Zoos**

zu

der **Zucker**

zuerst

der **Zug,** die **Züge**

zuletzt

zum Beispiel

zur ersten Stunde

zurück

zusammen

zwanzig

zwei

an **zweiter** Stelle

die **Zwiebel,**

die **Zwiebeln**

zwischen

zwölf

A
B
C
D
E
F
G
H
I
J
K
L
M
N
O
P
Q
R
S
T
U
V
W
X
Y
Z

Die fett gedruckten Wörter heißen Hauptstichwörter.
Die gelben Striche bei den Stichwörtern
zeigen, wo du ein Wort trennen kannst:

das **Ab|teil,** die Abteile
    ab|wärts
der **Ab|wasch**

Hinter manchen Wörtern steht eine
kurze Erklärung in Klammern:

be|harr|lich (hartnäckig)

Manchmal steht in eckigen Klammern
ein Hinweis, wie man ein Wort ausspricht:

der **Brow|ser** [sprich: brauser]

Ein Pfeil hinter den Wörtern rät dir, noch
an einer anderen Stelle nachzuschlagen:

auf|tre|ten
→ treten,
der Auftritt

Mehr Informationen zu einem Wort erhältst
du bei den Pfeilen zu den Wörterbuchteilen
Wortfelder → W oder Regionalsprachen → R :

abmachen,
→ W *vereinbaren*

3. Wörterverzeichnis

3. Wörterverzeichnis

Wie man alle Wörter findet
Lösungen → Ⓛ Seite 319

Wenn die Anfangsbuchstaben gleich sind

Wenn die ersten Buchstaben gleich sind, ordnen wir nach dem zweiten. Wenn die aber auch gleich sind? Dann ordnen wir eben nach dem dritten Buchstaben. Beispiel:

	a	
Ba	b	y
Ba	c	h
	d	
	e	
	f	
Ba	g	ger

Wenn auch die dritten Buchstaben gleich sind, ordnen wir nach den vierten Buchstaben.

1. Schreibe eine ABC-Liste von **a** bis **l** und ordne ein:
Ⓛ *Backe, Bagger, Bahn, baden, bald*
Oder:
⭐ Schreibe eine ABC-Liste von **a** bis **z** und ordne ein:
Backe, Bagger, Barren, bald, Bast, Bayern, Banane

Alles, was du ins Heft schreibst, braucht eine Überschrift. Die lautet jedes Mal: Nachgeschlagen.

2. Ordne diese Wörter in eine ABC-Liste:

L *Latte, laden, lachen, lahm, Lack,*
Lappen, Lager, lang, lassen, Lampe
Oder:

⭐ Ordne ohne ABC-Liste „im Kopf":
Latte, kochen, laden, lachen, Mutter, lahm, lang, Mut

3. Ordne diese Namen ohne Liste nach dem ABC:

L *Martin, Anna, Anton, Sonja, Marie, Sofie*
Oder:

⭐ Suche acht Vornamen mit **L** und **M** und
ordne sie nach dem ABC.

4. Schreibt geordnet nach dem ABC:

quer, passen, Rübe, Rücken, rudern, rufen,
L *ruhig, Rummel, rund, schwer, schwarz*

5. Schreibt diese Wörter in der richtigen Reihenfolge.
Aber beratet euch vorher! Das Wort genau
L in der Mitte ist das Lösungswort:
Kahn, Kamel, Junge, Juli, Kanne, Kasse, Kopf,
Kupfer, krank, lahm, lächeln, Zappelphilipp, Angeber

6. Nur für freiwillige Könner: Schreibt diese Wörter
nach dem ABC geordnet.
⭐ Das Wort in der Mitte ist das Lösungswort.
L Es heißt im Russischen звезда:
sterben, sternklar, Sternbild, stereo, sterblich,
Sternsinger, steril, Stern, stets

Denke an die Überschrift: Nachgeschlagen.

3. Wörterverzeichnis

Bei Nomen die Einzahl suchen
Im zweiten Wörterverzeichnis wird die Einzahl
(der Singular) der Wörter zuerst genannt.
Häuser findest du also unter *Haus.*

7. Suche die Einzahl dieser Wörter:
*Bänke, Symbole, Cousins, Termine, Eskimos,
Quellen, Garnituren, Majestäten, Zwiebäcke*

8. Von manchen Wörtern gibt es keine Mehrzahl.
Andere Wörter gibt es **nur** in der Mehrzahl.
Bei einer dritten Gruppe sind
Einzahl und Mehrzahl **gleich**.
Bei einer vierten Gruppe haben die Wörter
sogar **zwei** Mehrzahlformen.
Ordnet so (innerhalb jeder Gruppe alphabetisch):
keine Mehrzahl: das Chaos, …
nur Mehrzahl: …
Einzahl und Mehrzahl gleich: …
zwei Mehrzahlformen: …
*Chaos, Ballon, Barren, Alpen, Rahmen, Computer,
Durst, All, Lärm, Kuchen, Charts, Gangster,
Artikel, Trümmer, Tunnel, Pizza*

Vergiss nicht die Überschrift: Nachgeschlagen.

Bei Verben die Grundform suchen

Wenn du das Wort *schnitt* suchst,
musst du bei *schneiden* nachschlagen.

9. Suche dir vier oder sechs Wörter aus und
   schreibe sie mit ihrer Grundform.
   Schreibe so: schnitt – schneiden, …
   schnitt, brachte, schlief, aß, rief,
   gestohlen, fuhr, gesessen, nimmt

10. Suche die Grundformen der Verben.
    Schreibe so: werfen – wirf!, geben – …
    wirf!, gib!, nimm!, sieh!, iss!,
    vergiss!, hilf!, lies!, miss!

Vorsilben „wegdenken"

Viele Wörter haben eine Vorsilbe.
Zum Beispiel: **an**stellen, **weg**laufen.
Es gibt davon so viele, dass sie nicht alle im
Wörterbuch stehen können.
Suche solche Wörter ohne ihre Vorsilbe, bei
anstellen also *stellen*, bei **weg**laufen *laufen*.

11. Schreibe von den Wörtern nur die,
    die mit Vorsilbe im Buch stehen:
    abschließen, anschlagen, ausmerzen, anfangen,
    abstimmen, entreißen, ausschütteln,
    runterspringen, wegschmeißen, entschuldigen

    Vergiss nicht die Überschrift: Nachgeschlagen.

3. Wörterverzeichnis

Auf Nebenstichwörter achten

Im Wörterbuch sind alle Hauptstichwörter **fett** gedruckt. Aber dahinter stehen oft Nebenstichwörter. Viele Wörter, die du suchst, sind Nebenstichwörter. Sobald du ein ähnliches Hauptstichwort gefunden hast, musst du auch auf die Nebenstichwörter achten.

12. Schreibe nur die Wörter, die auf einer Seite mit gerader Seitenzahl stehen:
die Hilfe, der Wecker, zielen, sie schlief, ärgerlich, nachdenklich, er rannte
Oder:

⭐ Mache es <u>zusätzlich</u> genauso mit diesen Wörtern:
der Wächter, bedenklich, die Anschrift, pausieren, zuckersüß, sie nimmt, die Dressur, riskieren, sie sieht

13. Schreibt zuerst die Wörter untereinander.
Schreibt danach hinter jedes Wort sein Hauptstichwort.
Schreibe so: abrollen – rollen, …
abrollen, die Flüsse, marschieren, die Ponys, einklemmen, totenstill, ausklopfen, anschnallen, zwecklos

Vergiss nicht die Überschrift: Nachgeschlagen.

Zusammengesetzte Wörter trennen

Sehr viele Wörter sind aus zwei Wörtern zusammengesetzt. Beispiel: **Kuhstall.**
Auch diese Wörter haben nicht alle in einem Wörterbuch Platz. Aber es gibt einen Trick.
Man kann sie wieder auseinandernehmen und getrennt nachschlagen.
Beispiel: *Kuh* steht in diesem Buch und *Stall* auch.

14. Sucht im Wörterverzeichnis und schreibt jedes Mal beide Seitenzahlen. Zieht anschließend die kleinere Seitenzahl von der größeren ab:
Kuhstall, Flussbrücke, Autobatterie, Brillenetui, Tannenwald, Nachhilfelehrer, Kamelhaar, Winterschläfer, Wassereimer, Seedeich

Das Wort *Dosenöffner* ist aus *Dose* und *Öffner* zusammengewachsen. Und *Öffner* stammt von *öffnen* ab. Auch solche Wörter kann man meist nur getrennt finden.

15. Erst sucht jeder für sich und schreibt dann jedes Wort und beide Seitenzahlen dahinter.
Vergleicht dann eure Ergebnisse.
Ballonfahrer, Bohrmaschine, Diamantenschleifer, Büchsenöffner, Straßenkreuzung, Klammeraffe

Vergiss nicht die Überschrift: Nachgeschlagen.

3. Wörterverzeichnis

16. Bei den folgenden Wörtern fehlt s, ss oder ß.
Schreibe jedes Wort erst mit Bleistift vollständig
auf einen Zettel. Kontrolliere mit dem Wörterbuch.
Schreibe dann das Wort endgültig in dein Heft.

das Gra▮, na▮, flie▮en, der Flu▮, kü▮en,
das Ki▮en, der Mi▮t, wi▮en, wei▮

17. Bei den folgenden Wörtern fehlt k, ck oder kk.
Macht bei jedem Wort erst einen Rate-Wettstreit:
Jeder rät, wie das Wort geschrieben wird.
Dann seht abwechselnd im Buch nach.
Jedes richtig geratene Wort gibt einen Punkt.
Schreibt dann Wort für Wort in eure Hefte.
Überschrift: k – ck – kk.
(Ein Tipp: Macht die zweite Hälfte erst morgen.
Warum? Das werdet ihr schnell merken.)

Da▮el, Plasti▮, Ma▮aroni, le▮en,
Mechani▮er, Schne▮e, A▮tion, Anora▮,
Schran▮offer, A▮u, Bro▮oli, Fabri▮, Spu▮,
A▮usativ, Überbli▮, Klini▮, a▮tuell, Mosai▮,
Pun▮t, Geldschran▮, Pi▮ni▮, Geni▮,
Mi▮ymaus, Schmu▮ästchen, Ele▮trolo▮,
Par▮platz, Mathemati▮

Nun kennst du alle Tricks beim Wörtersuchen.
Auf der folgenden Seite kannst du sie anwenden.

Vergiss nicht die Überschrift: Nachgeschlagen.

18. Ordne die Spitznamen nach dem ABC:
Flocki, Atze, Bärle, Bobbele, Floh

19. Ordne auch diese Spitznamen nach dem ABC:
Schluri, Schlumpf, Scharli, Schicki, Schlappi

20. Ordne die Wörter für Vater in den
verschiedenen Sprachen nach dem ABC.
Mache dies auch mit Mutter und Herz:

Deutsch	Niederländisch	Englisch	Dänisch
Vater	vader	father	fader
Mutter	moeder	mother	moder
Herz	hart	heart	hjert

21. Suche die Einzahl.
Schreibe so: die Saurier – der Saurier, …
Saurier, Dämpfe, Fässer, Fenster, Hämmer,
Stämme, Kräuter, Füchse, Fehler, Mädchen

22. Suche die Grundformen der Verben.
Schreibe so: gebracht – bringen, …
gebracht, gelogen, gewonnen, gebrannt, geworden

23. Unter welchem Hauptstichwort findest du
diese Adjektive?
Schreibe so: eifrig – Eifer, …
eifrig, geheimnisvoll, kindisch, majestätisch,
bedauerlich, regelmäßig, waghalsig

Vergiss nicht die Überschrift: Nachgeschlagen.

A a

der **Aal,** die Aale
das **Aas** (totes Tier)
   ab, ab und zu
   ab|bie|gen → biegen
die **Ab|bil|dung,**
   die Abbildungen
   ab|bre|chen → brechen,
   der Abbruch
das **Abc**
der **Abend,** die Abende,
   am Abend,
   guten Abend,
   eines Abends,
   das Abendessen,
   → **R** *Abendessen,*
   abends, abendlich
das **Aben|teu|er,**
   die Abenteuer,
   abenteuerlich
   aber
der **Aber|glau|be,**
   abergläubisch
   aber|mals
   ab|fah|ren → fahren
der **Ab|fall,** die Abfälle
das **Ab|gas,** die Abgase
   ᵈᵉʳ⁄ᵈᵢₑ **Ab|ge|ord|ne|te,**
   die Abgeordneten
   (Abgeordnete sind
   Mitglieder eines
   → Parlaments.)

der **Ab|hang,** die Abhänge
   ab|hau|en,
   → **w** *weggehen*
das **Abi|tur**
der **Ab|le|ger,** die Ableger
   ab|ma|chen,
   → **w** *vereinbaren*
sich **ab|mü|hen,** ich mühte
   mich ab, → **w** *arbeiten*
   abon|nie|ren,
   das Abonnement
   [sprich: abonnemɑng]
der **Ab|satz,** die Absätze
   ab|scheu|lich
der **Ab|schied**
   ab|schlie|ßen
   → schließen,
   der Abschluss
   ab|schnei|den
   → schneiden,
   der Abschnitt
   ab|schrei|ben
   → schreiben,
   die Abschrift
   ab|seits (Er ist abseits;
   er steht im Abseits.)
   ab|sen|den → senden,
   der Absender
die **Ab|sicht,** absichtlich
   ab|so|lut
der **Ab|stand,**
   die Abstände
   ab|stim|men,
   die Abstimmung

das **Ab**|**teil,** die Abteile
ab|**wärts**
der **Ab**|**wasch**
das **Ab**|**was**|**ser**
ab|**wech**|**seln,**
abwechselnd
ab|**we**|**send**
ach; Ach wie schön!
die **Ach**|**se,** die Achsen
die **Ach**|**sel,** die Achseln
acht, achtzehn,
um acht, die Buslinie
acht, achtmal
ach|**ten,** die Achtung,
achtgeben / Acht geben
der **Acker,** die Äcker
ad|**die**|**ren,** die Addition
das **Ade,** Ade sagen
die **Ader,** die Adern
das **Ad**|**jek**|**tiv,**
die Adjektive (Wiewort,
Eigenschaftswort)
der **Ad**|**ler,** die Adler
(Greifvogel)
adop|**tie**|**ren,**
die Adoption
die **Adres**|**se,** die Adressen,
adressieren
der **Ad**|**vent**
(Vorweihnachtszeit),
der Adventskranz
der **Af**|**fe,** die Affen
Af|**ri**|**ka,** die Afrikaner,
afrikanisch

ag|**gres**|**siv**
(angriffslustig),
die Aggression
ähn|**lich,** die Ähnlichkeit,
ähneln
die **Ah**|**nung,**
die Ahnungen, ahnen,
ahnungslos
der **Ahorn,** die Ahorne
(→ Laubbaum)
die **Äh**|**re,** die Ähren
das **Aids**
(schwere Krankheit)
der **Air**|**bag** [sprich: ärbäg],
die Airbags
der **Air**|**bus,** die Airbusse
der **Ak**|**ku,** die Akkus
(Akkumulator)
der **Ak**|**ku**|**sa**|**tiv,**
die Akkusative (4. Fall)
die **Ak**|**ne** (Hauterkrankung)
der **Ak**|**ro**|**bat,** die Akrobaten,
die Akrobatin,
akrobatisch
die **Ak**|**te,** die Akten,
die Aktentasche
die **Ak**|**ti**|**on,** die Aktionen
ak|**tiv** (tätig;
Gegensatz: passiv),
die Aktivität
ak|**tu**|**ell**
die **Akus**|**tik,** akustisch
(betrifft das Hören;
→ optisch)

A
B
C
D
E
F
G
H
I
J
K
L
M
N
O
P
Q
R
S
T
U
V
W
X
Y
Z

Ak–Am

A
B
C
D
E
F
G
H
I
J
K
L
M
N
O
P
Q
R
S
T
U
V
W
X
Y
Z

akut (Gegensatz:
→ chronisch)
der **Ak|zent,** die Akzente
ak|zep|tie|ren
(annehmen)
der **Alarm,** die Alarme
al|bern
der **Alb|traum,**
die Albträume
das **Al|bum,** die Alben
das **Ali|bi,** die Alibis
(Der Verdächtige hat
ein Alibi, weil er nicht
am Tatort war.)
der **Al|ko|hol** (verdünnte
giftige Flüssigkeit in Bier,
Wein, Schnaps usw.)
das **All**
(→ Weltall, Weltraum)
Al|lah
(ein Name Gottes)
al|le, all
die **Al|lee,** die Alleen
al|lein
der/die **Al|lein|er|zie|hen|de,**
die Alleinerziehenden
am **al|ler|bes|ten**
al|ler|dings
die **Al|ler|gie,** die Allergien
al|ler|hand
Al|ler|hei|li|gen
al|ler|lei
al|les, alles Gute
all|ge|mein

all|jähr|lich
all|mäh|lich
der **All|tag,** alltäglich
all|zu, allzu oft
die **Al|pen** (einziges
deutsches Hochgebirge)
das **Al|pha|bet,** die Alpha-
bete, alphabetisch
der **Alp|traum,**
die Alpträume
als, als ob
al|so
alt, älter, am ältesten,
das Alter, der Alte, ein
alter Mann, altmodisch
der **Al|tar,** die Altäre
der/die **Al|te,** die Alten
die **Al|ter|na|ti|ve,**
die Alternativen (zweite
Möglichkeit), alternativ
das **Al|ter|tum**
das **Alu|mi|ni|um** (kurz: Alu)
am (an dem)
der **Ama|teur** [sprich:
amatöhr], die Amateure
(Laie; Gegensatz: Profi),
die Amateurin
am|bu|lant
(ambulante Behandlung
beim Arzt; Gegensatz:
stationär = in der Klinik)
die **Amei|se,** die Ameisen
Ame|ri|ka, die Ame-
rikaner, amerikanisch

die **Am|pel,** die Ampeln

die **Am|phi|bie,** die Amphibien (erst Wassertiere, später Landtiere)

die **Am|sel,** die Amseln

das **Amt,** die Ämter, amtlich

(sich) **amü|sie|ren,** ich amüsierte mich, amüsant

an (an der Ampel)

der **An|al|pha|bet,** die Analphabeten (Ein Analphabet kann nicht lesen und schreiben.)

die **Ana|nas,** die Ananas / Ananasse

an|bie|ten → bieten

an|bren|nen → brennen

die **An|dacht,** die Andachten, andächtig

an|dau|ernd

das **An|den|ken,** die Andenken

an|de|re, ein anderer / andrer, andernfalls

än|dern, die Änderung

an|ders, etwas anderes / andres

an|dert|halb

der **An|drang**

an|ei|nan|der

der **An|fall,** die Anfälle, anfällig

an|fan|gen → fangen, → w *beginnen,* der Anfang, anfangs

an|ge|ben → geben, der Angeber, angeberisch

an|geb|lich

das **An|ge|bot,** die Angebote

der/die **An|ge|hö|ri|ge,** die Angehörigen

die **An|gel,** die Angeln, angeln

an|ge|nehm

an|ge|sichts (angesichts der Blitze und des Donners)

der/die **An|ge|stell|te,** die Angestellten

die **An|gi|na** (Halsentzündung)

an|grei|fen → greifen, der Angriff

die **Angst,** die Ängste, → w *Angst haben*

ängst|lich

an|gu|cken, → w *angucken*

an|ha|ben → haben

an|hal|ten → halten, → w *anhalten*

der **An|hang,** die Anhänge

der **An|hän|ger,** die Anhänger, anhänglich

A
B
C
D
E
F
G
H
I
J
K
L
M
N
O
P
Q
R
S
T
U
V
W
X
Y
Z

An – Ap

der **An|ker,** die Anker
  an|kla|gen, die Anklage
  an|kom|men → kommen,
  → 🅦 *ankommen,*
  die Ankunft
die **An|la|ge,** die Anlagen
der **An|lass,** die Anlässe,
  anlässlich
  an|neh|men → nehmen,
  die Annahme
die **An|non|ce,**
  die Annoncen,
  annoncieren
  ano|nym (ohne den
  Namen zu nennen)
der **Ano|rak,** die Anoraks
  an|ru|fen → rufen
  ans (an das)
  an|schau|en, → 🅦 *sehen*
  an|schei|nend;
  aber: → scheinbar
  an|schlie|ßen
  → schließen,
  anschließend,
  der Anschluss
  an|schrei|ben
  → schreiben,
  die Anschrift
  an|se|hen → sehen,
  die Ansicht, ansehnlich
der **An|sporn**
der **An|spruch,**
  die Ansprüche,
  anspruchsvoll

an|stän|dig,
der Anstand
an|statt
an|stel|le / an Stel|le von
an|stren|gend,
die Anstrengung
der **An|teil,** die Anteile
die **An|ten|ne,** die Antennen
anti (griechisches Wort:
gegen)
das **An|ti|bio|ti|kum,**
die Antibiotika
(starkes Arzneimittel)
an|tik (altertümlich)
die **An|ti|pa|thie** (Gegensatz:
→ Sympathie)
der **An|trag,** die Anträge
ant|wor|ten,
→ 🅦 *antworten,*
die Antwort
der **An|walt,** die Anwälte,
die Anwältin
an|wei|sen → weisen,
die Anweisung
an|wen|den → wenden,
die Anwendung
an|we|send,
die Anwesenheit
die **An|zahl**
die **An|zei|ge,** die Anzeigen
an|zie|hen → ziehen,
der Anzug
das **Apart|ment,**
die Apartments

66

der **Ap|fel,** die Äpfel,
→ **R** *Apfel*

die **Ap|fel|si|ne,**
die Apfelsinen

die **Apo|the|ke,**
die Apotheken,
der Apotheker

der **Ap|pa|rat,**
die Apparate

das **Ap|par|te|ment,**
die Appartements

der **Ap|pe|tit,** appetitlich

der **Ap|plaus** (Beifall),
applaudieren

die **Apri|ko|se,**
die Aprikosen

der **April**

aqua (Römersprache
Latein: Wasser)

das **Aqua|pla|ning**
(Bei starkem Regen
„schwimmt" das Auto.
→ aqua)

das **Aqua|ri|um,**
die Aquarien (→ aqua)

der **Äqua|tor** (Gebiete rund
um die Mitte
der Erdkugel)

der **Ara|ber,** die Araber,
Arabien, arabisch

die **Ar|beit,** die Arbeiten,
der Arbeiter, arbeitslos

ar|bei|ten,
→ **w R** *arbeiten*

der **Ar|chi|tekt,**
die Architekten,
die Architektin

das **Ar|chiv,** die Archive

arg, ärger, → **w** *schlimm*

är|gern, der Ärger,
ärgerlich, das Ärgernis

das **Ar|gu|ment,**
die Argumente

arm, arm sein, ärmer,
am ärmsten, die Armut,
ärmlich

der **Arm,** die Arme

die **Ar|mee,** die Armeen

der **Är|mel,** die Ärmel

das **Aro|ma,** die Aromen
(Geruch, Duft), aromatisch

ar|ro|gant
(von oben herab)

die **Art,** die Arten,
die Art und Weise

die **Ar|te|rie,** die Arterien
(Schlagader)

art|ge|recht (artgerechte
Tierhaltung, z. B. Kühe
auf der Weide, nicht im
Stall, Hühner frei auf dem
Boden, nicht im Käfig)

ar|tig

der **Ar|ti|kel,** die Artikel

der **Ar|tist,** die Artisten,
die Artistin

die **Arz|nei,** die Arzneien

der **Arzt,** die Ärzte, die Ärztin

A
B
C
D
E
F
G
H
I
J
K
L
M
N
O
P
Q
R
S
T
U
V
W
X
Y
Z

die **Asche,** die Aschen

der **Ascher|mitt|woch**
(für Katholiken Beginn
der Fastenzeit, die bis
→ Ostern dauert)

Asi|en, die Asiaten,
asiatisch

der **As|phalt,** asphaltieren

das **Ass,** die Asse

der **Ast,** die Äste, → w *Stock*

äs|the|tisch (schön,
geschmackvoll)

das **Asth|ma**
(Atemnot-Krankheit)

der **As|tro|naut,**
die Astronauten,
die Astronautin

das **Asyl** (Aufenthalts-
erlaubnis für Verfolgte)

der **Atem,** atmen, atemlos

der **Ath|let,** die Athleten,
die Athletin

der **At|lan|tik**

der **At|las,** die Atlanten/
Atlasse

at|men, die Atmung

die **At|mo|sphä|re**

das **Atom,** die Atome

das **At|ten|tat,** die Attentate

das **At|test,** die Atteste
(ärztliche Bescheinigung)

at|trak|tiv,
die Attraktion

ät|zen, ätzend

auch

auf, auf einmal

auf|dring|lich

auf|ei|nan|der

der **Auf|ent|halt,**
die Aufenthalte

auf|fal|len → fallen,
auffällig

auf|for|dern, → w *bitten*

die **Auf|ga|be,** die Aufgaben

auf|ge|hen → gehen,
der Aufgang

auf|ge|regt

auf|grund/auf Grund
(aufgrund/ auf Grund
der Blitze und des Donners)

auf|ha|ben → haben

auf|hän|gen → hängen,
(Er hängte die Wäsche
auf; als sie aufgehängt
war, hing sie da.)

auf|he|ben → heben

auf|ma|chen, → w *öffnen*

auf|merk|sam,
die Aufmerksamkeit

auf|neh|men → nehmen

auf|pas|sen,
→ w *zuhören*

auf|räu|men, der Raum

auf|recht

auf|re|gen, die Aufregung

auf|rei|ßen → reißen,
→ w *öffnen*

auf|rich|tig

aufs (<u>auf</u> das Dach)
der **Auf|satz**, die Aufsätze
auf|schnap|pen
der **Auf|schnitt**
die **Auf|sicht**, der Aufseher
auf|sta|cheln
auf|ste|hen → stehen,
der Aufst<u>an</u>d
auf|tau|chen,
→ w *ankommen*
der **Auf|trag**, die Aufträge
auf|tre|ten → treten,
der Auftri<u>tt</u>
auf|wa|chen
der **Auf|wand**, aufwenden,
aufw<u>e</u>ndig / aufw<u>ä</u>ndig
auf|wärts
auf|we|cken, der Wecker
auf|wen|den → wenden
auf Wie|der|se|hen
der **Auf|zug**, die Aufzüge
das **Au|ge**, die Augen,
das Augenlid
der **Au|gen|blick,**
die Augenblicke,
→ w *Zeit,* augenblicklich
der **Au|gust**
aus
die **Aus|bil|dung,**
die Ausbildungen
die **Aus|dau|er**, ausdauernd
der **Aus|druck,**
die Ausdrücke,
ausdrücklich

aus|ei|nan|der
aus|flip|pen
der **Aus|flug,** die Ausflüge
aus|führ|lich
der **Aus|gang,**
die Ausgänge, → w *Tür*
aus|ge|rech|net
aus|ge|zeich|net
aus|gie|big
der **Aus|gleich,**
die Ausgleiche
aus|hän|di|gen,
→ w *geben*
die **Aus|kunft,**
die Auskünfte
das **Aus|land**, die Ausländer
(→ Einwanderung),
ausländisch
(sich) **aus|ma|len,**
ich malte mir aus,
→ w *träumen*
aus|mer|zen (beseitigen)
die **Aus|nah|me,**
die Ausnahmen,
ausnahmsweise
aus|pro|bie|ren,
→ w *prüfen*
der **Aus|puff**, die Auspuffe
die **Aus|re|de,** die Ausreden,
→ w *lügen*
aus|rei|chend
aus|rei|ßen → reißen
aus|rich|ten,
→ w *berichten*

A
B
C
D
E
F
G
H
I
J
K
L
M
N
O
P
Q
R
S
T
U
V
W
X
Y
Z

aus|ruh|en,
→ w *ausruhen*
aus|rut|schen
die **Aus|sa|ge,** die Aussagen
die **Aus|schau,** Ausschau
halten, → w *suchen*
aus|schließ|lich
aus|se|hen → sehen
au|ßen, äußerlich
au|ßer, außerdem
au|ßer|halb
äu|ßern, → w *sprechen,*
die Äußerung
au|ßer|or|dent|lich
äu|ßerst
die **Aus|sicht,** die Aus-
sichten, aussichtslos
aus|wärts
der **Aus|weis,** die Ausweise
aus|wen|dig
die **Aus|zeich|nung,**
die Auszeichnungen
das **Au|to,** die Autos,
die Autobahn
das **Au|to|gramm,**
die Autogramme
der **Au|to|mat,** die Auto-
maten, automatisch
der **Au|tor,** die Autoren,
die Autorin
die **Au|to|ri|tät,** die Auto-
ritäten, autoritär
die **Axt,** die Äxte
der **Azu|bi,** die Azubis

B b

das **Ba|by** [sprich: bejbi],
die Babys
der **Bach,** die Bäche
die **Ba|cke,** die Backen
ba|cken,
er bäckt / backt,
sie backte / buk,
→ w *kochen,* der Bäcker,
das Gebäck,
der Backstein
das **Bad,** die Bäder
ba|den
Ba|den (große
deutsche Region)
Ba|den-Würt|tem|berg
(Bundesland), die
Baden-Württemberger,
baden-württembergisch
das **Bad|min|ton**
[sprich: bädmintn]
die **Ba|ga|tel|le,**
die Bagatellen
(unwichtige Kleinigkeit)
der **Bag|ger,** die Bagger
das **Ba|guette**
[sprich: bagett],
die Baguettes
die **Bahn,** die Bahnen,
der Bahnhof,
Bahn fahren
die **Bah|re,** die Bahren

die **Bak|te|rie,**
die Bakterien
(winziges Lebewesen)
ba|lan|cie|ren,
die Balance
bald, in Bälde
bal|gen, die Balgerei
der **Bal|ken,** die Balken
der **Bal|kon,**
die Balkons/Balkone
der **Ball,** die Bälle,
Ball spielen
der **Bal|len,** die Ballen
das **Bal|lett**
der **Bal|lon,**
die Ballons/Ballone
die **Balz** (Paarungszeit bei
Vögeln; → Brunft), balzen
der **Bam|bus**
die **Ba|na|ne,** die Bananen
das **Band,** die Bänder
(zum Binden)
der **Band,** die Bände (Buch)
die **Band** [sprich: bänd],
die Bands
(Musikgruppe)
ban|da|gie|ren [sprich:
bandaschieren],
(Der gebrochene Arm
wurde bandagiert.)
die **Ban|de,** die Banden
bän|di|gen
der **Ban|dit,** die Banditen
(Räuber), die Banditin

ban|ge, mir ist bange
ban|gen,
→ w *Angst haben*
die **Bank,** die Banken
(Sparkasse)
die **Bank,** die Bänke
(Sitzbank)
der **Bank|rott,**
bankrott sein
(→ Insolvenz)
bar, bar bezahlen
die **Bar,** die Bars (Lokal)
der **Bär,** die Bären
die **Ba|ra|cke,** die Baracken
der **Bar|bar,** die Barbaren
(ungebildeter, roher
Kerl), die Barbarei
bar|fuß
barm|her|zig,
die Barmherzigkeit
das **Ba|ro|me|ter,**
die Barometer
(misst den Luftdruck)
der **Bar|ren,** die Barren
die **Bar|ri|e|re,** die Barrieren
der **Bart,** die Bärte
der **Ba|salt** (Vulkangestein)
der **Ba|sar,** die Basare
(Markt im → Orient)
die **Ba|sis,** die Basen
(Grundlage)
der **Bas|ket|ball**
der **Bass,** die Bässe
(tiefe Männerstimme)

der **Bast**
bas|ta (italienisch:
Es genügt!)
bas|teln
die **Bat|te|rie,** die Batterien
der **Bau,** die Baue
(von Tieren)
der **Bau,** die Bauten
(Gebäude)
der **Bauch,** die Bäuche
bau|en, der Bau
der **Bau|er,** die Bauern
(→ Landwirtschaft),
die Bäuerin
<u>das</u>/<u>der</u> **Bau|er,** die Bauer
(Vogelkäfig)
der **Baum,** die Bäume
bau|meln, → w *hängen*
die **Baum|wol|le**
Bay|ern (Bundesland),
der Bayer, die Bayerin /
Bayrin, bayerisch /
bayrisch, → S. 251
die **Ba|zil|le,** die Bazillen
(eine Art → Bakterie)
be|ach|ten,
die Beachtung,
beachtlich
der **Be|am|te,** die Beamten,
die Beamtin
be|ben, → w *zittern*
der **Be|cher,** die Becher
das **Be|cken,** die Becken
mit **Be|dacht,** bedächtig

der **Be|darf**
be|dau|ern, bedauerlich
be|den|ken, bedenklich,
die Bedenkzeit
be|deu|ten,
die Bedeutung
be|die|nen,
die Bedienung
die **Be|din|gung,**
die Bedingungen
das **Be|dürf|nis,**
die Bedürfnisse, bedürftig
sich **be|ei|len,**
ich beeilte mich
be|ein|flus|sen,
die Beeinflussung
be|en|den,
die Beendigung
be|er|di|gen,
die Beerdigung
die **Bee|re,** die Beeren
das **Beet,** die Beete
be|feh|len,
du befiehlst,
sie befahl, hat befohlen,
→ w *befehlen,* der Befehl
be|fes|ti|gen,
die Befestigung
sich **be|fin|den** → finden,
ich befand mich
be|fol|gen,
→ w *gehorchen*
be|för|dern,
die Beförderung

be|frei|en, die Befreiung
be|frie|di|gend
be|fruch|ten,
die Befruchtung
be|gabt, die Begabung
sich be|ge|ben → geben,
ich begab mich
be|geg|nen,
die Begegnung
be|geis|tert
be|gin|nen,
sie begann,
hat begonnen,
→ w beginnen,
der Beginn
be|glei|ten,
die Begleitung
be|gra|ben,
das Begräbnis
be|grei|fen, sie begriff,
hat begriffen,
→ w verstehen,
der Begriff
be|hag|lich
be|hal|ten → halten,
der Behälter
be|han|deln,
die Behandlung
be|harr|lich (hartnäckig)
be|haup|ten,
die Behauptung
(sich) be|herr|schen,
ich beherrschte mich,
die Beherrschung

be|her|zi|gen
(einen Rat beherzigen)
be|hilf|lich,
behilflich sein
be|hin|dern,
die Behinderung,
der Behinderte
die Be|hör|de,
die Behörden
be|hut|sam
bei
bei|brin|gen → bringen
beich|ten, die Beichte
bei|de, die beiden
Kinder, einer von beiden
bei|ei|nan|der
der Bei|fall
das Beil, die Beile
das Bei|leid
beim (bei dem)
das Bein, die Beine
bei|nah, beinahe
bei|sam|men
bei|sei|te,
beiseitelegen
das Bei|spiel, die Beispiele,
zum Beispiel
bei|ßen, du beißt,
er biss, hat gebissen
der Bei|trag, die Beiträge
ich be|kam
(von bekommen)
be|kannt, bekanntlich,
die Bekanntmachung

die **Be|klei|dung,**
die Bekleidungen
be|kom|men → kommen,
→ w *bekommen*
der **Be|lag,** die Beläge
be|läs|ti|gen,
die Belästigung
be|lei|di|gen,
die Beleidigung
Bel|gi|en, die Belgier,
belgisch
be|lie|big
be|liebt, die Beliebtheit
bel|len, das Bellen
be|loh|nen,
die Belohnung
be|mer|ken, → w *sehen,*
die Bemerkung
be|mü|hen,
die Bemühung
be|nach|rich|ti|gen,
die Benachrichtigung
sich **be|neh|men** → nehmen,
ich benahm mich,
das Benehmen
be|nei|den
der **Ben|gel,** die Bengel,
→ w *Junge*
be|nö|ti|gen
be|nut|zen
das **Ben|zin**
be|ob|ach|ten,
→ w *angucken,*
die Beobachtung

be|quem,
die Bequemlichkeit,
es sich bequem machen,
→ w *setzen*
be|rech|tigt
der **Be|reich,** die Bereiche
be|reit, die Bereitschaft
be|reits
be|reu|en
der **Berg,** die Berge, bergig,
bergsteigen
berg|ab, bergauf
ber|gen, er birgt,
er barg, hat geborgen,
die Bergung
das **Berg|werk,**
die Bergwerke
der **Be|richt,** die Berichte
be|rich|ten,
→ w *berichten*
be|rich|ti|gen,
die Berichtigung
Ber|lin (Bundesland und
deutsche Hauptstadt),
die Berliner, berlinisch /
berlinerisch, → S. 250
bers|ten, es barst,
ist geborsten
be|rüch|tigt,
berüchtigt sein
be|rück|sich|ti|gen,
die Berücksichtigung
der **Be|ruf,** die Berufe,
beruflich, berufstätig

be|ru|hi|gen,
die Beruhigung
be|rühmt
be|schä|di|gen,
die Beschädigung
be|schaf|fen,
die Beschaffung
be|schäf|ti|gen,
beschäftigt sein,
→ w *arbeiten,*
die Beschäftigung
der **Be|scheid,**
die Bescheide,
ich weiß Bescheid
be|schei|den,
bescheiden sein,
die Bescheidenheit
be|schei|ni|gen,
die Bescheinigung
be|sche|ren,
die Bescherung
be|schlie|ßen
→ schließen,
→ w *vereinbaren,*
der Beschluss
be|schrei|ben
→ schreiben,
die Beschreibung
be|schul|di|gen,
die Beschuldigung
die **Be|schwer|de,**
die Beschwerden
(sich) **be|schwe|ren,**
ich beschwerte mich

be|schwö|ren,
→ w *bitten*
be|sei|ti|gen,
die Beseitigung
der **Be|sen,** die Besen,
der Besenstiel,
→ w *Stock*
be|setzt
be|sich|ti|gen,
→ w *angucken,*
die Besichtigung
sich **be|sin|nen,**
er besann sich,
hat sich besonnen,
→ w *überlegen*
be|sit|zen → sitzen,
der Besitz
be|son|ders
be|sor|gen,
die Besorgung
be|spre|chen
→ sprechen,
die Besprechung
bes|ser, am besten,
es wird besser gehen /
bessergehen,
etwas Besseres,
die Besserung (→ beste)
be|stän|dig,
beständig sein
be|stä|ti|gen,
die Bestätigung
be|stat|ten (beerdigen),
die Bestattung

A
B
C
D
E
F
G
H
I
J
K
L
M
N
O
P
Q
R
S
T
U
V
W
X
Y
Z

be|stäu|ben,
die Bestäubung
bes|te, es ist am besten,
ich bin der Beste,
ich tue mein Bestes, ich
halte es für das Beste
be|ste|chen → stechen,
die Bestechung
das **Be|steck,** die Bestecke
be|ste|hen → stehen
be|stel|len,
die Bestellung
die **Bes|tie,** die Bestien
(wildes Tier; englisch:
beast [sprich: biest])
be|stim|men,
die Bestimmung,
→ w *befehlen*
be|stimmt
der **Be|such,** die Besuche,
besuchen
be|täu|ben,
die Betäubung (→ taub)
(sich) **be|tei|li|gen,**
ich beteiligte mich,
die Beteiligung
be|ten, das Gebet
be|teu|ern,
die Beteuerung
der **Be|ton,** betonieren
be|to|nen, die Betonung
be|trach|ten,
→ w *sehen,*
die Betrachtung

der **Be|trag,** die Beträge
(sich) **be|tra|gen** → tragen,
ich betrug mich,
das Betragen
be|treu|en,
die Betreuung
der **Be|trieb,** die Betriebe
be|trübt, die Betrübnis
be|trü|gen, er betrog,
hat betrogen, der
Betrüger, der Betrug
das **Bett,** die Betten,
→ w *Bett,* bettlägerig
bet|teln, → w *bitten,*
der Bettler
beu|gen, die Beugung
die **Beu|le,** die Beulen,
→ R *Beule*
be|ur|tei|len,
die Beurteilung
die **Beu|te**
der **Beu|tel,** die Beutel
die **Be|völ|ke|rung,**
die Bevölkerungen
be|vor
be|vor|zu|gen,
die Bevorzugung
sich **be|wäh|ren,** ich
bewährte mich,
die Bewährung
(sich) **be|we|gen,**
ich bewegte mich,
die Bewegung,
beweglich

be|wei|sen, er bewies,
hat bewiesen,
der Beweis
sich be|wer|ben → werben,
ich bewarb mich,
die Bewerbung
be|wil|li|gen,
die Bewilligung
die Be|wöl|kung, bewölkt
be|wusst, bewusstlos,
das Bewusstsein
be|zah|len
be|zie|hen → ziehen,
die Beziehung, der Bezug
be|zie|hungs|wei|se
der Be|zirk, die Bezirke
das Bi|ath|lon (Sport)
die Bi|bel, die Bibeln
(heiliges Buch von
Christen und Juden)
der Bi|ber, die Biber
die Bi|blio|thek,
die Bibliotheken,
der Bibliothekar
bie|gen, sie bog,
hat gebogen,
die Biegung,
biegsam
die Bie|ne, die Bienen
(Bienen sammeln
→ Nektar und → Pollen
an Blüten.)
das Bier, die Biere
das Biest, die Biester

bie|ten, sie bot,
hat geboten
das Bild, die Bilder, bildlich
bil|den, die Bildung
das Bil|lard
bil|lig
die Bil|li|on, die Billionen
ich bin (von sein)
bin|den, sie band,
hat gebunden, die Binde
bin|nen (innerhalb)
das Bin|nen|land
(mitten im Land;
Gegensatz: Küste)
die Bio|gra|fie /
Biographie, die
Biografien / Biographien
(Lebensbeschreibung)
der Bio|la|den, die Bioläden
die Bio|lo|gie, der Biologe,
biologisch
der Bio|müll (Man kann
ihn → kompostieren.)
das Bio|top, die Biotope
(Lebensraum mit
Pflanzen und Tieren)
die Bir|ke, die Birken
(→ Laubbaum)
die Bir|ne, die Birnen
bis, bis heute
der Bi|schof,
die Bischöfe,
die Bischöfin
bis|her

ein **biss|chen**

du **bist**

bit|ten, er b<u>a</u>t, hat geb<u>e</u>ten, → **w** *bitten,* die Bitte; Bitte schön!

bit|ter, bitterkalt

(sich) **blä|hen,** die Blähung

bla|mie|ren, ich blamierte mich, blamabel, die Blamage [sprich: blama~~sche~~]

blank

die **Bla|se,** die Blasen

bla|sen, du bläst, es bl<u>ie</u>s, hat geblasen, → **w** *wehen*

blass, die Blässe

das **Blatt,** die Blätter, blättern

blau, bläulich, ein blauer Fleck, die Farbe Blau, eine Fahrt ins Blaue, blau-weiß, hellblau

das **Blech,** die Bleche

das **Blei,** bleiern

blei|ben, sie bleibt, sie bl<u>ie</u>b, ist gebl<u>ie</u>ben

bleich

der **Blei|stift,** die Bleistifte

blen|den, blendend

bli|cken, → **w** *sehen,* der Blick

blind, der Blinde, blindlings, der Blinddarm

die **Blind|schlei|che,** die Blindschleichen

blin|ken, der Blinker, das Blinklicht

blin|zeln, → **w** *sehen*

der **Blitz,** die Blitze, blitzen, blitzschnell

der **Block,** die Blöcke

blo|ckie|ren, die Blockade

blöd, blöde

blö|ken, es blökte

blond

bloß

die **Blue|jeans** [sprich: bluh~~dschiens~~]

blü|hen, es blühte; aber: die Bl<u>ü</u>te

die **Blu|me,** die Blumen

die **Blu|se,** die Blusen

das **Blut,** bluten, der Bluterguss, blutig

die **Blü|te,** die Blüten, der Blütenstaub

die **Bö**/Böe, die Böen, böiger Wind

der **Bob,** die Bobs

der **Bock,** die Böcke, bockig

der **Bo|den,** die Böden

die **Bo|den|schät|ze** (z. B. Kohle, Erdgas, Erdöl, → Erz)

der **Bo|den|see** (größter
See Deutschlands)
der **Bo|gen,**
die Bogen / Bögen
die **Boh|le,** die Bohlen
die **Boh|ne,** die Bohnen
boh|ren, der Bohrer
die **Bo|je,** die Bojen
bol|zen
die **Bom|be,** die Bomben,
bombardieren
die **Bom|mel,** die Bommeln
der **Bon** [sprich: bong],
die Bons (Kassenzettel)
$\frac{das}{der}$ **Bon|bon,** die Bonbons
das **Boot,** die Boote
der **Bord,** die Borde, er geht
an Bord, der Bordstein
bor|gen
die **Bör|se,** die Börsen
die **Bors|te,** die Borsten
die **Bö|schung,**
die Böschungen
bö|se, → w *schlimm,*
boshaft, bösartig,
das Böse, nichts Böses,
die Bosheit,
der Bösewicht
der **Boss,** die Bosse
die **Bo|ta|nik** (Botaniker
befassen sich mit dem
Reich der Pflanzen.)
der **Bo|te,** die Boten,
die Botin, die Botschaft

die **Box,** die Boxen
bo|xen, der Boxer,
der Boxkampf
der **Boy|kott,** boykottieren
das **Brach|land,** brach liegen
der **Brand,** die Brände
Bran|den|burg
(Bundesland),
die Brandenburger,
brandenburgisch
die **Bran|dung,**
die Brandungen
bra|ten, du brätst,
er briet, hat gebraten,
→ w *kochen,* der Braten
der **Brauch,** die Bräuche
brau|chen, brauchbar
brau|en
braun, bräunen,
bräunlich, die Bräune
brau|sen, → w *wehen*
die **Braut,** die Bräute
der **Bräu|ti|gam,**
die Bräutigame
brav
bravo
bre|chen, du brichst,
es bricht, es brach,
ist gebrochen
der **Brei**
breit, die Breite
Bre|men (Bundesland
und sehr große Stadt),
die Bremer, bremisch

brem|sen,
→ W *anhalten,*
die Bremsung
bren|nen, es brannte,
hat gebrannt, der Brand
die **Brenn|nes|sel,**
die Brennnesseln
das **Brett,** die Bretter
der **Brief,** die Briefe
die **Bril|le,** die Brillen
brin|gen, sie bringt,
sie brachte, hat gebracht
die **Bri|se,** die Brisen
der **Broc|co|li**
der **Bro|cken,** die Brocken,
bröcklig / bröckelig
bro|deln, es brodelte
der **Brok|ko|li**
die **Brom|bee|re,**
die Brombeeren
die **Bron|chie,**
die Bronchien
(Teil der Luftröhre)
die **Bron|chi|tis** (Entzündung
der → Bronchie)
die **Bron|ze**
(Metallmischung)
die **Bro|sche,** die Broschen
das **Brot,** die Brote,
→ R *Brotscheibe,*
die Brotzeit
das **Bröt|chen,**
die Brötchen,
→ R *Brötchen*

der **Brow|ser** [sprich:
brauser], die Browser
(Programm, mit dem
man sich Internetseiten
anschauen kann)
der **Bruch,** die Brüche,
brüchig
die **Brü|cke,** die Brücken
der **Bru|der,** die Brüder,
brüderlich
die **Brü|he,** die Brühen
brül|len, → W *schreien*
brum|men,
der Brummer
die **Brunft** (Paarungszeit von
Hirschen und Rehen)
der **Brun|nen,** die Brunnen
die **Brust,** die Brüste
sich **brüs|ten,** ich brüstete
mich (prahlen)
bru|tal, die Brutalität
brü|ten, die Brut
brut|to,
das Bruttogewicht
(→ netto)
brut|zeln
der **Bub**/Bu|be, die Buben
das **Buch,** die Bücher,
die Bücherei
die **Bu|che,** die Buchen
(→ Laubbaum)
der **Buch|fink,**
die Buchfinken
(→ Singvogel)

die **Büch|se,** die Büchsen

der **Buch|sta|be,**
die Buchstaben,
buchstabieren

die **Bucht,** die Buchten

der **Bu|ckel,** die Buckel,
bucklig / buckelig

sich **bü|cken,** ich bückte
mich, der Bückling
bud|deln

die **Bu|de,** die Buden
büf|feln

der **Bü|gel,** die Bügel
bü|geln, das Bügeleisen

die **Büh|ne,** die Bühnen

der **Bul|le,** die Bullen,
bullig

der **Bu|me|rang,**
die Bumerangs /
Bumerange
bum|meln,
→ R *bummeln,*
der Bummel

der **Bund,** die Bünde,
das Bündel,
das Bündnis

das **Bun|des|land,**
die Bundesländer

die **Bun|des|li|ga**

die **Bun|des|re|pu|blik**

der **Bun|des|tag**

die **Bun|des|wehr**

das **Bünd|nis,**
die Bündnisse

der **Bun|ga|low**
[sprich: bungaloo],
die Bungalows

der **Bun|ker,** die Bunker
bunt, der Buntstift

die **Burg,** die Burgen

der **Bür|ge,** die Bürgen,
die Bürgin

der **Bur|ger** [sprich: börger],
die Burger

der **Bür|ger,** die Bürger
(Wer wählen darf, ist
Bürger. Sonst ist er
nur Einwohner.),
die Bürgerin,
der Bürgermeister

das **Bü|ro,** die Büros

die **Bü|ro|kra|tie,**
die Bürokratien

der **Bur|sche,** die Burschen
bürs|ten, die Bürste

der **Bus,** die Busse

der **Busch,** die Büsche,
buschig

das **Bü|schel,** die Büschel

der **Bu|sen,** die Busen

der **Bus|sard,** die Bussarde
(Greifvogel)
bü|ßen, die Buße,
der Büßer, das Bußgeld

die **But|ter,** die Buttermilch

der **But|ton** [sprich: battn],
die Buttons
bzw. (beziehungsweise)

A
B
C
D
E
F
G
H
I
J
K
L
M
N
O
P
Q
R
S
T
U
V
W
X
Y
Z

C c

Das C/c am Anfang eines
Wortes wird meist wie *k*
gesprochen. Wenn nicht,
steht das hier in großen oder
kleinen Klammern dahinter.

das **Ca|fé,** die Cafés,
    die Cafeteria
das **Cam|ping** [sprich:
    kämping], campen
das **Cape** [sprich: käip],
    die Capes
der **Ca|ra|van,** die Caravans
die **CD** [z], die CDs
    (Compact Disk),
    der CD-Player,
    die CD-ROM
    Cel|si|us [z]
    (10 Grad Celsius: 10° C)
der **Cent** [ß], die Cents
das **Cen|ter** [ß], die Center
der **Cham|pi|gnon**
    [sprich: schampinjong],
    die Champignons
der **Cham|pi|on**
    [sprich: tschämpien],
    die Champions
die **Chan|ce**
    [sprich: schanß],
    die Chancen

das **Cha|os,** der Chaot,
    chaotisch
der **Cha|rak|ter,**
    die Charaktere
    [sprich: karakteere]
der **Charme** [sch], charmant
    char|tern [sch],
    der Charterflug
die **Charts** [sprich: tscharts]
der **Chat** [sprich: tschät],
    chatten
der **Chauf|feur**
    [sprich: schofföhr],
    die Chauffeure,
    die Chauffeurin
der **Chef** [sch], die Chefs,
    die Chefin
die **Che|mie** [ch] (Chemiker
    erforschen Wasser,
    Erde, Luft usw.),
    chemisch
    Chi|na [ch], die Chinesen,
    chinesisch
der **Chip** [sprich: tschip],
    die Chips
der **Chi|rurg** [ch], die Chi-
    rurgen (Arzt, der
    operiert), die Chirurgin
der **Chor,** die Chöre
der **Christ|baum,**
    die Christbäume
das **Chris|ten|tum** (große
    Weltreligion; → Jesus),
    der Christ, die Christen

die **Chro|nik,** die Chroniken
chro|nisch (dauernd
krank; Gegensatz: akut)

die **Ci|ty** [ß], die Citys
cle|ver

der **Clinch** [sprich: klinsch]

die **Cli|que** [sprich: klicke],
die Cliquen

der **Clou** [sprich: kluu],
die Clous (Glanzpunkt
z. B. eines Festes)

der **Clown** [sprich: klaun],
die Clowns

der **Club,** die Clubs

der **Coach** [sprich: koutsch],
die Coaches (Trainer)

der **Code** [sprich: coot],
die Codes

die/das **Co|la,** die Colas

der **Co|mic,** die Comics

der **Com|pu|ter,**
die Computer

der **Con|tai|ner** [sprich:
kontäiner], die Container
cool [sprich: kuhl],
(kühl, sehr gut)

der **Cou|sin** [sprich: kuseng],
die Cousins, die Cousine

der **Cow|boy** [sprich:
kaubeu], die Cowboys

die **Creme** [sprich: kreem],
die Cremes

der/das **Cur|ry** [sprich: körri]

D d

da, da sein, da gewesen
da|bei, dabei sein,
dabei gewesen

das **Dach,** die Dächer

der **Dachs,** die Dachse

der **Da|ckel,** die Dackel
da|durch
da|für
da|ge|gen
da|heim
da|her, dahin
da|hin|ten, dahinter
da|mals

die **Da|me,** die Damen,
→ **w** *Frau*
da|mit
däm|lich

der **Damm,** die Dämme,
dämmen
däm|mern,
die Dämmerung,
dämmrig / dämmerig

der **Dampf,** die Dämpfe,
der Dampfer, dampfen
da|nach
da|ne|ben
Dä|ne|mark, die Dänen,
dänisch
dan|ken, der Dank,
dankbar, danke schön
dann

da|ran
da|rauf|hin
da|raus
ich **darf** (von dürfen)
da|rin
das **Dar|le|hen** / Dar|lehn
(→ Kredit)
der **Darm,** die Därme
da|rü|ber
da|rum
da|run|ter
das, das Haus
dass, ich weiß, dass…
das|sel|be
die **Da|tei,** die Dateien
(Sammlung von
→ Daten)
die **Da|ten**
(Plural von Datum)
die **Da|ten** (Es gibt viele
Arten von Daten: private
Daten wie Name und
Geburtstag, Daten zur
Umwelt, Daten zum
Verkehr usw.)
der **Da|tiv** (3. Fall)
das **Da|tum,** die Daten,
datieren
dau|ern, die Dauer,
dauerhaft, dauernd
der **Dau|men,** die Daumen
da|von
da|vor
da|zu

da|zwi|schen
die **De|cke,** die Decken
der **De|ckel,** die Deckel
de|cken, die Deckung
de|fekt (schadhaft),
der Defekt
die **De|fen|si|ve**
(Verteidigung), defensiv
deh|nen, die Dehnung,
dehnbar
der **Deich,** die Deiche
die **Deich|sel,** die Deichseln
dein (deine Mutter)
dei|ner (in deiner Hand)
dei|net|we|gen
de|ko|rie|ren,
die Dekoration
der **Del|fin,** die Delfine
die **De|li|ka|tes|se,**
die Delikatessen
(Leckerbissen)
der **Del|phin,** die Delphine
das **Del|ta,** die Deltas
(Flussmündung in
mehreren Armen)
dem (in dem Haus)
dem|nach
dem|nächst
die **De|mo|kra|tie,**
die Demokratien
(Die Bürger bestimmen
die Regeln des Zusam-
menlebens selbst.),
demokratisch

de|mons|trie|ren,
die Demonstration (kurz:
Demo), der Demonstrant
die **De|mut,** demütigen,
demütig
den (gegen den Wind)
de|nen, mit denen
den|ken, sie dachte, hat
gedacht, → glauben
das **Denk|mal,**
die Denkmäler
denn
den|noch
das **De|o|do|rant** (kurz: Deo)
die **De|po|nie,** die Deponien
(Abladeplatz für Müll)
de|pri|miert
(niedergeschlagen)
der
der|ar|tig
derb
de|ren, um derentwillen
der|je|ni|ge
der|sel|be
des (des Vaters Hose)
des|halb
des|sen
das **Des|sert** [sprich:
dessehr], die Desserts
(Nachtisch)
des|to, desto besser
des|we|gen
der **De|tek|tiv,** die
Detektive, die Detektivin

deu|ten,
deutlich, → **w** genau,
die Deutlichkeit
deutsch,
sie spricht deutsch,
ich lerne Deutsch,
er kann kein Deutsch,
auf Deutsch gesagt
Deutsch|land,
die Deutschen,
ich bin Deutsche
der **De|zem|ber**
de|zent (unaufdringlich)
der **De|zi|mal|bruch**
der/das **De|zi|me|ter**
der **Di|a|be|tes**
(Zuckerkrankheit),
der Diabetiker
die **Di|a|gno|se,**
die Diagnosen
(Feststellung
einer Krankheit)
der **Di|a|lekt,** die Dialekte
(Mundart)
der **Di|a|mant,**
die Diamanten
die **Di|ät,** die Diäten
(Schonkost), Diät leben
dich, für dich
dicht
dich|ten, der Dichter
dichtet, das Gedicht
dick, → **w** dick,
der Dicke

das **Di|ckicht,** die Dickichte
(sehr dichtes Gebüsch)
die
der **Dieb,** die Diebe,
die Diebin, der Diebstahl
die **Die|le,** die Dielen
die|nen, der Diener
der **Dienst,** die Dienste,
dienstlich
der **Diens|tag,**
die Dienstage,
immer dienstags,
am Dienstagabend
dies, diese, dieser
die|sel|be
der **Die|sel|mo|tor**
die|sig
dies|mal, dieses Mal
die **Dif|fe|renz,**
die Differenzen
di|gi|tal, die digitale
Anzeige
das **Dik|tat,** die Diktate,
diktieren
der **Dik|ta|tor,**
die Diktatoren
(einer herrscht allein),
die Diktatur
das **Ding,** die Dinge
der **Din|kel** (Getreideart)
der **Di|no|sau|ri|er,** die
Dinosaurier (→ Fossil)
das **Di|plom,** die Diplome
di|plo|ma|tisch

dir (Ich glaube dir.)
di|rekt, → w *genau*
der **Di|rek|tor,**
die Direktoren,
die Direktorin
di|ri|gie|ren,
der Dirigent
das **Dirndl|kleid**
die **Dis|ko|thek,**
die Diskotheken
(kurz: Disko/Disco)
dis|kret (verschwiegen,
taktvoll), die Diskretion
dis|kri|mi|nie|ren
(herabsetzen),
die Diskriminierung
dis|ku|tie|ren,
die Diskussion
das **Dis|play,** die Displays
die **Dis|tanz,** die Distanzen
(Abstand)
die **Dis|tel,** die Disteln
die **Dis|zi|plin**
di|vi|die|ren (teilen),
die Division
doch, nicht doch
der **Docht,** die Dochte
der **Dok|tor,** die Doktoren,
die Doktorin
das **Do|ku|ment,**
die Dokumente
der **Dolch,** die Dolche
doll
der **Dol|lar,** die Dollars

der **Dol|met|scher,**
die Dolmetscher,
die Dolmetscherin
der **Dom,** die Dome
das **Do|mi|no,** die Dominos
die **Do|nau** (großer Strom)
der **Dö|ner|ke|bab /
Dö|ner Ke|bab**
(kurz: Döner)
der **Don|ner,** die Donner,
donnern
der **Don|ners|tag,**
die Donnerstage
doof
do|pen, das Doping
dop|pelt,
doppelt so viel wie…,
das Doppelte
das **Dorf,** die Dörfer
der **Dorn,** die Dornen
dort, dorthin
Dort|mund
(sehr große Stadt in
Nordrhein-Westfalen)
die **Do|se,** die Dosen
dö|sen
$\frac{der}{das}$ **Dot|ter,** die Dotter
(Eigelb)
$\frac{der}{das}$ **Down|load** [sprich:
daunloud], downloaden
der **Dra|che,** die Drachen
der **Draht,** die Drähte
das **Dra|ma,** die Dramen,
dramatisch

dran, da ist nichts dran
drän|geln, → w *gehen,*
die Drängelei
drän|gen, das Gedränge
drauf, drauf und dran
drau|ßen
der **Dreck,** dreckig
dre|hen, die Drehung
drei, dreißig, dreizehn,
dreierlei, dreifach
das **Drei|eck,** die Dreiecke,
dreieckig
dreist
die **Drei|vier|tel|stun|de**
dre|schen, er drosch,
hat gedroschen
Dres|den (Hauptstadt
von Sachsen), → S. 250
dres|sie|ren, die Dressur
drib|beln, das Dribbling
drin, drinnen
drin|gen, sie drang,
ist gedrungen,
der Drang
drin|gend
der **Drink,** die Drinks
dritt, zu dritt, der dritte
Teil, ein dritter Euro,
drittens, ein Drittel,
jeder Dritte, er wurde
Dritter
die **Dro|ge,** die Drogen
(Gifte wie → Alkohol,
→ Tabak)

die **Dro|ge|rie,**
die Drogerien
dro|hen, die Drohung
dröh|nen
drol|lig
^{der}/_{das} **Drops,** die Drops
die **Dros|sel,** die Drosseln
(→ Singvogel)
drü|ben, drüber
dru|cken, der Druck
drü|cken, → **w** *drücken,*
der Druck
drun|ter
die **Drü|se,** die Drüsen
der **Dschun|gel,** die
Dschungel (feuchter
Urwald der → Tropen)
du, ich und du
der **Dü|bel,** die Dübel
sich **du|cken,** ich duckte
mich, der Duckmäuser
das **Du|ell,** die Duelle
(Zweikampf)
der **Duft,** die Düfte, duften
dul|den, die Duldung
dumm, dümmer,
am dümmsten,
die Dummheit
dumpf
die **Dü|ne,** die Dünen
dün|gen, der Dünger
dun|kel, die Dunkelheit,
dunkelblau
dünn

duns|tig, der Dunst
das **Duo,** die Duos
durch, durchaus
durch|bren|nen
→ brennen,
→ **w** *entwischen*
durch|ei|nan|der,
das Durcheinander
der **Durch|fall**
durch|ge|hend,
durchgehend geöffnet
der **Durch|mes|ser,**
die Durchmesser
durch|schnitt|lich
durch|sich|tig
durch|su|chen,
→ **w** *suchen*
der **Durch|zug**
dür|fen, sie darf,
er durfte, hat gedurft
dürr, die Dürre
der **Durst,** durstig
du|schen, → **w** *waschen,*
die Dusche
die **Dü|se,** die Düsen
Düs|sel|dorf
(Hauptstadt von
Nordrhein-Westfalen)
das **Dut|zend,** die Dutzende
du|zen, der Duzfreund
die **DVD** (Speicher von
→ Daten)
das **Dy|na|mit** (Sprengstoff)
der **Dy|na|mo,** die Dynamos

E e

die **Eb|be** (Ebbe und Flut:
Am Nordseestrand geht
und kommt das Wasser.)
eben, die Ebene
eben|falls
eben|so, ebenso gut
der **Eber,** die Eber
das **Echo,** die Echos
echt, die Echtheit
die **Ecke,** die Ecken, eckig,
der Eckball
edel, der Edelstein
die **EDV** (elektronische
Daten-Verarbeitung)
der **Efeu**
der **Ef|fekt,** die Effekte (der
große Effekt des Übens)
egal
der **Ego|is|mus,** der Egoist
(lateinisch ego = ich),
egoistisch
ehe, ehe er kam, eher
die **Ehe,** die Ehen
ehe|ma|lig, ehemals
die **Eh|re,** die Ehren, ehren
die **Ehr|furcht,** ehrfürchtig
der **Ehr|geiz,** ehrgeizig
ehr|lich, die Ehrlichkeit
das **Ei,** die Eier
die **Ei|che,** die Eichen
(→ Laubbaum)

die **Ei|chel,** die Eicheln
(Frucht der Eiche)
das **Eich|hörn|chen,**
die Eichhörnchen
der **Eid,** die Eide
(Der Angeklagte
schwört einen Eid:
„Ich bin unschuldig.")
die **Ei|dech|se,**
die Eidechsen
der **Ei|fer,** eifrig, eifersüchtig
ei|gen, das eigene Heft
ei|gen|ar|tig,
die Eigenart
die **Ei|gen|schaft,**
die Eigenschaften
ei|gen|sin|nig,
der Eigensinn
ei|gent|lich
das **Ei|gen|tum,**
der Eigentümer
ei|len, die Eile, eilig
der **Ei|mer,** die Eimer
ein, eine, einer
(ein Hund und eine
Katze in einer Hütte)
ei|nan|der
sich **ein|bil|den,**
ich bildete mir ein,
→ **w** *träumen,*
die Einbildung
ein|bre|chen → brechen,
der Einbrecher,
der Einbruch

ein|deu|tig

ein|drin|gen → dringen

der **Ein|druck,** die Eindrücke

ein|ein|halb

ei|ner|seits,
andererseits

ein|fach

der **Ein|fall,** die Einfälle,
→ w *Gedanke*

der **Ein|fluss,** die Einflüsse

die **Ein|fuhr** (Fachname:
Import; Gegensatz:
→ Export)

der **Ein|gang,** die Eingänge,
→ w *Tür*

ein|ge|bil|det

das **Ein|ge|ständ|nis,**
die Eingeständnisse

ein|ge|weiht

ein|hei|misch,
der Einheimische

die **Ein|heit,** die Einheiten,
einheitlich

ei|nig, die Einigkeit

ei|ni|ge

sich **ei|ni|gen,** wir einigten
uns, → w *vereinbaren,*
die Einigung

ei|ni|ger|ma|ßen

das **Ein|kom|men,**
die Einkommen
(verdientes Geld)

ein|la|den → laden,
die Einladung

die **Ein|lei|tung,**
die Einleitungen

ein|mal, auf einmal

das **Ein|mal|eins**

ein|neh|men → nehmen

eins

ein|sam, die Einsamkeit

ein|schla|fen
→ schlafen,
→ w *schlafen*

ein|se|hen → sehen,
→ w *verstehen*

einst

ein|stim|mig

die **Ein|tracht** (harmonisch
zusammenleben),
einträchtig

ein|tref|fen → treffen,
→ w *ankommen*

ein|tre|ten → treten,
der Eintritt

ein|ver|stan|den,
einverstanden sein,
→ w *zustimmen*

der **Ein|wand,**
die Einwände (Gegen
Unterricht am Samstag
gibt es Einwände.),
einwandfrei

die **Ein|wan|de|rung**
(Millionen Deutsche
haben Einwanderer
unter ihren Vorfahren.
→ Migration)

der **Ein|woh|ner,**
   die Einwohner (→ Bürger),
   die Einwohnerin
die **Ein|zahl**
   ein|zeln, einzig
   ein|zie|hen → ziehen,
   der Einzug
das **Eis,** eislaufen, eiskalt
das **Ei|sen** (ein Metall),
   die Eisenbahn, eisern
das **Eis|ho|ckey**
   ei|tel
der **Ei|ter,** eitern, eitrig
das **Ei|weiß**
der **Ekel,** sich ekeln,
   ekelhaft, ekelig / eklig
das **Ek|zem,** die Ekzeme
   (Hautentzündung)
   elas|tisch
die **El|be** (großer Strom)
der **Elch,** die Elche
der **Ele|fant,** die Elefanten
   ele|gant
die **Elek|tri|zi|tät,** elektrisch
das **Ele|ment,** die Elemente
das **Elend,** sich elend fühlen
   elf
das **El|fen|bein**
der **Elf|me|ter,** die Elfmeter,
   das Elfmeterschießen
die **Eli|te,** die Eliten
   (die Besten)
die **El|le,** die Ellen, der
   Ellbogen / Ellenbogen

die **Els|ter,** die Elstern
   (→ Singvogel)
die **El|tern**
die **E-Mail** [sprich: i-mejl],
   die E-Mails
die **Email|le** [sprich:
   emallje], emailliert
die **Eman|zi|pa|ti|on,**
   emanzipiert (befreit von
   Ungleichbehandlung)
der **Em|bryo,** die Embryos
   (ungeborenes
   Lebewesen)
   emp|fan|gen → fangen
   emp|feh|len,
   die Empfehlung
   emp|fin|den → finden,
   → w *empfinden,*
   die Empfindung,
   empfindlich
   em|por
(sich) **em|pö|ren,** ich empörte
   mich, die Empörung
   em|sig
das **En|de,** zu Ende
   end|gül|tig
   end|lich
   end|los
die **Ener|gie,** die Energien
   (Gespeicherte Arbeits-
   kraft nennen wir
   Energie. Auch elektrische
   Energie ist gespeicherte
   Arbeitskraft.)

ener|gisch
eng, die Enge
sich en|ga|gie|ren
[sprich: ~~angaschieren~~],
ich engagiere mich
(sich für etwas
einsetzen)
der En|gel, die Engel
der En|ger|ling (→ Larve
eines Käfers)
Eng|land, die Engländer,
englisch
der En|kel, die Enkel,
die Enkelin
enorm
ent|beh|ren
ent|de|cken, → w *finden*,
die Entdeckung
die En|te, die Enten
der En|ter|tai|ner
[sprich: entertäiner],
die Entertainer
(Unterhaltungskünstler)
(sich) ent|fer|nen,
ich entfernte mich,
die Entfernung
ent|füh|ren,
die Entführung
ent|ge|gen
ent|geg|nen,
→ w *antworten*,
die Entgegnung
ent|hal|ten → halten,
die Enthaltung

ent|kom|men
→ kommen,
→ w *entwischen*
ent|lang
ent|las|sen → lassen,
die Entlassung
ent|schä|di|gen,
die Entschädigung
ent|schei|den
→ scheiden,
die Entscheidung
sich ent|schlie|ßen
→ schließen,
ich entschloss mich,
der Entschluss
(sich) ent|schul|di|gen,
ich entschuldigte mich,
die Entschuldigung
ent|setzt,
das Entsetzen
ent|spre|chen
ent|ste|hen → stehen
ent|täu|schen
ent|we|der
ent|wer|fen → werfen,
der Entwurf
ent|wi|ckeln,
die Entwicklung
ent|wi|schen,
→ w *entwischen*
ent|zie|hen → ziehen,
der Entzug
ent|zif|fern
ent|zü|ckend

ent|zün|den,
die Entzündung
ent|zwei
er
sich **er|bar|men** (Sie erbarmt
sich <u>des</u> Hilflosen.),
erbärmlich
er|ben (Tom erbt nach
Großvaters Tod dessen
Auto. Es ist sein Erbe.)
er|beu|ten
(Beute machen)
er|bost
die **Erb|se,** die Erbsen
die **Erd|bee|re,**
die Erdbeeren
die **Er|de,** das Erdbeben
das **Erd|gas,**
die **Erd|kun|de**
das **Erd|öl** (Aus Erdöl
werden z. B. Benzin
und Plastik gemacht.)
der **Erd|teil,** die Erdteile
sich **er|eig|nen,** es ereignete
sich, das Ereignis
er|fah|ren → fahren,
die Erfahrung
er|fin|den → finden,
die Erfindung
der **Er|folg,** die Erfolge,
erfolgreich, erfolglos
er|for|der|lich, erfordern
er|freu|lich
er|frie|ren → frieren

Er|furt (Hauptstadt von
Thüringen)
das **Er|geb|nis,**
die Ergebnisse
er|gie|big
er|hal|ten → halten,
→ w *bekommen*
(sich) **er|he|ben** → heben,
er erhob sich
er|heb|lich
die **Er|he|bung,**
die Erhebungen
sich **er|ho|len,** ich erholte
mich, die Erholung
(sich) **er|in|nern,**
ich erinnerte mich,
die Erinnerung
die **Er|käl|tung,**
die Erkältungen,
sich erkälten,
→ R *erkälten*
er|ken|nen → kennen,
die Erkenntni<u>s</u>
der **Er|ker,** die Erker
die **Er|klä|rung,**
die Erklärungen,
erklären (= klar machen)
die **Er|kran|kung,**
die Erkrankungen,
erkranken
sich **er|kun|di|gen,**
ich erkundigte mich,
→ w *fragen,*
die Erkundigung

er|lau|ben, die Erlaubnis
er|läu|tern,
die Erläuterung
er|le|ben, das Erlebnis
er|le|di|gen,
die Erledigung
er|leich|tert,
erleichtert sein
er|lö|sen, die Erlösung
er|mah|nen,
die Ermahnung
er|mä|ßi|gen,
die Ermäßigung
er|mit|teln,
die Ermittlung
(sich) er|näh|ren,
ich ernährte mich,
die Ernährung
er|neu|er|bar,
erneuerbare Energie
(Wind und Sonne gibt es
immer. Deren → Energie
ist „erneuerbar".)
er|neut (nochmals)
ernst, es ist mir ernst,
ernst gemeint /
ernstgemeint, ich mache
Ernst, das ist mein Ernst
ern|ten, die Ernte
er|obern,
die Eroberung
der Er|pel (männliche Ente,
Enterich), die Erpel
er|re|gen, die Erregung

er|rei|chen
er|rin|gen
→ ringen
er|schie|ßen
→ schießen,
→ w umbringen
er|schöpft
er|schre|cken,
sie erschrickt, er erschrak;
er ist erschrocken, denn
er wurde erschreckt,
→ w Angst haben
er|schüt|tern,
es ist erschütternd
er|set|zen, der Ersatz
er|spa|ren,
die Ersparnis
erst, erstens, erstklassig,
als Erste kommen
er|stau|nen
er|tap|pen
er|tra|gen → tragen
er|trin|ken → trinken
er|wach|sen,
der Erwachsene
er|wäh|nen,
die Erwähnung
er|war|ten,
die Erwartung
er|wer|ben → werben,
der Erwerb
er|wi|dern,
→ w antworten,
die Erwiderung

das **Erz,** die Erze (Steine,
die Metall enthalten,
z. B. Eisenerz)
er|zäh|len,
→ w *unterhalten,*
die Erzählung
er|zeu|gen,
das Erzeugnis
er|zie|hen → ziehen,
die Erziehung
es, so ist es
die **Esche,** die Eschen
(→ Laubbaum)
der **Esel,** die Esel
der **Es|ki|mo,** die Eskimos
Es|sen (sehr große Stadt
in Nordrhein-Westfalen)
es|sen, du isst, sie aß,
hat gegessen; Iss!,
→ w *essen, fressen*
das **Es|sen,** → w *Essen*
der **Es|sig**
die **Eta|ge** [sprich: etasche],
die Etagen
die **Etap|pe,** die Etappen
(Teilstrecke)
das **Eti|kett,** die Etiketten
et|li|che
das **Etui,** die Etuis
et|wa
et|was, etwas Gutes
euch, euer, eure,
euretwegen
die **Eu|le,** die Eulen

der **Eu|ro,** die Euros
Eu|ro|pa, die Europäer,
europäisch
die **Eu|ro|pä|ische Uni|on**
(EU)
das **Eu|ter,** die Euter
evan|ge|lisch
even|tu|ell
ewig, immer und ewig,
die Ewigkeit
ex|akt (ganz genau)
das **Exem|plar,**
die Exemplare
exis|tie|ren,
die Existenz
die **Ex|pe|di|ti|on,**
die Expeditionen
(Forschungsreise)
das **Ex|pe|ri|ment,**
die Experimente
(Versuch)
der **Ex|per|te,**
die Experten
(Sachverständige),
die Expertin
ex|plo|die|ren,
die Explosion,
explosiv
der **Ex|port** (Ausfuhr;
Gegensatz: → Import)
ex|tra
ex|trem (äußerst: z. B.
extrem kalt,
extrem teuer)

F f

die **Fa|bel,** die Fabeln,
fabelhaft, fabulieren
die **Fa|brik,** die Fabriken,
der Fabrikant
fa|bri|zie|ren,
die Fabrikation
das **Fach,** die Fächer,
fachlich
der **Fä|cher,** die Fächer,
fächeln
die **Fa|ckel,** die Fackeln
fa|de/fad (Es schmeckt
nach nichts.)
der **Fa|den,** die Fäden
fä|hig, die Fähigkeit
fahn|den, → w *suchen,*
die Fahndung
die **Fah|ne,** die Fahnen
fah|ren, sie fährt,
er fuhr, ist gefahren,
die Fähre, die Fahrt,
der Fahrer, das Fahrzeug
fahr|läs|sig
das **Fahr|rad,** die Fahrräder,
Fahrrad fahren
fair, die Fairness
der **Fakt,** die Fakten
(Tatsache), faktisch
der **Fak|tor,** die Faktoren
der **Fall,** die Fälle, auf jeden
Fall, jedenfalls, notfalls

die **Fal|le,** die Fallen
fal|len, er fällt,
sie fiel, ist gefallen,
→ w *fallen,* der Fall
fäl|len,
einen Baum fällen
fäl|lig
falls, falls möglich
falsch, am falschesten
fäl|schen,
die Fälschung
die **Fal|te,** die Falten, faltig
fal|ten
der **Fal|ter,** die Falter
die **Fa|mi|lie,** die Familien
der **Fan** [sprich: fän],
die Fans
(englisch: fanatic)
fa|na|tisch (unduldsam,
rechthaberisch),
der Fanatiker
die **Fan|fa|re,** die Fanfaren
fan|gen, sie fängt,
er fing, hat gefangen,
→ R *Fangen spielen,*
der Fang, der Fänger
die **Fan|ta|sie,** die Fan-
tasien, fantastisch
die **Far|be,** die Farben,
farbig, farbenblind,
die Farbigen
die **Farm,** die Farmen
der **Farn,** die Farne
der **Fa|san,** die Fasane

der **Fa**|**sching** (bayerisch für
→ Fastnacht)
fa|**seln**
die **Fa**|**ser,** die Fasern
das **Fass,** die Fässer
die **Fas**|**sa**|**de,**
die Fassaden
fas|**sen,** die Fassung
fast (beinahe)
fas|**ten** (weder essen
noch trinken)
das **Fast**|**food** [sprich:
faaβtfud], (schnell
gemachtes Fertiggericht)
die **Fast**|**nacht** (Zeit vor
→ Aschermittwoch)
fa|**tal** (verhängnisvoll)
fau|**chen**
faul, die Fäulnis
faul, faulenzen,
die Faulheit;
aber: → Foul
die **Fau**|**na** (Tierwelt;
→ Flora)
die **Faust,** die Fäuste,
→ w *Hand*
der **Fa**|**vo**|**rit,** die Favoriten
(vermutlicher Sieger),
die Favoritin
das **Fax**|**ge**|**rät** (kurz: Fax),
faxen
das **Fa**|**zit** (Ergebnis),
ein Fazit ziehen
der **Fe**|**bru**|**ar**

fech|**ten,** sie ficht,
er focht, hat gefochten
die **Fe**|**der,** die Federn,
federn, federleicht
die **Fee,** die Feen
fe|**gen**
feh|**len**
der **Feh**|**ler,** die Fehler,
fehlerfrei, fehlerlos
fei|**ern,** feierlich,
die Feier
fei|**ge,** der Feigling,
die Feigheit
die **Fei**|**ge,** die Feigen
die **Fei**|**le,** die Feilen
fein, die Feinheit
der **Feind,** die Feinde,
die Feindin, die
Feindschaft, feindlich
das **Feld,** die Felder
die **Fel**|**ge,** die Felgen
das **Fell,** die Felle (behaarte
Haut von → Säugetieren)
der **Fels**/Fel|sen, die Felsen,
felsig
fe|**mi**|**nin** (weiblich;
männlich ist maskulin)
der **Fe**|**mi**|**nist,** die Femi-
nisten (Feministen
arbeiten gegen die
Benachteiligung von
Frauen und Mädchen.),
die Feministin
das **Fens**|**ter,** die Fenster

die **Fe|ri|en**

das **Fer|kel,** die Ferkel

fern, die Ferne

fer|ner

das **Fern|se|hen,**

der Fernseher

fern|se|hen → sehen

die **Fer|se,** die Fersen,

→ **R** *Ferse*

fer|tig, fertig sein,

fix und fertig, fertig

machen / fertigmachen

die **Fes|sel,** die Fesseln,

fesseln

fest (fest vereinbart)

das **Fest,** die Feste, festlich

fest|stel|len,

die Feststellung

die **Fes|tung,** die Festungen

(eine Art Burg)

das **Fett,** die Fette

fett (dick und fett),

→ **w** *dick,* fettig

der **Fet|zen,** die Fetzen

feucht, die Feuchtigkeit

das **Feu|er,** die Feuer,

die Feuerwehr, feuern

das **Fi|as|ko,** die Fiaskos

(Misserfolg)

die **Fi|bel,** die Fibeln

die **Fich|te,** die Fichten

(→ Nadelbaum)

das **Fie|ber**

er **fiel** (von fallen)

die **Fi|gur,** die Figuren

der **Film,** die Filme, filmen,

der Filmstar

der **Fil|ter,** die Filter, filtern

der **Filz,** die Filze

das **Fi|na|le,**

die Finale / Finals

die **Fi|nan|zen** (Gelder),

finanzieren, finanziell

fin|den, er f<u>a</u>nd,

hat gef<u>u</u>nden,

→ **w** *finden,* der F<u>u</u>nd

der **Find|ling,** die Findlinge

(Riesenstein, Überrest

der Eiszeit)

der **Fin|ger,** die Finger

der **Fink,** die Finken

(→ Singvogel)

fins|ter, die Finsternis

die **Fir|ma,** die Firmen

das **Fir|ma|ment** (Himmels-

gewölbe über der Erde)

die **Fir|mung,** firmen

der **First,** die Firste (oberste

Kante des Dachs)

der **Fisch,** die Fische, fischen

fit, die Fitness

fix (1. fest, 2. schnell),

fix und fertig

der **Fix|stern,** die Fixsterne

(eine ferne Sonne, die

→ fix zu stehen scheint;

Gegensatz: → Planet)

flach, die Fläche

fla|ckern, es flackerte
der Fla|den, die Fladen,
der Kuhfladen
die Flag|ge, die Flaggen
die Flam|me, die Flammen
die Flan|ke, die Flanken,
flanken
die Fla|sche, die Flaschen
flat|tern, → **w** *fliegen*
flau (Gefühl leichter
Übelkeit)
die Flau|te, die Flauten
(Windstille)
flech|ten, er flicht,
sie flocht, hat geflochten
der Fleck, die Flecken,
fleckig
die Fle|der|maus,
die Fledermäuse
der Fle|gel, die Flegel
(schlecht erzogener
Mann)
fle|hen (Er flehte um
Rettung.), das Flehen
das Fleisch, der Fleischer,
→ **R** *Fleischer*
der Fleiß, fleißig
flet|schen
(die Zähne fletschen)
fle|xi|bel (biegsam,
anpassungsfähig)
fli|cken, der Flicken
der Flie|der (Busch)
die Flie|ge, die Fliegen

flie|gen, er fliegt,
sie flog, ist geflogen,
→ **w** *fliegen*, der Flieger
flie|hen, er floh,
ist geflohen, die Flucht
die Flie|se, die Fliesen
flie|ßen, es floss,
ist geflossen,
→ **w** *fließen*
flim|mern
flink
die Flin|te, die Flinten
flit|zen, → **w** *rennen*,
der Flitzer
die Flo|cke, die Flocken,
flockig
der Floh, die Flöhe
die Flo|ra (Pflanzenwelt;
Tierwelt = die Fauna)
die Flos|kel, die Floskeln
(bloße Redensart)
das Floß, die Flöße, flößen
die Flos|se, die Flossen
flö|ten, die Flöte
flott
die Flot|te, die Flotten
flu|chen, → **w** *schimpfen*,
der Fluch
die Flucht, der Flüchtling
flüch|ten, der Flüchtling
flüch|tig,
die Flüchtigkeit
der Flug, die Flüge, das
Flugzeug, der Flughafen

A
B
C
D
E
F
G
H
I
J
K
L
M
N
O
P
Q
R
S
T
U
V
W
X
Y
Z

der **Flü|gel,** die Flügel
flüg|ge (flugbereit)
flun|kern (angeberisch
übertreiben)
der **Flur,** die Flure (Hausflur)
die **Flur,** die Fluren
(Feldflur)
der **Fluss,** die Flüsse
flüs|sig, die Flüssigkeit
flüs|tern,
ich flüstre / flüstere,
→ w *flüstern*
die **Flut,** die Fluten
(→ Ebbe), fluten
das **Foh|len,** die Fohlen
(junges Pferd)
der **Föhn** (warmer Wind
am Rand der Alpen)
der **Föhn** (Haartrockner),
föhnen
fol|gen, die Folge
die **Fo|lie,** die Folien
fol|tern, die Folter
die **Fon|tä|ne,** die Fontänen
(Springbrunnen)
for|dern, die Forderung
för|dern, die Förderung
die **Fo|rel|le,**
die Forellen (Fisch)
die **Form,** die Formen,
formen
for|ma|tie|ren (u. a.
die Aufnahme von
→ Daten vorbereiten)

das **For|mu|lar,**
die Formulare
for|schen, der Forscher,
die Forschung
der **Forst** (Wald),
der Förster
fort, fortfahren
die **Fort|pflan|zung**
der **Fort|schritt,**
die Fortschritte,
fortschrittlich
das **Fos|sil,** die Fossilien
(Reste von Lebewesen
aus der Urzeit)
das **Fo|to,** die Fotos
das **Foul,** die Fouls (Der
Spieler hat foul gespielt.)
die **Fracht,** die Frachten
fra|gen, er fragt,
→ w *fragen,* die Frage,
fraglich, fraglos
die **Fran|ken** (große
deutsche Volksgruppe),
das Frankenland,
fränkisch
Frank|furt am Main
(sehr große Stadt
in Hessen), → S. 250
fran|kie|ren
Frank|reich, die Fran-
zosen, französisch
die **Frat|ze,** die Fratzen
die **Frau,** die Frauen,
→ w *Frau*

frech, die Frechheit,
der Frechdachs
frei (ohne Zwang),
die Freiheit, im Freien
frei∣lich
der **Frei∣tag,** die Freitage
frei∣wil∣lig
die **Frei∣zeit,** die Freizeiten
fremd, die Fremde,
der Fremde
fres∣sen, er fri_ss_t, sie fraβ,
hat gefressen; Fri_ss_!,
→  **w** *fressen*
sich **freu∣en,** ich freute mich,
→ **w** *freuen,* die Freude,
freudig
der **Freund,** die Freunde,
die Freundin, die
Freundschaft, freundlich
der **Frie∣den**/Frie∣de, friedlich
frie∣ren, sie fr_or_,
hat gefr_o_ren
die **Frie∣sen** (deutsche
Volksgruppe), Friesland,
friesisch
die **Fri∣ka∣del∣le,**
die Frikadellen
frisch, die Frische
der **Frisch∣ling,**
die Frischlinge
(Wildschwein-Junges)
der **Fri∣seur,** die Friseure,
die Friseurin
fri∣sie∣ren

der **Fri∣sör,** die Frisöre,
die Frisörin
sie **frisst** (von fressen)
die **Frist,** die Fristen, fristlos
die **Fri∣sur,** die Frisuren
froh, fröhlich,
die Fröhlichkeit
fromm, die Frömmigkeit
der **Fron∣leich∣nam**
(katholisches Fest)
die **Front,** die Fronten,
frontal
der **Frosch,** die Frösche
der **Frost,** die Fröste, frostig
frös∣teln
$\frac{der}{das}$ **Frot∣tee**
(Baumwollgewebe)
die **Frucht,** die Früchte,
fruchtbar
früh, heute früh, in der
Frühe, frühmorgens
frü∣her, frühestens
der **Früh∣ling,** das Frühjahr
das **Früh∣stück**
früh∣stü∣cken,
→ **w** *essen*
frus∣triert (enttäuscht),
der Frust
der **Fuchs,** die Füchse
fuch∣teln, → **w** *winken*
die **Fu∣ge,** die Fugen (Spalt)
(sich) **fü∣gen,** ich fügte mich
füh∣len, → **w** *empfinden,*
das Gefühl, der Fühler

füh|ren, der Führer,
die Führung
fül|len, die Füllung,
die Fülle, der Füller
fum|meln, die Fummelei
der Fund, die Funde
das Fun|da|ment,
die Fundamente
fünf, fünfmal, fünfzig
der Funk, funken
der Fun|ke, die Funken
fun|keln
funk|ti|o|nie|ren
für, füreinander
die Fur|che, die Furchen
die Furcht, fürchten,
→ w *Angst haben*
furcht|bar
fürch|ter|lich
für|ei|nan|der
die Für|sor|ge, fürsorglich
der Fürst, die Fürsten,
die Fürstin, fürstlich
die Furt, die Furten (flache
Stelle bei Flüssen)
der/das Fu|run|kel,
die Furunkel
der Fuß, die Füße, zu Fuß,
der Fußball,
der Fußgänger
futsch
das Fut|ter, → w *Essen*,
futtern, füttern

G g

die Ga|be, die Gaben
die Ga|bel, die Gabeln,
der Gabelstapler
ga|ckern,
→ w *Geräusche*
gaf|fen, der Gaffer
der Gag [sprich: gäg],
die Gags
die Ga|ge [sprich: ga~~sche~~],
die Gagen (Bezahlung
von Künstlern)
gäh|nen
die Gal|le, die Gallen
der Ga|lopp, galoppieren
gam|me|lig (kaum noch
brauchbar), gammeln
der Gang, die Gänge
gän|geln (dauernd
bevormunden)
der Gangs|ter [sprich:
gängster], die Gangster
die Gans, die Gänse
ganz, die ganze Zeit,
am ganzen Tag,
gänzlich, ganztägig,
das Ganze,
im großen Ganzen
gar (gar gekocht)
gar, gar kein, gar nicht
die Ga|ra|ge [sprich:
gara~~sche~~], die Garagen

die **Ga‧ran‧tie,** die Garan-
   tien, garantieren
die **Gar‧be,** die Garben
die **Gar‧de‧ro‧be,**
   die Garderoben
die **Gar‧di‧ne,** die Gardinen
   gä‧ren, es gärte,
   ist gegoren, die Gärung
das **Garn,** die Garne
die **Gar‧ni‧tur,**
   die Garnituren
   gars‧tig
der **Gar‧ten,** die Gärten,
   der Gärtner,
   die Gärtnerei
das **Gas,** die Gase
die **Gas‧se,** die Gassen,
   → w *Straße*
der **Gast,** die Gäste,
   die Gaststätte, gastlich
der **Gat‧te,** die Gatten,
   die Gattin
das **Gat‧ter,** die Gatter
der **Gaul,** die Gäule
der **Gau‧men,** die Gaumen
der **Gau‧ner,** die Gauner,
   die Gaunerin
das **Ge‧bäck**
die **Ge‧bär‧de,**
   die Gebärden
   (Bewegung der Hände
   und des Gesichts)
   ge‧bä‧ren, sie gebar,
   hat geboren, die Geburt

das **Ge‧bäu‧de,**
   die Gebäude
   (von bauen), → w *Haus*
   ge‧ben, sie gibt, sie gab,
   hat gegeben; Gib!,
   → w *geben*
das **Ge‧bet,** die Gebete
   ge‧bie‧ten → bieten,
   das Gebiet
das **Ge‧bil‧de,** die Gebilde
   ge‧bil‧det,
   gebildet sein
das **Ge‧bir‧ge,** die Gebirge,
   gebirgig
das **Ge‧biss,** die Gebisse
   ge‧bis‧sen → beißen
   ge‧blie‧ben → bleiben
   ge‧bo‧ren
das **Ge‧bot,** die Gebote
   ge‧bracht → bringen
   ge‧brau‧chen,
   der Gebrauch
   ge‧brech‧lich,
   das Gebrechen
   ge‧bro‧chen → brechen
die **Ge‧bühr,** die Gebühren
die **Ge‧burt,**
   die Geburten,
   der Geburtstag
das **Ge‧büsch,**
   die Gebüsche
   ge‧dacht → denken
das **Ge‧dächt‧nis,**
   die Gedächtnisse

A
B
C
D
E
F
G
H
I
J
K
L
M
N
O
P
Q
R
S
T
U
V
W
X
Y
Z

der **Ge|dan|ke,** die Gedan-
ken, → w *Gedanke,*
gedankenlos,
sich Gedanken machen,
→ w *überlegen*
das **Ge|deck,** die Gedecke
ge|dei|hen, es gedieh,
ist gediehen
ge|den|ken → denken,
das Gedenken
(Er gedenkt seiner Oma
und seines Opas.)
das **Ge|dicht,** die Gedichte
das **Ge|drän|ge**
die **Ge|duld,** geduldig
ge|eig|net
ge|fähr|lich, die Gefahr
der **Ge|fähr|te,** die Gefähr-
ten, die Gefährtin
das **Ge|fäl|le,** die Gefälle
ge|fal|len → fallen,
→ w *freuen*
ge|fäl|lig,
die Gefälligkeit
ge|fäl|ligst (Lass
gefälligst den Unsinn!)
das **Ge|fäng|nis,**
die Gefängnisse,
der / die Gefangene
das **Ge|fäß,** die Gefäße
das **Ge|fie|der,** die Gefieder,
gefiedert
ge|flo|gen → fliegen
das **Ge|flü|gel**

ge|frä|ßig
das **Ge|fühl,** die Gefühle,
fühlen, gefühllos
ge|fun|den → finden
ge|gan|gen → gehen
ge|gen
die **Ge|gend,** die Gegenden
ge|gen|ei|nan|der
der **Ge|gen|satz,**
die Gegensätze,
gegensätzlich
ge|gen|sei|tig
der **Ge|gen|stand,**
die Gegenstände
das **Ge|gen|teil,**
die Gegenteile
ge|gen|über
die **Ge|gen|wart,**
gegenwärtig
der **Geg|ner,** die Gegner,
gegnerisch
das **Ge|halt,** die Gehälter
(verdientes Geld)
ge|halt|voll
ge|häs|sig,
die Gehässigkeit
das **Ge|he|ge,** die Gehege
ge|heim, das Geheimnis,
geheimnisvoll
ge|hen, er geht, er ging,
ist gegangen,
→ w *gehen,* der Gang
ge|heu|er (Dunkelheit
ist mir nicht geheuer.)

der **Ge|hil|fe,** die Gehilfen

das **Ge|hirn,** die Gehirne,
die Gehirnerschütterung
ge|hol|fen → helfen

das **Ge|hör,** gehörlos
ge|hor|chen,
→ w *gehorchen,*
der Gehorsam
ge|hö|ren

der **Ge|hor|sam,** gehorsam

der **Gei|er,** die Geier

die **Gei|ge,** die Geigen
geil

die **Gei|sel,** die Geiseln
(Gefangener als Pfand)

die **Geiß,** die Geißen (Ziege)

der **Geist,** die Geister,
geistern, geistig
gei|zig, der Geiz,
der Geizhals
ge|kriegt (von kriegen)

das **Ge|län|de**

das **Ge|län|der,**
die Geländer
ge|lan|gen
gelb, gelbe Blumen

das **Geld,** die Gelder

$\frac{der}{das}$ **Ge|lee** [sprich:
~~sch~~elee], die Gelees

die **Ge|le|gen|heit,**
die Gelegenheiten,
gelegentlich
ge|lehrt, der/die
Gelehrte, gelehrig

das **Ge|lenk,** die Gelenke,
gelenkig
ge|lin|gen, es gelang,
ist gelungen,
→ w *gelingen;*
Gutes Gelingen!
ge|lo|ben, das Gelöbnis
gel|ten, es gilt, es galt,
hat gegolten,
die Geltung

das **Ge|mach,** die Gemächer
ge|mäch|lich

der **Ge|mahl,** die Gemahlin

das **Ge|mäl|de,**
die Gemälde
ge|mäß,
programmgemäß
ge|mä|ßigt
ge|mein,
die Gemeinheit

die **Ge|mein|de,**
die Gemeinden
ge|mein|sam

die **Ge|mein|schaft,**
die Gemeinschaften

das **Ge|mü|se,** die Gemüse

das **Ge|müt,** die Gemüter
ge|müt|lich,
die Gemütlichkeit

das **Gen,** die Gene (Gene
sind in jeder Zelle des
Körpers. Sie bestimmen
Aussehen und Art von
Lebewesen.)

ge|nau, → **w** *genau,*
die Genauigkeit
ge|nau|so,
genauso groß
ge|neh|mi|gen,
die Genehmigung
der **Ge|ne|ral,** die Generale/
Generäle, die Generalin
die **Ge|ne|ra|ti|on,**
die Generationen
(Kinder, Eltern und
Großeltern gehören zu
drei Generationen.)
der **Ge|ne|ra|tor,**
die Generatoren
ge|ne|sen (gesund
werden), die Genesung
ge|ni|al, die Genialität
das **Ge|nick,** die Genicke
das **Ge|nie** [sprich: ~~sch~~enie],
die Genies
sich **ge|nie|ren** [sprich:
~~sch~~enieren], sie genierte
sich (Es war ihr peinlich.)
ge|nie|ßen, er gen<u>oss</u>,
hat gen<u>ossen</u>
der **Ge|ni|tiv,** die Genitive
(2. Fall)
ge|nom|men → nehmen
der **Ge|nos|se,** die Genossen
die **Gen|tech|nik** (→ Gene
werden in die Zellen von
Lebewesen verpflanzt.)
ge|nug

ge|nü|gen, genügend,
genügsam, zur Genüge
der **Ge|nuss,** die Genüsse,
genüsslich
die **Geo|gra|fie** /
Geo|gra|phie
(Wissenschaft von der
Erdoberfläche)
die **Geo|lo|gie**
(Wissenschaft von Bau
und Geschichte der Erde)
die **Geo|me|trie** (Teilgebiet
der Mathematik)
das **Ge|päck**
ge|ra|de, geradeaus
ge|rannt → rennen
das **Ge|rät,** die Geräte
ge|ra|ten, es ger<u>ie</u>t,
ist geraten
ge|räu|mig
das **Ge|räusch,** die Geräusche,
geräuschlos
ge|recht,
die Gerechtigkeit
das **Ge|richt,** die Gerichte
ge|ring
ge|rin|nen → rinnen,
das Gerinnsel
das **Ge|rip|pe,** die Gerippe
ge|ris|sen → reißen
die **Ger|ma|nen** (einst eine
große Volksgruppe in
Europa), der Germane,
germanisch

gern, gerne

das **Ge|röll**

die **Gers|te** (Getreideart)

der **Ge|ruch,** die Gerüche,
geruchlos

das **Ge|rücht,** die Gerüchte

das **Ge|rüm|pel**

das **Ge|rüst,** die Gerüste

ge|samt,
die Gesamtheit

ge|sandt → senden

der **Ge|sang,** die Gesänge

das **Ge|säß,** die Gesäße

das **Ge|schäft,**
die Geschäfte,
geschäftlich

ge|sche|hen,
es geschieht, es geschah,
ist geschehen,
→ w *geschehen*

ge|scheit, gescheit
werden, → w *verstehen*

das **Ge|schenk,**
die Geschenke

die **Ge|schich|te,**
die Geschichten

ge|schickt,
die Geschicklichkeit

das **Ge|schirr,** die Geschirre

das **Ge|schlecht,**
die Geschlechter

der **Ge|schmack,**
die Geschmäcke,
geschmacklich

ge|schmei|dig

das **Ge|schöpf,**
die Geschöpfe

ge|schrie|ben
→ schreiben

das **Ge|schütz,**
die Geschütze

ge|schwind,
die Geschwindigkeit

die **Ge|schwis|ter**

das **Ge|schwür,**
die Geschwüre

der **Ge|sel|le,**
die Gesellen,
die Gesellin

die **Ge|sell|schaft,**
die Gesellschaften

das **Ge|setz,** die Gesetze
(Regel für unser
Zusammenleben)

das **Ge|sicht,** die Gesichter

das **Ge|sin|del**

das **Ge|spenst,**
die Gespenster,
gespenstisch

das **Ge|spräch,**
die Gespräche,
gesprächig

ge|spren|kelt

ge|stal|ten, die Gestalt

das **Ge|ständ|nis,**
die Geständnisse,
→ w *zugeben*

ge|stat|ten

A
B
C
D
E
F
G
H
I
J
K
L
M
N
O
P
Q
R
S
T
U
V
W
X
Y
Z

Ge – Gi

die **Ges|te,** die Gesten
  (Bewegung von Händen
  oder Kopf beim
  Sprechen), die Gestik
  ge|ste|hen → stehen,
  → w *zugeben*
das **Ge|stell,** die Gestelle
  ges|tern
  ges|ti|ku|lie|ren,
  → w *winken*
das **Ge|strüpp**
  ge|sund, gesunde
  Zähne, die Gesundheit
das **Ge|tränk,** die Getränke
das **Ge|trei|de,** die Getreide
  (z. B. Roggen, Weizen,
  Hafer, Gerste, Dinkel)
das **Ge|trie|be,** die Getriebe
das **Ge|wächs,**
  die Gewächse (Pflanzen)
das **Ge|wächs|haus**
  (→ Treibhaus)
  ge|wäh|ren
die **Ge|walt,** die Gewalten,
  gewaltsam
  ge|wal|tig, → w *groß*
das **Ge|wand,** die Gewänder
  ge|wandt, gewandt sein,
  die Gewandtheit
das **Ge|wäs|ser,**
  die Gewässer
das **Ge|wehr,** die Gewehre
das **Ge|weih,** die Geweihe
das **Ge|wer|be,** die Gewerbe

die **Ge|werk|schaft,**
  die Gewerkschaften
  ge|we|sen (von sein)
das **Ge|wicht,** die Gewichte
  ge|wich|tig
das **Ge|wim|mel**
das **Ge|win|de,** die Gewinde
  ge|win|nen, sie gewann,
  hat gewonnen,
  der Gewinn
das **Ge|wirr**
  ge|wiss, die Gewissheit
das **Ge|wis|sen,** die Gewissen,
  gewissenhaft,
  die Gewissensbisse
  ge|wis|ser|ma|ßen
das **Ge|wit|ter,** die Gewitter,
  gewittrig / gewitterig
(sich) **ge|wöh|nen,**
  ich gewöhnte mich,
  die Gewohnheit,
  gewöhnlich
das **Ge|wöl|be,**
  die Gewölbe, gewölbt
das **Ge|würz,** die Gewürze
die **Ge|zei|ten**
  (→ Ebbe und Flut)
der **Gie|bel,** die Giebel
die **Gier,** gierig
  gie|ßen, sie goss,
  hat gegossen, der Guss
das **Gift,** die Gifte, giftig
  gi|gan|tisch, der Gigant
  ich **ging** (von gehen)

der **Gip|fel,** die Gipfel

der **Gips,** gipsen

die **Gi|raf|fe,** die Giraffen

die **Gir|lan|de,**
die Girlanden

die **Gischt**

die **Gi|tar|re,** die Gitarren,
der Gitarrist

das **Git|ter,** die Gitter

glän|zen, der Glanz

das **Glas,** die Gläser, glasig,
glasklar, die Glasur

glatt, die Glätte, glätten

die **Glat|ze,** die Glatzen

glau|ben, → w *glauben,*
der Glaube, gläubig

der **Gläu|bi|ger,**
die Gläubiger (Ein
Schuldner hat Schulden
bei einem Gläubiger.),
die Gläubigerin

gleich, das Gleiche,
das Gleichgewicht,
gleichgültig, gleichmäßig,
gleichzeitig,
gleichberechtigt

das **Gleis,** die Gleise

glei|ten, sie glitt,
ist geglitten

der **Glet|scher,**
die Gletscher

das **Glied,** die Glieder,
gliedern, die Gliederung

glit|schig

glit|zern, → w *leuchten*

glo|bal (weltweit)

die **Glo|ba|li|sie|rung** (Alles,
was auf unserem Erd-
globus geschieht, ist
miteinander verflochten.
Auf der ganzen Welt
spielen Kinder mit
Spielzeug aus Asien,
deutsche Stahlwerke
brauchen Kohle aus Korea;
eine E-Mail aus den USA
ist sekundenschnell bei
uns usw.)

der **Glo|bus,** die Globen /
die Globusse

die **Glo|cke,** die Glocken

glot|zen, → w *sehen,*
die Glotze

das **Glück,** glücklich

glü|cken, → w *gelingen,*
der Plan glückte

glu|ckern

glü|hen

die **Glut,** die Gluten, glühen

die **Gna|de,** gnädig,
gnadenlos

das **Gold,** golden, goldig

der **Gold|hams|ter,**
die Goldhamster

das **Golf** (Rasenspiel),
Golf spielen

der **Gong,** die Gongs

gön|nen

der **Go|ril|la,** die Gorillas
(Affenart)
der **Gott,** die Götter, die
Göttin; Gott sei Dank!
gra|ben, er gr<u>u</u>b,
hat gegraben, das Grab
der **Gra|ben,** die Gräben
der **Grad,** die Grade,
30 Grad (30°)
der **Graf,** die Grafen,
die Gräfin, gräflich
die **Gra|fik,** die Grafiken,
grafisch
der **Gram** (Kummer),
ich gräme mich
das **Gramm,** fünf Gramm
die **Gram|ma|tik,**
grammatisch
die **Gra|na|te,** die Granaten
der **Gra|nit,** die Granite
(ein Vulkanstein)
die **Gran|ne,** die Grannen
(Borste an Getreide-
ähren)
die **Gra|phik,** die Graphiken
das **Gras,** die Gräser, grasen
gras|sie|ren, die Grippe
grassiert (verbreitet sich)
gräss|lich
der **Grat,** der Grat des Berges
die **Grä|te,** die Gräten
(Knochen der Fische)
gra|tis (kostenlos)
grät|schen, die Grätsche

gra|tu|lie|ren,
die Gratulation
grau, graublau
grau|en, das Grauen,
grauenhaft
die **Grau|pel,** die Graupeln
grau|sam,
die Grausamkeit
grau|sig
grei|fen, sie griff,
hat gegr<u>i</u>ffen,
→ **w** *nehmen,*
der Gr<u>i</u>ff
der **Greif|vo|gel,**
die Greifvögel
(z. B. Adler)
der **Greis,** die Greise,
die Greisin
grell (zu hell beleuchtet)
die **Gren|ze,** die Grenzen
der **Grenz|wert** (äußerste
erlaubte Grenze)
Grie|chen|land,
die Griechen, griechisch
der **Grieß,** der Grießpudding
der **Griff,** die Griffe, griffig
der **Grill,** die Grills, grillen
die **Gril|le,** die Grillen
die **Gri|mas|se,**
die Grimassen
grim|mig, der Grimm
grin|sen
die **Grip|pe,** die Grippen
(ärger als Erkältung)

grob, gröber, am
gröbsten, der Grobian
grö|len, → **w** *singen*
der **Groll,** grollen
groß, größer,
am größten, → **w** *groß,*
die Größe, etwas Großes,
die Großen gegen die
Kleinen, großartig,
großzügig, großenteils
Groß|bri|tan|ni|en
(Great Britain)
die **Gru|be,** die Gruben
grü|beln,
ins Grübeln kommen
die **Gruft,** die Gruften
grün, grünen, es grünt,
die Ampel zeigt Grün,
die Grünen
(politische Partei)
der **Grund,** die Gründe
grün|den, die Gründung
das **Grund|ge|setz**
(→ Verfassung)
gründ|lich
der **Grün|don|ners|tag**
(Tag vor → Karfreitag)
der **Grund|riss,**
die Grundrisse
der **Grund|satz,**
die Grundsätze,
grundsätzlich
die **Grund|schu|le,**
die Grundschulen

das **Grund|stück,**
die Grundstücke
das **Grund|was|ser**
grun|zen
die **Grup|pe,** die Gruppen
sich **gru|seln,** er gruselte sich,
gruselig/gruslig
grü|ßen, der Gruß
gu|cken, → **w** *sehen*
$\frac{das}{der}$ **Gu|lasch**
die **Gül|le** (Urin und Kot
aus Viehställen)
$\frac{der}{das}$ **Gul|ly,** die Gullys
gül|tig, die Gültigkeit
$\frac{der}{das}$ **Gum|mi,** die Gummis,
der Gummitwist
güns|tig, die Gunst
die **Gur|gel,** die Gurgeln,
gurgeln
die **Gur|ke,** die Gurken
der **Gurt,** die Gurte
der **Gür|tel,** die Gürtel
gut, besser, am besten,
→ **w** *gut,* etwas Gutes,
ich sage es dir im Guten,
ich bin gut drauf, es ist
gut gemeint, Schaden
wiedergutmachen,
alles Gute, die Güte
das **Gut,** die Güter (Er verlor
sein Hab und Gut.)
das **Gym|na|si|um,**
die Gymnasien
die **Gym|nas|tik**

H h

das **Haar,** die Haare,
→ w *Haar,* das Härchen,
haarig, haarscharf
die **Ha|be,** das Hab und Gut
ha|ben, du hast, sie hat,
sie hatte, hat gehabt,
ihr habt
der **Ha|bicht,** die Habichte
(Greifvogel)
die **Ha|cke,** die Hacken,
hacken
der **Ha|fen,** die Häfen
der **Ha|fer** (Getreideart)
die **Haft** (Gefangenschaft),
der Häftling
haf|ten (Staub haftet
an Schuhen. Jeder haftet
für Schäden, die er
anrichtet.), die Haftung
die **Ha|ge|but|te,**
die Hagebutten
der **Ha|gel,** hageln
ha|ger (sehniger,
knochiger Körper)
der **Hahn,** die Hähne
(männliches Huhn)
der **Hai,** die Haie (Raubtier)
hä|keln
der **Ha|ken,** die Haken
halb, halbieren,
die Halbzeit, halbtags

die **Hal|de,** die Halden
die **Hälf|te,** die Hälften
die **Hal|le,** die Hallen
hal|len, der Hall
hal|lo
das **Hal|lo|ween**
[sprich: hällouwien]
der **Halm,** die Halme
der **Hals,** die Hälse
der **Halt,** Halt/halt rufen,
keinen Halt finden,
Halt machen/
haltmachen
halt|bar
hal|ten, sie hält, er hielt,
hat gehalten,
→ w *anhalten*
die **Hal|tung**
Ham|burg (Bundesland
und sehr große Stadt),
die Hamburger,
hamburgisch, → S. 250
der **Ham|mel,** die Hammel
der **Ham|mer,**
die Hämmer, hämmern
ham|peln
der **Hams|ter,**
die Hamster, hamstern
die **Hand,** die Hände,
→ w *Hand,* handlich,
eine Handvoll/
eine Hand voll
han|deln, die Handlung,
der Händler

das **Hand|werk,**
der Handwerker,
die Handwerkerin
das **Han|dy** [sprich: händi],
die Handys
der **Hang,** die Hänge
die **Hän|ge|mat|te,**
die Hängematten,
→ w *Bett*
hän|gen (Sie hängte das
Hemd auf; sie hat es
aufgehängt; das Hemd
hing im Schrank, es hat
lange gehangen.)
Han|no|ver (Hauptstadt
von Niedersachsen),
→ S. 251
die **Han|se** (Verband von
Handelsstädten im
Mittelalter; es gab viel
mehr als HB, HGW, HH,
HL, HRO, HST, HWI),
die Hanseaten,
hanseatisch,
die Hansestadt
hän|seln
der **Hap|pen,** die Happen
das **Hap|py End** /
Hap|py|end [sprich:
häppiend],
die Happy Ends /
Happyends
der **Hard|rock** / Hard Rock
(Musikstil)

die **Hard|ware** [sprich:
hardwär], (das gesamte
Material und die Elektrik
eines Computers;
→ Software)
die **Har|fe,** die Harfen
die **Har|ke,** die Harken,
→ R *Harke*
harm|los
har|mo|nie|ren,
die Harmonie,
harmonisch
der **Harn,** die Harnblase
hart, härter, am
härtesten, → w *hart,*
die Härte, hartnäckig,
hartherzig
das **Harz** (klebriger Saft der
Nadelbäume), harzig
der **Ha|se,** die Hasen
die **Ha|sel|nuss,**
die Haselnüsse
has|sen, der Hass
häss|lich
du **hast** (von haben)
die **Hast,** hastig, hasten
er **hat,** sie hatte
(von haben)
sie **hät|te** (von haben)
der **Hauch,** hauchen,
hauchdünn
hau|en, → w *schlagen*
der **Hau|fen,** die Haufen
häu|fig

Ha–He

das **Haupt,** die Häupter,
die Hauptsache,
die Hauptstadt,
der Häuptling
haupt|säch|lich

das **Haus,** die Häuser,
→ **W** *Haus, zu Hause /
zuhause, haushoch*
hau|sen

der **Haus|schuh,**
die Hausschuhe,
→ **R** *Hausschuhe*

das **Haus|tier,** die Haustiere

die **Haut,** die Häute

die **Heb|am|me,**
die Hebammen
(Geburtshelferin)

der **He|bel,** die Hebel
he|ben, sie hob,
hat geh<u>o</u>ben

das **Heck** (hinterer Teil eines
Schiffes)

die **He|cke,** die Hecken

das **Heer,** die Heere

die **He|fe,** der Hefeteig

das **Heft,** die Hefte, heften,
das Heftpflaster
hef|tig, die Heftigkeit

der **Heh|ler,** die Hehler
(Helfer beim Diebstahl)

die **Hei|de,** die Heiden
(unbebautes Land)

der **Hei|de,** die Heiden
(Nichtchrist), heidnisch

die **Hei|del|bee|re,**
die Heidelbeeren,
→ **R** *Heidelbeere*
hei|len, die Heilung,
der Heilpraktiker
hei|lig, die Heiligen,
der Heilige Abend,
der Heilige Geist, die
<u>H</u>eiligen <u>D</u>rei Könige
heim, ich fahre heim,
wir wollen heimfahren

das **Heim,** die Heime

die **Hei|mat,** heimatlich,
heimatlos, heimisch
heim|lich,
heimlichtun,
die Heimlichkeit
heim|wärts,
heimwärts fahren

das **Heim|weh**

das **Hein|zel|männ|chen,**
die Heinzelmännchen

die **Hei|rat,** die Heiraten,
heiraten
hei|ser, die Heiserkeit
heiß, heißhungrig
hei|ßen, er hieß,
hat geheißen
hei|ter, die Heiterkeit
hei|zen, die Heizung

die **Hek|tik** (fieberhafte Hast),
hektisch

der/das **Hek|to|li|ter,**
die Hektoliter (100 Liter)

114

der **Held,** die Helden,
die Heldin
hel|fen, sie hilft, er half,
hat geholfen; Hilf!
hell, die Helligkeit,
hellblau, hellhörig
der **Helm,** die Helme
das **Hemd,** die Hemden
hem|men,
die Hemmung,
hemmungslos
der **Hengst,** die Hengste
(männliches Pferd)
der **Hen|kel,** die Henkel
die **Hen|ne,** die Hennen
(weibliches Huhn)
her; Her damit!
he|rab, herabsehen
he|ran, herankommen
he|raus
he|raus|krie|gen,
→ W *finden*
herb (ein herber Duft)
her|bei, herbeikommen
die **Her|ber|ge,**
die Herbergen
der **Herbst,** herbstlich
der **Herd,** die Herde
die **Her|de,** die Herden
he|rein, hereinkommen
der **He|ring,** die Heringe
die **Her|kunft,** die Herkünfte
der **Herr,** die Herren,
→ W *Mann,* herrisch

herr|lich, → W *schön*
herr|schen,
der Herrscher
her|stel|len,
die Herstellung
he|rü|ber
he|rum
he|run|ter
her|vor
her|vor|ra|gend
das **Herz,** die Herzen
herz|lich,
die Herzlichkeit
der **Her|zog,** die Herzöge,
die Herzogin
Hes|sen (Bundesland),
die Hessen, hessisch,
→ S. 251
het|zen, die Hetze
das **Heu,** der Heuschnupfen
heu|cheln, der Heuchler
heu|er (dieses Jahr)
heu|len, → W *weinen*
die **Heu|schre|cke,**
die Heuschrecken,
→ R *Heuschrecke*
heu|te, lieber heute als
morgen, heute Morgen
die **He|xe,** die Hexen,
die Hexerei, hexen
der **Hieb,** die Hiebe
hier, hierauf, hierbei
hier|blei|ben → bleiben
hier|durch, hiermit

die **Hie|ro|gly|phen**
(uralte Bilderschrift bei
den Ägyptern)
die **Hil|fe,** die Hilfen, er hilft
hilf|los, hilfsbereit
der **Him|mel,** himmlisch,
die Himmelsrichtung
hin, hin und her
hi|nauf|stei|gen → steigen
hi|naus|se|hen → sehen
hin|dern, das Hindernis
hin|durch, hinein
hin|fal|len → fallen
hin|ge|hen → gehen
hin|ken
hin|set|zen
die **Hin|sicht,** die Hinsichten
hin|ten
hin|ter, hintereinander
der **Hin|ter|grund,**
die Hintergründe
hin|ter|her
hin|ter|lis|tig
der **Hin|tern,** die Hintern
hin|ter|rücks
hi|nü|ber|ge|hen
→ gehen
hi|nun|ter|ge|hen
→ gehen
der **Hin|weis,** die Hinweise
hin|zu, hinzulernen
das **Hirn,** die Hirne
der **Hirsch,** die Hirsche
die **Hir|se**

der **Hirt** / Hir|te, die Hirten
der **His|to|ri|ker,**
die Historiker
(Wissenschaftler für das
Gebiet der Geschichte),
die Historikerin
die **Hit|pa|ra|de,**
die Hitparaden, der Hit
die **Hit|ze,** hitzefrei
das **Hob|by,** die Hobbys
der **Ho|bel,** die Hobel,
hobeln
hoch, höher,
am höchsten, die Höhe
das **Hoch,** die Hochs
(Hochdruckgebiet: Kalte
Luft ist schwerer als
warme Luft. Ihr Druck
auf die Erde ist hoch.
Das Wetter ist dann oft
gut. Gegensatz: → Tief)
der **Hoch|mut,** hochmütig
hoch|nä|sig
höchst, höchstens
höchst|wahr|schein|lich
die **Hoch|zeit,**
die Hochzeiten
ho|cken, die Hocke,
der Hocker
das **Ho|ckey**
der **Ho|den,** die Hoden
der **Hof,** die Höfe
hof|fen, die Hoffnung,
hoffnungslos

hof|fent|lich

höf|lich, die Höflichkeit

ho|he, hohe Bäume

die Hö|he, die Höhen

hohl, der Hohlraum

die Höh|le, die Höhlen,
→ *Loch*

der Hohn, höhnen, höhnisch

der Ho|kus|po|kus

ho|len

Hol|land, die Holländer,
holländisch

die Höl|le, die Höllen,
höllisch

der Holm, die Holme

hol|pern,
holprig / holperig

der Ho|lun|der, die Holunder
(Strauch und Baum)

das Holz, die Hölzer, hölzern

die Ho|möo|pa|thie
(sanftes Heilverfahren),
homöopathisch

die Ho|mo|se|xu|a|li|tät

der Ho|nig, die Honige

das Ho|no|rar, die Honorare
(Bezahlung), honorieren

der Hop|fen (Kletterpflanze)

hop|peln

hopp|la

hop|sen, → w *springen*,
der Hopser

hor|chen, → w *hören*

die Hor|de, die Horden

hö|ren, → w *hören*,
der Hörer

der Ho|ri|zont,
die Horizonte (Linie,
an der sich Himmel und
Erde scheinbar berühren)

ho|ri|zon|tal
(waagerecht, Gegensatz:
→ vertikal)

das Hor|mon, die Hormone

das Horn, die Hörner

die Hor|nis|se,
die Hornissen

das Ho|ro|skop,
die Horoskope

der Hor|ror

der Hort, die Horte

hor|ten (Vorrat sammeln)

die Ho|se, die Hosen

das Hos|pi|tal, die Hospitäler
(kleines Krankenhaus)

die Hos|tie, die Hostien
(Abendmahlsbrot)

das Ho|tel, die Hotels

hübsch

der Hub|schrau|ber,
die Hubschrauber

hu|cke|pack

der Huf, die Hufe

die Hüf|te, die Hüften

der Hü|gel, die Hügel,
hüglig / hügelig

das Huhn, die Hühner

die Hül|le, die Hüllen

die **Hül|se,** die Hülsen,
die Hülsenfrucht
hu|man (menschlich,
menschenwürdig)
die **Hum|mel,** die Hummeln
der **Hu|mor,** humoristisch
hum|peln
der **Hu|mus** (fruchtbarer
Erdboden)
der **Hund,** die Hunde
hun|dert, hundertmal,
hunderte / Hunderte,
hundertprozentig
der **Hü|ne,** die Hünen (sehr
großer, kräftiger Mann)
der **Hun|ger,** hungern,
hungrig
die **Hu|pe,** die Hupen, hupen
hüp|fen, → w *springen*
die **Hür|de,** die Hürden
hur|ra
hu|schen
hüs|teln, → w *husten*
hus|ten, → w *husten,*
der Husten
der **Hut,** die Hüte
hü|ten, auf der Hut sein
die **Hüt|te,** die Hütten,
→ w *Haus*
der **Hy|drant,** die Hydranten
(Wasserzapfstelle
auf der Straße)
die **Hy|gi|e|ne** (Sauberkeit,
Reinlichkeit), hygienisch

I i

der **IC** (→ Intercity), der ICE
ich, ichbezogen
ide|al (besser geht es
nicht), das Ideal
die **Idee,** die Ideen,
→ w *Gedanke*
iden|tisch (völlig gleich)
der **Idi|ot,** die Idioten,
die Idiotin, idiotisch
idyl|lisch (friedlich,
beschaulich), die Idylle
der **Igel,** die Igel
der/das **Ig|lu,** die Iglus
ig|no|rie|ren (absichtlich
nicht beachten)
ihn (Sie gibt ihnen allen
ihre Hefte, auch ihm und
ihr, lobt aber nur ihn.)
ih|rem (in ihrem Bett)
il|le|gal (ungesetzlich;
Gegensatz: → legal)
die **Il|lus|trier|te,**
die Illustrierten
im (in dem Haus)
der **Im|biss,** die Imbisse
imi|tie|ren
(nachahmen),
die Imitation
der **Im|ker,** die Imker
(Züchter von Bienen)
im|mer, immerfort

im|mer|grün
im|mer|hin
die **Im|mi|gra|ti|on**
(→ Einwanderung),
die Immigranten
(Einwanderer)
im|mun (unempfindlich
gegen eine Krankheit)
der **Im|pe|ra|tiv,**
die Imperative
(Befehlsform)
imp|fen, die Impfung
im|po|nie|ren (großen
Eindruck machen)
der **Im|port,** die Importe
(Einfuhr von Waren, z. B.
Erdgas aus Russland;
Gegensatz: Export),
importieren
im|po|sant
(eindrucksvoll),
ein imposanter Palast
im|prä|gnie|ren
(wasserdicht oder
feuerfest machen),
die Imprägnierung
im|pro|vi|siert
(unvorbereitet),
die Improvisation
im|pul|siv (ohne
nachzudenken plötzlich
gehandelt)
im|stan|de /
im Stan|de sein

in (in einem Haus)
in|dem (Er hilft in dem
Haus, indem er es putzt.)
der **In|di|a|ner,** die Indianer
in|dis|kret (Gegensatz:
→ diskret),
die Indiskretion
das **In|di|vi|du|um,**
die Individuen (Einzel-
wesen), individuell
die **In|dus|tri|a|li|sie|rung**
die **In|dus|trie,** die Industrien
(die Gesamtheit aller
Fabriken)
in|ei|nan|der
die **In|fek|ti|on,**
die Infektionen
(Ansteckung mit einer
Krankheit), der Infekt,
infizieren
der **In|fi|ni|tiv,** die Infinitive
(Grundform des Verbs)
die **In|fla|ti|on**
(Geldentwertung)
die **In|for|ma|tik**
(Computer-Wissenschaft),
der Informatiker
in|for|mie|ren,
die Information,
der Informant
der **In|ge|ni|eur** [sprich:
inschenjöhr],
die Ingenieure,
die Ingenieurin

in|ha|lie|ren (einatmen),
die Inhalation

der **In|halt,** die Inhalte

die **Ini|ti|a|ti|ve,** die Initi-
ativen (Er ergreift die
Initiative und handelt.)

in|klu|si|ve
(einschließlich)

in|ko|gni|to
(unter anderem Namen
leben oder reisen)

die **In|line|skates**
[sprich: inleinskäits]

in|ne|hal|ten

in|nen

in|ner|halb, innerlich

in|nig, die Innigkeit

ins (Geh in das Haus!)

der **In|sas|se,** die Insassen,
die Insassin

ins|be|son|de|re

das **In|sekt,** die Insekten

die **In|sel,** die Inseln

das **In|se|rat,** die Inserate
(Zeitungsanzeige),
inserieren

ins|ge|heim

ins|ge|samt

in|so|fern

die **In|sol|venz,**
die Insolvenzen
(Rechnungen können
nicht mehr bezahlt
werden.)

die **In|spek|ti|on,**
die Inspektionen, der
Inspektor, inspizieren

der **In|stal|la|teur**
[sprich: installatöhr],
die Installateure
(Er installiert Wasser-,
Gas- und Elektroleitungen
in Häusern.),
die Installateurin

in|stand hal|ten/
in Stand hal|ten

in|stän|dig,
inständig bitten

der **In|stinkt,** die Instinkte
(Vögel bauen Nester,
Säuglinge saugen
Muttermilch. Niemand
lehrte es sie. Es ist ihnen
angeboren.), instinktiv

das **In|sti|tut,** die Institute,
die Institution

das **In|stru|ment,**
die Instrumente

in|takt
(unbeschädigt)

in|te|grie|ren (Er ist in die
Gemeinschaft integriert.),
die Integration

in|tel|li|gent,
die Intelligenz

in|ten|siv, die Intensität

der **In|ter|ci|ty,** die Intercitys
(schneller Zug)

in|te|res|sant

das **In|te|res|se,** die Inte-
ressen, interessieren

in|ter|na|ti|o|nal
(An internationalen
Meisterschaften sind
Sportler unterschiedlicher
Nationen beteiligt.
Gegensatz: → Nation)

das **In|ter|net** (weltweites
Computernetzwerk)

das **In|ter|view,**
die Interviews,
interviewen

in|to|le|rant
(Gegensatz: → tolerant)

in|zwi|schen

ir|gend, irgendwann
irgendwo, irgendjemand,
irgendetwas, irgendein

die **Iro|nie** (verdeckter Spott),
ironisch

ir|ren, der Irrtum

der **Is|lam**
(große Weltreligion;
→ Muslim; → Koran;
→ Mohammed), islamisch

die **Iso|la|ti|on**
(Abkapselung,
Abdichtung), isolieren

du **isst** (von essen)

er **ist** (du bist, sie ist, er ist)

Ita|li|en, die Italiener,
italienisch

J j

ja, Ja/ja sagen

die **Jacht,** die Jachten

die **Ja|cke,** die Jacken

der **Jack|pot,** die Jackpots

ja|gen, die Jagd

der **Ja|gu|ar,** die Jaguare

jäh, der Jähzorn

das **Jahr,** die Jahre, jährlich,
jahrelang

die **Ja|lou|sie** [sprich:
~~sch~~alusie], die Jalousien

der **Jam|mer,** jammern,
jämmerlich

der **Ja|nu|ar**

Ja|pan, die Japaner,
japanisch

jap|sen

jä|ten

jauch|zen

jau|len (Der Hund jault.)

ja|wohl

der **Jazz** [sprich: ~~dsch~~ääs],
(Musikstil)

je (je mehr, desto besser)

die **Jeans** [sprich: d~~sch~~iens]

je|de, jede Menge

je|den|falls

je|der, jedes Mal

je|doch

der **Jeep** [sprich: d~~sch~~iep],
die Jeeps

je|mals
je|mand
(jemanden sehen,
jemandem zusehen)
je|ne, jener
jen|seits
Je|sus (Jüdischer
Wanderprediger vor
2000 Jahren: Aus seinen
Predigten entwickelte
sich das → Christentum.
→ Advent; → Karfreitag;
→ Ostern)
der Jet [sprich: ~~dsch~~et],
die Jets (Düsenflugzeug)
jetzt
je|weils
der Job [sprich: ~~dsch~~ob],
die Jobs, jobben
jo|deln
jog|gen
[sprich: ~~dsch~~oggen],
das Jogging
der/das Jo|ghurt, die Joghurts
joh|len, → W schreien
jon|glie|ren [sprich:
~~sch~~onglieren],
der Jongleur
der Jour|na|list
[sprich: ~~sch~~urnalist],
die Journalisten,
die Journalistin
ju|beln, → W freuen,
der Jubel, jubilieren

das Ju|bi|lä|um,
die Jubiläen, der Jubilar
ju|cken
der Ju|de, die Juden,
die Jüdin, jüdisch
das Ju|do
die Ju|gend, jugendlich,
die Jugendherberge
das Ju|gend|amt
der Ju|li
der Jum|bo|jet
[sprich: jumbodschet],
die Jumbojets
jung, jüngst
der Jun|ge, die Jungen,
→ W R Junge,
der Jüngling, jung
der Ju|ni
der Ju|ni|or, die Junioren
(Jüngere, Gegensatz:
→ Senior), die Juniorin
der Ju|rist, die Juristen
(Experten für → Gesetze),
die Juristin
die Ju|ry [sprich: d~~sch~~ürie],
die Jurys (Preisgericht)
die Jus|tiz (alles, was mit
den Gerichten
zusammenhängt)
das Ju|wel, die Juwelen
(Schmuckstein),
der Juwelier
der Jux (Spaß: Bei den Römern
hieß „iocus" Scherz.)

K k

das **Ka|bel,** die Kabel
die **Ka|bi|ne,** die Kabinen
die **Ka|chel,** die Kacheln
der **Kä|fer,** die Käfer
das **Kaff,** die Kaffs
der **Kaf|fee**
der **Kä|fig,** die Käfige
 kahl
der **Kahn,** die Kähne
der **Kai|ser,** die Kaiser
der **Ka|kao**
der **Kak|tus,** die Kakteen
das **Kalb,** die Kälber
der **Ka|len|der,** die Kalender
der **Kalk**
 kalt, kälter, die Kälte
ich **kam** (von kommen)
das **Ka|mel,** die Kamele
die **Ka|me|ra,** die Kameras
der **Ka|me|rad,**
 die Kameraden,
 die Kameradin,
 die Kameradschaft
die **Ka|mil|le,** die Kamillen
der **Ka|min,** die Kamine
der **Kamm,** die Kämme,
 kämmen
die **Kam|mer,** die Kammern
der **Kampf,** die Kämpfe,
 kämpfen
der **Ka|nal,** die Kanäle

die **Ka|na|li|sa|ti|on**
 (Rohre für Abwasser)
der **Kan|di|dat,**
 die Kandidaten,
 die Kandidatin,
 kandidieren
das **Ka|nin|chen,**
 die Kaninchen
der **Ka|nis|ter,** die Kanister
ich **kann,** du kannst
 (von kommen)
die **Kan|ne,** die Kannen
der **Ka|non,** die Kanons
die **Ka|no|ne,** die Kanonen
die **Kan|te,** die Kanten
das **Ka|nu,** die Kanus
die **Kan|zel,** die Kanzeln
der **Kanz|ler,** die Kanzler,
 die Kanzlerin
die **Ka|pel|le,** die Kapellen
 ka|pie|ren
der **Ka|pi|tän,** die Kapitäne,
 die Kapitänin
das **Ka|pi|tel,** die Kapitel
die **Kap|pe,** die Kappen
die **Kap|sel,** die Kapseln
 ka|putt, kaputt machen /
 kaputtmachen, es ist
 kaputtgegangen
die **Ka|pu|ze,** die Kapuzen
der **Kar|frei|tag** (Freitag vor
 → Ostern; Tag der
 Kreuzigung von → Jesus)
 ka|riert, das Karo

die **Ka|ri|es** (Zahnfäule)
der **Kar|ne|val**
    (→ Fasching; → Fastnacht)
das **Ka|ro,** die Karos, kariert
die **Ka|ros|se|rie,**
    die Karosserien,
    die Karosserie des Autos
die **Ka|rot|te,** die Karotten,
    → **R** *Mohrrübe*
der **Karp|fen,** die Karpfen
die **Kar|ri|e|re,** die Karrieren
    (berufliche Laufbahn)
die **Kar|te,** die Karten
die **Kar|tei,** die Karteien
die **Kar|tof|fel,**
    die Kartoffeln,
    → **R** *Kartoffel*
der **Kar|ton,** die Kartons,
    kartoniert
das **Ka|rus|sell,** die
    Karussells / Karusselle
der **Kä|se**
die **Ka|ser|ne,** die Kasernen
der **Kas|per,** die Kasper,
    das Kasperle,
    das Kaspertheater
die **Kas|se,** die Kassen
die **Kas|set|te,**
    die Kassetten
    kas|sie|ren
die **Kas|ta|nie,**
    die Kastanien
    (→ Laubbaum)
der **Kas|ten,** die Kästen

der **Ka|ta|log,** die Kataloge
der **Ka|ta|ly|sa|tor**
    (kurz: Kat),
    die Katalysatoren
die **Ka|ta|stro|phe,**
    die Katastrophen,
    katastrophal
der **Ka|ter,** die Kater
    ka|tho|lisch,
    der Katholik
die **Kat|ze,** die Katzen
    kau|en
(sich) **kau|ern,** sie kauerte
    kau|fen, der Kauf, der
    Käufer, der Kaufmann
die **Kaul|quap|pe,**
    die Kaulquappen
    (Daraus werden
    Frösche.)
    kaum
der **Kauz,** die Käuze
    keck, die Keckheit
der **Ke|gel,** die Kegel, kegeln
die **Keh|le,** die Kehlen
    keh|ren, die Kehre
    kei|fen
der **Keil,** die Keile
der **Keim,** die Keime,
    keimen, keimfrei
    kein, keinmal,
    auf keinen Fall
der **Keks,** die Kekse
der **Kelch,** die Kelche
die **Kel|le,** die Kellen

der **Kel|ler,** die Keller
der **Kell|ner,** die Kellner,
  die Kellnerin
  ken|nen, er k<u>a</u>nnte,
  hat gek<u>a</u>nnt, die Kenntnis
  ken|tern
  (Das Boot kenterte.)
die **Ker|be,** die Kerben, kerben
der **Kerl,** die Kerle, → *Mann*
der **Kern,** die Kerne
die **Kern|ener|gie**
die **Ker|ze,** die Kerzen,
  kerzengerade
der **Kes|sel,** die Kessel
_{der}/_{das} **Ket|chup,** die Ketchups
  [sprich: ketschap]
die **Ket|te,** die Ketten
  keu|chen,
  der Keuchhusten
die **Keu|le,** die Keulen
das **Key|board**
  [sprich: kiebord],
  die Keyboards
das **Kfz,** die Kfz
  (K<u>r</u>aftf<u>a</u>hrz<u>eu</u>g;
  → Lkw; → Pkw)
  ki|chern, → *lachen*
der **Kie|bitz,** die Kiebitze
der **Kie|fer,** die Kiefer
  (Gebissknochen)
die **Kie|fer,** die Kiefern
  (→ Nadelbaum)
  Kiel (Hauptstadt von
  Schleswig-Holstein)

die **Kie|me,** die Kiemen
  (Damit atmen viele
  Wassertiere.)
der **Kies,** der Kiesel
  kil|len, der Killer
das **Ki|lo|gramm**
  (kg, kurz: Kilo)
der **Ki|lo|me|ter,**
  die Kilometer (km)
das **Kind,** die Kinder,
  die Kindheit, kindisch,
  kindlich, kinderleicht
das **Kinn,** die Kinne
das **Ki|no,** die Kinos
der **Ki|osk,** die Kioske,
  → *Haus*
  kip|pen, → *fallen*
die **Kir|che,** die Kirchen,
  die Kirchweih, kirchlich
die **Kir|mes**
die **Kir|sche,** die Kirschen
das **Kis|sen,** die Kissen
die **Kis|te,** die Kisten
die **Ki|ta,** die Kitas (kurz für:
  K<u>i</u>nder<u>ta</u>gesstätte)
der **Kitsch,** kitschig
der **Kitt,** die Kitte, kitten
der **Kit|tel,** die Kittel
das **Kitz,** die Kitze
  kit|zeln, kitzlig / kitzelig
  kläf|fen
  kla|gen, die Klage,
  der Kläger, kläglich
  klamm

A
B
C
D
E
F
G
H
I
J
K
L
M
N
O
P
Q
R
S
T
U
V
W
X
Y
Z

die **Klam|mer,** die Klammern,
klammern

die **Kla|mot|ten**

Klang, die Klänge

die **Klap|pe,** die Klappen,
→ w *Mund*

klap|pen, → w *gelingen*

klap|pern, → w *Geräusche,*
die Klapper,
klapprig / klapperig

der **Klaps,** die Klapse

klar, klären, die Klarheit

die **Klär|an|la|ge,**
die Kläranlagen
(Sie reinigt Abwasser
aus der → Kanalisation.)

die **Klas|se,** die Klassen,
die Klassenlehrerin

klas|se, klasse sein,
→ w *gut*

klat|schen, → w *Geräusche*

klau|en, → w *wegnehmen*

das **Kla|vier,** die Klaviere

kle|ben, der Kleber,
klebrig

kle|ckern, klecksen

der **Klee**

das **Kleid,** die Kleider,
kleiden, die Kleidung

klein, → w *klein,*
kleinlich, die Kleinigkeit,
er ist der Kleinste,
klitzeklein, ein Wort
kleinschreiben

der **Kleis|ter,** die Kleister

klem|men, die Klemme

der **Klemp|ner,**
die Klempner,
→ R *Klempner,*
die Klempnerin

die **Klet|te,** die Kletten

klet|tern

das **Kli|ma** (So nennt man
→ Wetter, das in einer
Gegend meistens
herrscht.)

der **Kli|ma|wan|del** (Durch
den → Treibhauseffekt
wird das → Klima
wärmer.)

klim|pern

die **Klin|ge,** die Klingen

die **Klin|gel,** die Klingeln,
klingeln, → w *läuten*

klin|gen, es klang,
hat geklungen

die **Kli|nik,** die Kliniken

die **Klin|ke,** die Klinken,
klinken

die **Klip|pe,** die Klippen

klir|ren

das **Klo,** die Klos

klop|fen, → w *Geräusche*

der **Klops,** die Klopse

das **Klo|sett,** die Klosetts

der **Kloß,** die Klöße

das **Klos|ter,** die Klöster

der **Klotz,** die Klötze

Kl – Ko

der **Klub,** die Klubs

klug, klüger, am klügsten, die Klugheit

der **Klum|pen,** die Klumpen

knab|bern

der **Kna|be,** die Knaben,
→ w *Junge*

das **Knä|cke|brot,**
die Knäckebrote

kna|cken, → w *Geräusche,*
der Knacks, knackig

knal|len, → w *Geräusche,*
der Knall, knallhart

knapp, die Knappheit

knar|ren

knat|tern, → w *Geräusche*

das **Knäu|el,** die Knäuel

der **Kne|bel,** die Knebel,
knebeln

der **Knecht,** die Knechte

knei|fen, sie kniff,
hat gekniffen

kne|ten

kni|cken, der Knick

knick|sen, der Knicks

das **Knie,** die Knie, knien

der **Kniff,** die Kniffe

knip|sen

der **Knirps,** die Knirpse

knir|schen

knis|tern

knit|tern

kno|beln

der **Knob|lauch**

der **Knö|chel,** die Knöchel

der **Kno|chen,** die Knochen,
knochig

der **Knö|del,** die Knödel

die **Knol|le,** die Knollen

der **Knopf,** die Knöpfe,
knöpfen

der **Knor|pel,** die Knorpel,
knorpelig

die **Knos|pe,** die Knospen,
knospen

der **Kno|ten,** die Knoten,
viele Knoten knoten

knül|len

knüp|fen

der **Knüp|pel,** die Knüppel,
→ w *Stock*

knur|ren, → w *Geräusche*

knusp|rig / knus|pe|rig

k. o., k.o. sein

die **Ko|a|li|ti|on,**
die Koalitionen
(Bündnis)

ko|chen, → w *kochen,*
der Koch, die Köchin

der **Kof|fer,** die Koffer

der **Kohl**

die **Koh|le,** die Kohlen

die **Ko|kos|nuss,**
die Kokosnüsse

der **Koks**

der **Kol|ben,** die Kolben

der **Kol|le|ge,** die Kollegen,
die Kollegin

Köln (Millionenstadt in
Nordrhein-Westfalen),
→ S. 250
die **Ko|lo|nie,** die Kolonien
die **Ko|lon|ne,** die Kolonnen
der **Ko|loss,** die Kolosse
das **Ko|ma** (tief bewusstlos)
kom|bi|nie|ren,
die Kombination
der **Ko|met,** die Kometen
(Schweifstern)
der **Kom|fort** [sprich:
kommfor], komfortabel
ko|misch, der Komiker
das **Kom|ma,**
die Kommas / Kommata
kom|man|die|ren,
→ w *befehlen,*
das Kommando
kom|men, du kommst,
er k<u>am</u> , ist gekommen,
→ w *ankommen*
der **Kom|men|tar,**
die Kommentare,
kommentieren
der **Kom|mis|sar,**
die Kommissare,
die Kommissarin
die **Kom|mo|de,**
die Kommoden
die **Kom|mu|ne,**
die Kommunen
(Dorf oder Stadt)
die **Kom|mu|ni|on**

der **Kom|mu|nis|mus,**
der Kommunist,
die Kommunistin,
kommunistisch
die **Ko|mö|die,**
die Komödien
kom|pakt (fest, massig)
der **Kom|pass,**
die Kompasse
kom|pe|tent
(sachverständig)
kom|plett (vollständig)
das **Kom|pli|ment,**
die Komplimente
der **Kom|pli|ze,** die Komplizen,
die Komplizin
kom|pli|ziert,
die Komplikation
kom|po|nie|ren,
der Komponist
der **Kom|post,** die Komposte
kom|pos|tie|ren (Winzige
Lebewesen machen
aus Abfall Erde.)
das **Kom|pott,** die Kompotte
der **Kom|pro|miss,**
die Kompromisse
(Jeder gibt etwas nach.)
kon|den|sie|ren (Dampf
wird wieder zu Wasser.),
das Kondenswasser
die **Kon|di|ti|on**
(körperliche Verfassung)
das **Kon|dom,** die Kondome

die **Kon|fe|renz,**
die Konferenzen

die **Kon|fes|si|on,**
die Konfessionen

die **Kon|fir|ma|ti|on,**
konfirmieren

der **Kon|flikt,** die Konflikte
(Auseinandersetzung)

der **Kö|nig,** die Könige,
die Königin, königlich

die **Kon|junk|tur**
(Lage der → Wirtschaft)

die **Kon|kur|renz**
(Deutsche Autos
stehen in Konkurrenz
zu japanischen;
sie konkurrieren.)

der **Kon|kurs,** die Konkurse
(→ Insolvenz)

kön|nen, er kann, sie
konnte, hat gekonnt,
der Könner

kon|se|quent (Sein Ziel
verfolgt er konsequent,
mit aller Konsequenz.)

kon|ser|vie|ren,
die Konserve

der **Kon|so|nant,**
die Konsonanten
(Mitlaut)

kon|stant
(konstante Temperatur)

kon|stru|ie|ren,
die Konstruktion

kon|su|mie|ren
(verbrauchen), der Kon-
sum, der Konsument

der **Kon|takt,** die Kontakte

der **Kon|ti|nent,**
die Kontinente

das **Kon|to,** die Konten

kon|tra (lateinisch
contra = gegen)

der **Kon|trast,** die Kontraste
(Gegensatz)

kon|trol|lie|ren,
die Kontrolle

(sich) **kon|zen|trie|ren,**
die Konzentration

das **Kon|zept,**
die Konzepte (Plan)

der **Kon|zern,** die Konzerne
(mehrere große Firmen
mit einer Leitung)

das **Kon|zert,** die Konzerte

der **Kopf,** die Köpfe,
die Kopfschmerzen,
kopfrechnen, kopfüber,
sich den Kopf zerbrechen,
→ w *überlegen*

die **Ko|pie,** die Kopien,
kopieren

der **Ko|ran** (heilige Schrift des
→ Islam; → Ramadan)

der **Korb,** die Körbe

die **Kor|del,** die Kordeln

der **Kork**
(Rinde der Korkeiche)

Ko – Kr

der **Kor|ken,** die Korken
(Flaschenverschluss)
das **Korn,** die Körner, körnig
der **Kör|per,** die Körper
kor|rekt (richtig),
korrigieren, die Korrektur
der **Kor|ri|dor,** die Korridore
(Flur in der Wohnung)
die **Kor|ro|si|on** (Zersetzung
von Metall und Gestein),
korrodieren
kor|rupt (bestechlich),
die Korruption
die **Kos|me|tik**
(Schönheitspflege),
kosmetisch
der **Kos|mos** (→ Weltall)
die **Kost,** kosten, köstlich
kos|ten, es kostet,
die Kosten, kostbar,
kostenlos
köst|lich
das **Kos|tüm,** die Kostüme,
kostümieren
der **Kot**
das **Ko|te|lett,** die Koteletts
der **Kö|ter,** die Köter
kot|zen
die **Krab|be,** die Krabben
krab|beln
kra|chen, der Krach
kräch|zen
die **Kraft,** die Kräfte,
das Kraftwerk, kräftig

das **Kraft|fahr|zeug** (Kfz),
die Kraftfahrzeuge
der **Kra|gen,** die Kragen
krä|hen, die Krähe
die **Kral|le,** die Krallen,
krallen
der **Kram,** kramen
der **Krampf,** die Krämpfe,
krampfhaft
der **Kran,** die Kräne
krank, die Krankheit,
der Krankenwagen
krän|ken, die Kränkung
der **Kranz,** die Kränze
krass
der **Kra|ter,** die Krater
krat|zen, der Kratzer
krau|len, das Kraulen
kraus, kräuseln
das **Kraut,** die Kräuter
(Kräuter, die uns nicht
nützen, sind für uns
Unkraut.)
die **Kra|wat|te,**
die Krawatten
kre|a|tiv, kreativ sein
(Ideen haben),
die Kreativität
der **Krebs,** die Krebse
der **Kre|dit,** die Kredite
(Statt „Geld leihen" sagt
man auch „einen Kredit
aufnehmen".)
die **Krei|de,** die Kreiden

der **Kreis,** die Kreise
    krei|schen
der **Krei|sel,** die Kreisel
die **Krem,** die Krems
das **Kreuz,** die Kreuze,
    kreuzen, die Kreuzung
    krie|chen, sie kroch,
    ist gekrochen
der **Krieg,** die Kriege
    krie|gen, → w *bekommen*
die **Kri|mi|na|li|tät,**
    kriminell,
    der Krimi, die Kripo
    (Kriminalpolizei)
die **Krip|pe,** die Krippen
die **Kri|se,** die Krisen
    (schwierige Zeit)
die **Kri|tik,** die Kritiken,
    kritisieren, kritisch
    krit|zeln
das **Kro|ko|dil,** die Krokodile
der **Kro|kus,** die Krokusse
die **Kro|ne,** die Kronen,
    krönen
die **Krö|te,** die Kröten
die **Krü|cke,** die Krücken
der **Krug,** die Krüge
die **Kru|me,** der Krümel
    krumm, die Krümmung
die **Krus|te,** die Krusten
das **Kru|zi|fix,** die Kruzifixe
der **Kü|bel,** die Kübel
$\frac{der}{das}$ **Ku|bik|me|ter** (m³),
    die Kubikmeter

die **Kü|che,** die Küchen
der **Ku|chen,** die Kuchen
    ku|cken (→ gucken)
der **Ku|ckuck,** die Kuckucke
die **Ku|fe,** die Kufen
die **Ku|gel,** die Kugeln,
    kugeln, kugelrund
die **Kuh,** die Kühe
    (weibliches Rind,
    das Milch gibt, weil
    es schon gekalbt hat)
    kühl, kühlen,
    die Kühlung
die **Kuh|le,** die Kuhlen
    kühn, die Kühnheit
das **Kü|ken,** die Küken
    kul|lern (rollen)
die **Kul|tur,** die Kulturen
    (alles, was Menschen
    mit Verstand, Können
    und Geschmack zur
    → Natur hinzugeschaffen
    haben)
der **Küm|mel**
der **Kum|mer,** bekümmert,
    kümmerlich
sich **küm|mern,**
    ich kümmerte mich
der **Kum|pel,** die Kumpel
der **Kun|de,** die Kunden
    (Käufer), die Kundin,
    die Kundschaft
die **Kun|de** (Nachricht,
    Botschaft), kundig

kün|di|gen,
die Kündigung
die **Kunst,** die Künste,
der Künstler, künstlich
das **Kup|fer**
die **Kup|pel,** die Kuppeln
die **Kupp|lung,**
die Kupplungen
die **Kur|bel,** die Kurbeln,
kurbeln
der **Kür|bis,** die Kürbisse
ku|rie|ren (heilen),
die Kur
der **Kurs,** die Kurse,
der Kursus, kursieren
die **Kur|ve,** die Kurven,
kurven, kurvig
kurz, kürzer, am
kürzesten, → W *klein,*
kürzen, die Kürzung,
der Kurzschluss,
kurzsichtig,
die Kurzarbeit
(sich) **ku|scheln,**
ich kuschelte mich
der **Kuss,** die Küsse, küssen
die **Küs|te,** die Küsten
die **Kut|sche,** die Kutschen,
kutschieren
das **Ku|vert** [sprich: kuweer],
die Kuverts

L l

la|bil (Gegensatz:
→ stabil), die Labilität
das **La|bor,** die Labors /
Labore (eigentlich:
Laboratorium)
das **La|by|rinth,** die
Labyrinthe (Irrgarten)
die **La|che,** die Lachen
(Pfütze)
la|chen, → W *lachen*
lä|cher|lich
der **Lachs,** die Lachse
der **Lack,** die Lacke,
lackieren
la|den, du lädst,
sie lädt, er lud, hat
geladen, die Ladung
der **La|den,** die Läden
die **La|ge,** die Lagen
das **La|ger,** die Lager, lagern
lahm, die Lähmung,
gelähmt, das Pferd
lahmt
der **Laib,** ein Laib Brot
der **Laich,** laichen
der **Laie,** die Laien
(Gegensatz: Fachmann)
das **La|ken,** die Laken
$\frac{der}{das}$ **La|kritz** / die La|krit|ze
lal|len
das **La|ma,** die Lamas

das **La|met|ta**

das **Lamm,** die Lämmer
(Junges von Schaf
oder Ziege)

die **Lam|pe,** die Lampen

der **Lam|pi|on,**
die Lampions

das **Land,** die Länder, die
Landschaft, an Land
gehen, landauf, landab
lan|den, die Landung

die **Land|stra|ße,** die Land-
straßen, → w *Straße*

der **Land|tag,** die Landtage
(→ Parlament eines
Bundeslandes)

die **Land|wirt|schaft**
(Landwirte sind Bauern.
Sie halten Tiere und
bauen Pflanzen an.)
lang, länger,
am längsten,
seit langem/Langem,
die Länge, der Lange,
tagelang, länglich

die **Lan|ge|wei|le,**
langweilig
längs (längs des Rheins,
längs der Autobahn)
lang|sam,
die Langsamkeit
längst
lang|wie|rig

die **Lap|pa|lie** (Kleinigkeit)

der **Lap|pen,** die Lappen
läp|pisch (Bei einer
Rechnung von tausend
Euro redet er über zwei
läppische Cents.)

$\frac{der}{das}$ **Lap|top,** die Laptops
(tragbarer → PC)

die **Lär|che,** die Lärchen
(einziger → Nadelbaum,
der seine Nadeln im
Herbst abwirft)

der **Lärm,** lärmen

die **Lar|ve,** die Larven
(Mücken z. B. sind erst
Larven, ehe sie fertige
Mücken werden.)
lasch (ohne Schwung)

die **La|sche,** die Laschen

der **La|ser,** die Laser
las|sen, er lässt, er ließ,
hat gelassen; Lass das!
läs|sig, die Lässigkeit

das **Las|so,** die Lassos

die **Last,** die Lasten (→ Lkw)

der **Las|ter,** die Laster
(Lastkraftwagen)
läs|tern
läs|tig

das **La|tein** (Die Römer
sprachen lateinisch.)

die **La|ter|ne,** die Laternen
lat|schen (Er latschte
müde ins Bad.)

die **Lat|te,** die Latten

A B C D E F G H I J K **L** M N O P Q R S T U V W X Y Z

lau (lauwarmer Tee)
das **Laub**
der **Laub|baum,**
die Laubbäume (Bäume
mit Blättern, die sie im
Herbst abwerfen, z. B.:
Ahorn, Birke, Buche,
Eiche, Esche, Kastanie,
Linde. → Nadelbaum)
lau|ern, auf der
Lauer liegen
lau|fen, sie läuft, sie lief,
ist gelaufen, der Lauf,
→ Ⓦ *gehen,* → Ⓦ *rennen*
die **Lau|ne,** die Launen
lau|nisch (launisch wie
das Wetter im April)
die **Laus,** die Läuse
lau|schen, der Lauscher
lau|sig, lausig kalt
die **Lau|sitz** (große deutsche
Region)
der **Laut,** die Laute
laut, laut sein, die Laut-
stärke, lautlos, lautstark
läu|ten, → Ⓦ *läuten*
lau|ter, lauter Ärger
(nichts als Ärger)
die **La|va** (→ Vulkan)
die **La|wi|ne,** die Lawinen
(Massen aus Schnee, Eis,
Geröll oder Schlamm,
die einen Berg
hinabstürzen)

das **Le|ben,** wir leben,
lebhaft, lebenslang,
lebensgefährlich
le|ben|dig, lebhaft
die **Le|ber,** die Lebern
(wichtiges Organ)
der **Leb|ku|chen,**
die Lebkuchen
lech|zen (Der Wanderer
in der Wüste lechzte
nach Wasser.)
das **Leck,** die Lecks
(Das Boot ist leck,
es wird bald sinken.)
le|cken, er leckte
le|cker (Was man gerne
leckt, ist lecker.)
das **Le|der,** ledern
le|dig, lediglich
leer, die Leere,
ein Glas leeren
le|gal (Ihr Tun ist legal: Es
entspricht dem → Gesetz.
Gegensatz: illegal)
le|gen, er legte
die **Le|gen|de,** die Legenden
(märchenhafte
Erzählung)
die **Le|gie|rung,** die
Legierungen (Gemisch
verschiedener Metalle)
der **Lehm,** lehmig
(sich) **leh|nen,** ich lehnte mich,
die Lehne

leh|ren (Er lernte
Chinesisch, als sie es
ihn lehrte.), der Lehrer,
die Lehrerin, die Lehre
der **Lehr|ling,** die Lehrlinge
(heute: Azubi)
der **Leib,** die Leiber
(Körper), leibhaftig
die **Lei|che,** die Leichen,
der Leichnam (Körper
eines Toten)
leicht, die Leichtigkeit
die **Leicht|ath|le|tik,**
der Leichtathlet
das **Leicht|me|tall** (z. B.
Aluminium; → Metall)
der **Leicht|sinn,** leichtsinnig
das **Leid,** die Leiden, es tut
mir leid, ich bin es leid
lei|den, er litt
lei|den|schaft|lich,
die Leidenschaft
lei|der
lei|ern, die Leier
lei|hen, sie lieh, hat
geliehen, leihweise
der **Leim,** leimen
die **Lei|ne,** die Leinen
(dünnes Seil)
das **Lei|nen** (Stoff),
die Leinwand
Leip|zig
(sehr große Stadt
in Sachsen), → S. 250

lei|se
die **Leis|te,** die Leisten
leis|ten, die Leistung
lei|ten, die Leitung
die **Lei|ter,** die Leitern
die **Lek|ti|on,** die Lektionen
die **Lek|tü|re,** die Lektüren
(Das Buch bietet eine
spannende Lektüre.)
die **Len|de,** die Lenden
len|ken, der Lenker,
die Lenkung
der **Le|o|pard,** die Leoparden
die **Ler|che,** die Lerchen
(→ Singvogel)
ler|nen (→ lehren),
→ **w** *lernen*
le|sen, sie liest, sie las,
hat gelesen; Lies!,
lesenswert
der **Le|ser,** die Leser,
die Leserin, lesbar,
leserlich
letz|te, ein letzter Gruß,
als Letzter kommen,
das Letzte, was ich tun
würde
leuch|ten, → **w** *leuchten,*
der Leuchter
leug|nen (Er hat es
getan, leugnet es aber.
Sie bestreitet es, denn sie
war es wirklich nicht.)
die **Leu|te**

Le–Lo

der **Leut|nant,** die Leutnants
das **Le|xi|kon,** die Lexika
die **Li|bel|le,** die Libellen
    li|be|ral (freiheitlich
    gesonnen)
das **Licht,** die Lichtung, die
    Lichtgeschwindigkeit,
    lichten, lichtempfindlich
das **Lid,** die Lider
    (Augendeckel)
    lieb, lieber, am liebsten
    lie|ben, sie liebte,
    die Liebe, der Liebling
das **Lied,** die Lieder
    lie|der|lich
    lie|fern, die Lieferung
    lie|gen, er liegt, er lag,
    hat gelegen
  sie **liest** (von lesen)
der **Lift** (Fahrstuhl), die Lifte
die **Li|ga,** die Ligen
    li|la
die **Li|lie,** die Lilien
die **Li|mo|na|de,**
    die Limonaden
    (kurz: Limo)
die **Lin|de,** die Linden
    (→ Laubbaum)
    lin|dern, die Linderung
    von Schmerz
das **Li|ne|al,** die Lineale
    li|ne|ar (geradlinig)
die **Li|nie,** die Linien,
    der Linienbus, liniert

der **Link,** die Links
    (Verknüpfung z. B.
    von einer Internetseite
    zu einer anderen)
    links, ein linker Schuh,
    der Linkshänder,
    linkisch
das **Li|no|le|um**
die **Lin|se,** die Linsen
die **Lip|pe,** die Lippen
    lis|peln
die **List,** die Listen, listig
die **Lis|te,** die Listen
der/das **Li|ter,** drei Liter (3 l)
die **Li|te|ra|tur** (alles
    Geschriebene)
    live [sprich: leif]
die **Li|zenz** (Erlaubnis)
der **Lkw,** die Lkw/Lkws
    (Lastkraftwagen;
    → Kraftfahrzeug)
    lo|ben, das Lob
das **Loch,** die Löcher,
    → w *Loch,* lochen,
    löchrig/löcherig
die **Lo|cke,** die Locken
    → w *Haar,* lockig
    lo|cken, es lockte
    lo|cker, lockern
    lo|dern, das Feuer lodert
der **Löf|fel,** die Löffel, löffeln
die **Lo|ge** [sprich: loosche],
    die Logen (Teil im
    Zuschauerraum)

die **Lo|gik** (Folgerichtiges
Denken: Wenn z. B. Tim
jünger als Tom ist und
Tom jünger als Tina,
dann ist auch Tim jünger
als Tina. Logisch!)
der **Lohn,** die Löhne
das **Lo|kal,** die Lokale
die **Lo|ko|mo|ti|ve** (kurz:
Lok), die Lokomotiven
der **Lor|beer**
(immergrüner Baum)
die **Lo|re,** die Loren
los, lose, ein loser Knopf
das **Los,** die Lose, losen
lö|schen, sie löschte
lö|sen, die Lösung
der **Löβ** / Löss
(fruchtbarer Boden)
das **Lot,** die Lote (Senkblei)
lö|ten, er lötete
der **Lot|se,** die Lotsen,
lotsen
die **Lot|te|rie,** das Lotto
der **Lö|we,** die Löwen
(Raubtier)
der **Lö|wen|zahn** (Pflanze)
lo|yal (anständig
gegenüber Partnern
und Vorgesetzten)
der **Luchs,** die Luchse
(katzenartiges Raubtier)
die **Lü|cke,** die Lücken,
lückenlos

die **Luft,** die Lüfte,
die Luftröhre
der **Luft|druck** (Auch Luft
hat ein Gewicht.
Wir spüren es nur nicht.)
lu|gen
lü|gen, sie log,
hat gelogen, → 🅦 *lügen,*
die Lüge
die **Lu|ke,** die Luken
der **Lüm|mel,** die Lümmel
der **Lump,** die Lumpen
(schlechter Mensch)
der **Lum|pen,** die Lumpen
(Lappen)
die **Lun|ge,** die Lungen
lun|gern, herumlungern
lüp|fen, sie lüpfte
der **Lurch,** die Lurche
(→ Amphibien)
die **Lust,** die Lüste
lus|tig, lustlos
lut|schen, der Lutscher
Lu|xem|burg,
die Luxemburger,
luxemburgisch
der **Lu|xus** (teure und
unnötige Sachen),
luxuriös
die **Ly|rik** (gereimte und
rhythmische Sprache)

M m

ma|chen

der **Ma|cho** [sprich: matscho], die Machos (Mann, der sich übertrieben männlich verhält)

mäch|tig, die Macht

die **Ma|cke,** die Macken

das **Mäd|chen,** die Mädchen, → **R** *Mädchen*

die **Ma|de,** die Maden

ich **mag** (von mögen)

die **Magd,** die Mägde

Mag|de|burg (Hauptstadt von Sachsen-Anhalt)

der **Ma|gen,** die Mägen

ma|ger, die Magerkeit

der **Ma|gi|er,** die Magier (Zauberer), ma*gisch*

das **Mag|ma** (→ Vulkan)

der **Mag|net,** die Magnete, der Magnetismus

mä|hen, Gras mähen

mah|len, Mehl mahlen

die **Mahl|zeit,** die Mahlzeiten, → **w** *Essen,* das Ma*hl*

die **Mäh|ne,** die Mähnen

mah|nen, die Mahnung, das Mahnmal

der **Mai**

die **Mail|box** (Briefkasten für elektronische Nachrichten)

Mainz (Hauptstadt von Rheinland-Pfalz), → S. 250

der **Mais**

die **Ma|jes|tät,** die Majestäten, majestätisch

der **Ma|kel,** die Makel

mä|keln

das **Make-up** [sprich: mejk ap]

die **Mak|ka|ro|ni**

der **Mak|ler,** die Makler, die Maklerin

mal, einmal, diesmal; Komm mal!, manchmal, zehnmal, jedes Mal, das nächste Mal, mit einem Mal

ma|len, die Maler

mal|neh|men → nehmen (z. B. 2 mal 4)

die **Ma|ma,** die Mamas

das **Mam|mut,** die Mammuts (Urzeit- Elefant)

man, man sieht es

der **Ma|na|ger** [sprich: mänäd~~scher~~], die Manager, die Managerin, managen

manch, manche,
mancher, manchmal

die **Man|da|ri|ne,**
die Mandarinen

die **Man|del,** die Mandeln

die **Ma|ne|ge**
[sprich: maneesche],
die Manegen

der **Man|gel,** die Mängel
(Fehler), mangelhaft

die **Man|gel,** die Mangeln
(Glättrolle für Wäsche),
mangeln

die **Ma|nie|ren**
(Umgangsformen)

der **Mann,** die Männer,
→ W *Mann,*
die Mannschaft,
männlich, mannshoch

der **Man|tel,** die Mäntel

das **Ma|nu|skript,**
die Manuskripte

die **Map|pe,** die Mappen

der **Ma|ra|thon|lauf**

das **Mär|chen,** die Märchen

der **Mar|der,** die Marder

die **Mar|ga|ri|ne**

die **Mar|ge|ri|te,**
die Margeriten

der **Ma|ri|en|kä|fer,**
die Marienkäfer
(An den Punkten erkennt
man das Alter nicht.),
→ R *Marienkäfer*

die **Ma|ri|ne**

die **Ma|ri|o|net|te,**
die Marionetten
(Puppe an Fäden)

die **Mark** (Mark und Pfennig:
früher deutsches Geld)

das **Mark** (Knochenmark)

die **Mark** (Grenzland)

die **Mark Bran|den|burg**
(deutsche Region)

die **Mar|ke,** die Marken
mar|kie|ren

die **Mar|ki|se,** die Markisen
(Sonnendach)

der **Markt,** die Märkte

die **Mar|me|la|de,**
die Marmeladen

der **Mar|mor**

der **Mars** (Planet)

die **Marsch,** die Marschen
(Küstenland)

der **Marsch,** die Märsche,
marschieren

der **März**

das **Mar|zi|pan**

die **Ma|sche,** die Maschen

die **Ma|schi|ne,** die Ma-
schinen, maschinell

die **Ma|sern** (Krankheit)

die **Mas|ke,** die Masken,
maskieren

das **Mas|kott|chen,**
die Maskottchen
(Glücksbringer)

mas|ku|lin (männlich;
weiblich ist feminin)

das **Maß**, die Maße

die **Mas|sa|ge**
[sprich: massasche],
die Massagen

die **Mas|se**, die Massen,
massig, massenhaft

die **Mas|sen|tier|hal|tung**
(dagegen: → artgerecht)

mas|sie|ren

mä|ßig, sich mäßigen,
die Mäßigung

mas|siv (massives Gold,
massiv gebaut)

die **Maß|nah|me**,
die Maßnahmen

der **Maß|stab**, die Maßstäbe

der **Mast**, die Masten / Maste
(Schiffsmasten)

die **Mast**
(Mästung von Tieren)

das **Match** [sprich: mätsch],
die Matches / Matche

das **Ma|te|ri|al**,
die Materialien

die **Ma|the|ma|tik**,
mathematisch

die **Ma|trat|ze**,
die Matratzen

der **Ma|tro|se**, die
Matrosen, die Matrosin

der **Matsch**, matschig

matt, ich bin matt

die **Mat|te**, die Matten

die **Mau|er**, die Mauern,
mauern

das **Maul**, die Mäuler,
→ w *Mund*

der **Maul|wurf**,
die Maulwürfe

der **Mau|rer**, die Maurer,
die Maurerin

die **Maus**, die Mäuse

die **Mau|ser** (Federwechsel
bei Vögeln)

ma|xi|mal
(Gegensatz: → minimal)

die **Ma|yon|nai|se**

me|cha|nisch,
der Mechaniker

me|ckern

**Meck|len|burg-
Vor|pom|mern**
(Bundesland),
die Mecklenburger,
mecklenburgisch, → S. 251,
die Pommern,
pommerisch / pommersch

die **Me|dail|le**
[sprich: medallje],
die Medaillen

die **Me|di|en** (Presse,
Rundfunk, Fernsehen)

das **Me|di|ka|ment**,
die Medikamente

die **Me|di|zin**

das **Meer**, die Meere

der **Meer|ret|tich,**
die Meerrettiche

das **Meer|schwein|chen,**
die Meerschweinchen

das **Mehl,** mehlig

mehr, mehrere

die **Mehr|heit**

die **Mehr|zahl**

mei|den, sie m**ie**d,
hat gem**ie**den

die **Mei|le,** die Meilen

mein (mein Geld)

mei|ne (meine Ringe)

der **Mein|eid,** die Meineide
(falscher → Eid)

mei|nem (in meinem Heft)

mei|nen
(für meinen Freund)

mei|nen, → w *glauben,*
die Meinung

mei|ner (in meiner Hand)

mei|net|we|gen

die **Mei|se,** die Meisen
(→ Singvogel)

der **Mei|ßel,** die Meißel

meist, meistens,
am meisten, die meisten

der **Meis|ter,** die Meister,
die Meisterin,
die Meisterschaft

mel|den, die Meldung

mel|ken,
sie m**o**lk / melkte,
hat gem**o**lken / gemelkt

die **Me|lo|die,** die Melodien,
melodisch

die **Me|lo|ne,** die Melonen

die **Men|ge,** die Mengen

der **Mensch,** die Menschen

die **Mens|tru|a|ti|on** (Regel-
blutung bei Frauen)

die **Men|ta|li|tät**
(Art des Denkens
und Fühlens)

das **Me|nü,** die Menüs

(sich) **mer|ken,** ich merkte mir,
→ w *lernen,* das Merkmal,
merkwürdig

die **Mes|se,** die Messen

mes|sen, er m**i**sst,
er m**a**ß, hat gemessen;
Miss!

das **Mes|ser,** die Messer,
messerscharf

das **Me|tall,** die Metalle
(Eisen, Blei, Gold usw.),
metallisch

der **Me|te|or,** Meteorit
(winzige und große Steine
im Weltall, die von der
Erde angezogen werden)

der **Me|te|o|ro|lo|ge,**
die Meteorologen
(Wissenschaftler, die das
→ Wetter voraussagen),
die Meteorologin

$\frac{der}{das}$ **Me|ter,** drei Meter (3 m),
meterhoch

die **Me|tho|de,** die Methoden,
methodisch
der **Metz|ger,** die Metzger,
→ R *Fleischer*
die **Meu|te|rei,** die Meu-
tereien, meutern
mich, es stört mich
die **Mi|cky|maus** /
Mi|cky Maus
der **Mief,** miefig
die **Mie|ne**
(Gesichtsausdruck)
mies, miesmachen
die **Mie|te,** die Mieten
die **Mi|gra|ti|on** (Wegzug
und Zuzug von
Menschengruppen;
→ Einwanderung)
das **Mi|kro|fon** / Mi|kro|phon,
die Mikrofone /
Mikrophone
das **Mi|kro|skop,**
die Mikroskope
die **Mi|kro|wel|le**
die **Milch** (Alle Säugetiere
ernähren Neugeborene
mit Milch.), milchig
mild, die Milde, mildern,
mildtätig
das **Mi|li|eu** [sprich: miljö],
(Lebensverhältnisse)
das **Mi|li|tär,** militärisch
die **Mil|li|ar|de,**
die Milliarden

das **Mil|li|gramm** (mg)
$\frac{der}{das}$ **Mil|li|me|ter** (mm)
die **Mil|li|on,** die Millionen,
der Millionär
die **Mi|mik**
(Gesichtsausdruck)
das **Mi|na|rett,** die
Minarette / Minaretts
(Turm einer → Moschee)
min|der,
die Minderheit,
minderjährig
min|des|tens,
der Mindestlohn
die **Mi|ne,** die Minen
(Mine in einem Stift)
die **Mi|ne,** die Minen
(Bergwerk)
die **Mi|ne,** die Minen
(Sprengkörper)
das **Mi|ne|ral,** die Mineralien
(alle Steine und → Erze)
das **Mi|ne|ral|was|ser**
das **Mi|ni|golf**
mi|ni|mal (ganz gering;
Gegensatz: maximal),
das Minimum
der **Mi|nis|ter,** die Minister,
die Ministerin
mi|nus (weniger)
das **Mi|nus** (Fehlbetrag)
die **Mi|nu|te,** die Minuten,
minutenlang
mir (es gefällt mir)

mi|schen, die Mischung,
der Mischling

das **Misch|pult,**
die Mischpulte

mi|se|ra|bel
(erbärmlich schlecht)

die **Miss,** Miss Germany

miss|ach|ten

miss|bil|li|gen

der **Miss|brauch,**
die Missbräuche

der **Miss|er|folg,**
die Misserfolge

das **Miss|ge|schick,**
die Missgeschicke

miss|han|deln

die **Mis|si|on,** der Missionar,
missionieren

misst (von messen)

miss|trau|en,
das Misstrauen

miss|ver|ste|hen

der **Mist**

mit

mit|brin|gen → bringen

mit|ei|nan|der

das **Mit|glied,** die Mitglieder

die **Mit|hil|fe** (Er leistete
Mithilfe und schnitt das
Holz mithilfe einer Säge.)

mit|krie|gen, → [w] *sehen*

der **Mit|laut,** die Mitlaute

das **Mit|leid,** mitleidig

mit|ma|chen

mit|neh|men → nehmen

der **Mit|tag,** die Mittage,
mittags

die **Mit|te,** die Mitten

mit|tei|len,
die Mitteilung

das **Mit|tel,** die Mittel

das **Mit|tel|al|ter**

das **Mit|tel|ge|bir|ge**

die **Mit|ter|nacht**

mitt|ler|wei|le

der **Mitt|woch,**
die Mittwoche

mi|xen, der Mixer

das **Mö|bel,** die Möbel,
möblieren

mo|bil (beweglich)

möch|te (von mögen)

die **Mo|de,** die Moden,
modisch

das **Mo|dell** [zweite Silbe
betont], die Modelle

das **Mo|dem,** die Modems
(Computer-Gerät)

der **Mo|de|ra|tor,**
die Moderatoren,
die Moderatorin

mo|dern [erste Silbe
betont], (verfaulen),
der Moder

mo|dern [zweite Silbe
betont], (neuzeitlich)

das **Mo|fa,** die Mofas

mo|geln

A B C D E F G H I J K L **M** N O P Q R S T U V W X Y Z

mö|gen, sie m<u>a</u>g,
sie m<u>o</u>chte, sie mö<u>ch</u>te,
hat gemocht
mög|lich, möglichst,
die Möglichkeit
Mo|ham|med
(Er stiftete die Religion
des → Islam. → Allah)
der **Mohn**
die **Mohr|rü|be,**
die Mohrrüben,
→ Ⓡ *Mohrrübe*
der **Molch,** die Molche
die **Mol|ke|rei,**
die Molkereien
mol|lig, → Ⓦ *dick*
der **Mo|ment,** die Momente
die **Mo|nar|chie** (Staatsform
mit König oder Königin;
aber: → Republik)
der **Mo|nat,** die Monate
der **Mönch,** die Mönche
der **Mond,** die Monde
(Himmelskörper, der um
einen → Planeten kreist)
der **Mo|ni|tor,** die Monitore
(Bildschirm)
der **Mo|no|log,** die Monologe
(Selbstgespräch)
das **Mo|no|pol,**
die Monopole
(z. B. Recht auf
Alleinverkauf)
mo|no|ton (eintönig)

das **Mons|ter,** die Monster
der **Mon|tag,** die Montage
die **Mon|ta|ge** [sprich:
monta<s>sche</s>, zweite Silbe
betont], montieren
der **Mon|teur,** [sprich:
montör], die Monteure,
die Monteurin
das **Moor,** die Moore
das **Moos,** die Moose
das **Mo|ped,** die Mopeds
der **Mops,** die Möpse
die **Mo|ral,** moralisch
der **Mo|rast** (Schlamm-
und Sumpfland)
der **Mord,** die Morde
(vorsätzliche Tötung),
morden
der **Mor|gen,** die Morgen
mor|gen, morgen früh
morsch
mor|sen
der **Mör|tel** (meist: Zement-
Sandbrei zum Mauern)
das **Mo|sa|ik,** die Mosaiken
die **Mo|schee,** die Moscheen
(Gebetshaus der
→ Muslime)
der **Mos|lem,** die Moslems
(→ Muslim)
der **Most,** die Moste
der **Most|rich**
das **Mo|tiv,** die Motive
(Beispiel: Tatmotiv)

mo|ti|vie|ren (Lust
machen, anspornen)
der **Mo|tor,** die Motoren
das **Mo|tor|rad,**
die Motorräder
die **Mot|te,** die Motten
das **Mot|to,** die Mottos
(Wahlspruch)
die **Mö|we,** die Möwen
der **Moz|za|rel|la** (Käse)
die **Mü|cke,** die Mücken
mü|de, die Müdigkeit
die **Mü|he,** die Mühen, sich
mühen, mühsam, mühelos
die **Müh|le,** die Mühlen
(Nicht nur Mehl wird in
Mühlen gemahlen.)
die **Mul|de,** die Mulden
der **Mull,** die Mullbinde
der **Müll,** die Mülltrennung
der **Mül|ler,** die Müller
mul|mig
mul|ti (Das lateinische
Wort bedeutet viele.
Multiplizieren heißt
vervielfachen.)
die **Mul|ti|pli|ka|ti|on,**
multiplizieren
die **Mu|mie,** die Mumien
der/die **Mumps** (Krankheit;
auch Ziegenpeter)
der **Mund,** die Münder,
→ w *Mund,* den Mund
halten, → w *schweigen*

die **Mund|art,**
die Mundarten
mün|den, die Mündung
mun|ter, die Munterkeit
die **Mün|ze,** die Münzen
mür|be
mur|meln
mur|ren
das **Mus**
die **Mu|schel,** die Muscheln
das **Mu|se|um,** die Museen
das **Mu|si|cal** [sprich:
mjusikl], die Musicals
die **Mu|sik,** musizieren,
musikalisch
der **Mus|kel,** die Muskeln,
der Muskelkater
der **Mus|lim,** die Muslime
(Anhänger des → Islam),
die Muslima
muss (von müssen),
er muss es tun
die **Mu|ße** (untätig die Zeit
genießen), müßig
müs|sen, ich muss
das **Mus|ter,** die Muster
mus|tern
der **Mut,** mutig, mutwillig
die **Mut|ter,** die Mütter,
mütterlich
die **Mut|ter,** die Muttern
(für Schrauben)
die **Müt|ze,** die Mützen

N n

der **Na|bel,** die Nabel

nach, nach Hause /
nachhause

nach|ah|men

der **Nach|bar,** die Nachbarn,
die Nachbarin

nach|dem, je nachdem

nach|den|ken → denken,
→ **w** überlegen,
nachdenklich

nach|ei|nan|der

die **Nach|er|zäh|lung,**
die Nacherzählungen

nach|ge|ben → geben,
nachgiebig

nach|her

die **Nach|hil|fe**

nach|läs|sig,
die Nachlässigkeit

der **Nach|mit|tag,**
die Nachmittage

die **Nach|richt,**
die Nachrichten

nächs|te,
nächste Woche,
am nächsten Tag,
als Nächster dran sein

die **Nacht,** die Nächte, über
Nacht, gestern Nacht

der **Nach|teil,** die Nachteile,
nachteilig

der **Nach|tisch,**
die Nachtische (Nachspeise)

nach|träg|lich

der **Nacht|tisch,**
die Nachttische (am Bett)

der **Nach|wuchs**

der **Na|cken,** die Nacken

nackt, nackend,
der Nackedei

die **Na|del,** die Nadeln

der **Na|del|baum,**
die Nadelbäume
(Nadelbäume haben
Blätter wie Nadeln.
Fast alle sind immergrün,
weil sie die Nadeln im
Herbst nicht abwerfen.
Beispiele: Fichte, Kiefer,
Tanne, → Lärche.
→ Laubbaum)

der **Na|gel,** die Nägel,
nageln, nagelneu

na|gen

nah, nahe, näher,
am nächsten, die Nähe,
sich nähern, nahebei

nä|hen

die **Nah|rung,** nahrhaft,
nähren

die **Naht,** die Nähte, nahtlos

na|iv, die Naivität

der **Na|me,** die Namen

näm|lich

die **Nar|be,** die Narben

die **Nar|ko|se**

der **Narr,** die Narren,
die Närrin, närrisch

die **Nar|zis|se,**
die Narzissen

na|schen, → *naschen*

die **Na|se,** die Nasen,
naseweis

das **Nas|horn,**
die Nashörner

nass, die Nässe, nasskalt

die **Na|ti|on,** die Nationen
(Deutschland, Polen,
Frankreich und andere
sind Nationen.)

die **Na|ti|o|nal|hym|ne**

die **Na|tur** (Natur ist alles,
was nicht von Menschen
gemacht wurde. → Kultur),
natürlich, der Naturschutz

das **Na|vi,** die Navis (kurz für
Navigationsgerät)

die **Na|vi|ga|ti|on**
(Steuermannskunst)

der **Na|zi,** die Nazis
(Er will keine
→Demokratie, sondern
einen Führer, dem alle
gehorchen. Das eigene
Volk hält er für das
allerbeste. Menschen
anderer Meinung und
Ausländer bekämpft er,
oft mit Gewalt.

Vor mehr als 70 Jahren
haben die alten Nazis den
Zweiten Weltkrieg
begonnen. Damals war
Adolf Hitler ihr Führer.)

der **Ne|bel,** die Nebel,
neblig / nebelig

ne|ben, nebenbei,
nebenan

ne|ben|ei|nan|der

die **Ne|ben|sa|che,**
die Nebensachen,
nebensächlich

ne|cken, neckisch

der **Nef|fe,** die Neffen

ne|ga|tiv (Ungünstig:
Das Ergebnis der Suche
war leider negativ.
Gegensatz: positiv)

neh|men, sie nimmt,
er nahm, hat genommen;
Nimm!, → **W** *nehmen*

der **Neid,** neidisch, neidlos

nei|gen, die Neigung,
es geht zur Neige

nein, Nein / nein sagen

der **Nek|tar** (süße Tröpfchen
auf Blüten)

die **Nel|ke,** die Nelken

nen|nen, er nannte,
hat genannt, der Nenner

der **Nerv,** die Nerven

ner|vös, die Nervosität

das **Nest,** die Nester, nisten

Ne – No

nett, die Nettigkeit
net|to (Obst samt Kiste
wiegt brutto 20 kg,
ohne Kiste netto 18 kg.)
das **Netz,** die Netze
neu, neuerdings,
das neue Jahr,
das Neue Testament,
die Neuheit,
die Neuigkeit,
etwas Neues
die **Neu|gier** / Neu|gier|de,
neugierig
das **Neu|jahr**
neu|lich
neun, neunzehn,
neunzig
neu|tral (unparteiisch)
nicht; Nicht wahr?,
→ **R** *nicht wahr*
die **Nich|te,** die Nichten
nichts, gar nichts
ni|cken, das Nickerchen
nie, nie wieder
nie|der, auf und nieder,
die Niederlage
die **Nie|der|lan|de**
(Wir sagen oft: Holland.),
die Niederländer,
niederländisch
Nie|der|sach|sen
(Bundesland),
die Niedersachsen,
niedersächsisch

der **Nie|der|schlag,**
die Niederschläge (Tau,
Regen, Schnee, Hagel,
Nebel – alles zählt dazu.)
nied|lich
nied|rig
nie|mals
nie|mand (Niemand ist
da, man kann niemanden
fragen.)
die **Nie|re,** die Nieren
nie|sen
die **Nie|te,** die Nieten
der **Ni|ko|laus**
das **Ni|ko|tin**
(ein Gift im Tabak)
nimmt, sie nimmt,
du nimmst (von nehmen)
nir|gends, nirgendwo
die **Ni|sche,** die Nischen
nis|ten
die **Ni|xe,** die Nixen
no|bel [erste Silbe
betont], (vornehm)
noch, noch einmal
noch mal / noch|mal
das **No|men,** die Nomen
der **No|mi|na|tiv** (1. Fall)
die **Non|ne,** die Nonnen
non|stop,
nonstop fliegen (ohne
Zwischenhalt fliegen)
der **Nor|den,** der Nordpol,
nördlich, norddeutsch

Nord|rhein-West|fa|len
(Bundesland),
der Nordrhein-Westfale,
nordrhein-westfälisch
die **Nord|see**
nör|geln, der Nörgler
die **Norm,** die Normen
nor|mal, normalerweise
die **Not,** die Nöte
die **No|te,** die Noten
nö|tig
die **No|tiz,** die Notizen,
notieren
not|wen|dig,
die Notwendigkeit
der **No|vem|ber**
NRW
(→ Nordrhein-Westfalen)
nüch|tern
die **Nu|del,** die Nudeln
null, null Fehler, die Null
die **Num|mer,** die Nummern,
nummerieren
nun, nunmehr
nur, nur heute
Nürn|berg (sehr große
Stadt in Bayern,
wichtige Stadt des
Frankenlandes), → S. 250
nu|scheln, → **w** *sprechen*
die **Nuss,** die Nüsse
der **Nut|zen,** wir nutzen
nüt|zen, nützlich
das **Ny|lon**

O o

ob, obgleich
das **Ob|dach** (Unterkunft),
der Obdachlose
oben, obendrein
der **Ober,** die Ober
das **Ober|haupt,**
die Oberhäupter
das **Ob|jekt,** die Objekte
ob|jek|tiv (unparteiisch;
Gegensatz: → subjektiv)
das **Obst**
ob|wohl
der **Och|se,** die Ochsen
öde, das Ödland
die **Oder** (großer Strom)
oder, entweder … oder
der **Ofen,** die Öfen
of|fen (Er macht die Tür
auf. Danach steht sie
offen.)
öf|fent|lich,
die Öffentlichkeit
of|fi|zi|ell
öff|nen, → **w** *öffnen,*
die Öffnung
oft, öfter, oftmals
oh|ne
die **Ohn|macht,**
die Ohnmachten,
ohnmächtig
das **Ohr,** die Ohren

die **Ohr|fei|ge,**
    die Ohrfeigen,
    → Ⓡ *Ohrfeige*
    okay (kurz: o. k.)
die **Öko|lo|gie**
der **Ok|to|ber**
das **Öl,** die Öle, ölig,
    die Ölpest (→ Erdöl)
die **Oli|ve,** die Oliven
die **Olym|pi|schen Spie|le,**
    die Olympiade
der **Om|ni|bus,**
    die Omnibusse
der **On|kel,**
    die Onkel / Onkels
    on|line, online sein
    (über das Internet
    erreichbar sein)
die **Oper,** die Opern
die **Ope|ra|ti|on,**
    die Operationen,
    operieren
    op|fern, das Opfer
    op|ti|mal (das Beste)
der **Op|ti|mist,**
    die Optimisten
    (Optimisten betrachten
    alles von der besten
    Seite. Gegensatz:
    Pessimist), die Opti-
    mistin, optimistisch
    op|tisch (betrifft das
    Sehen; → Akustik),
    der Optiker

    oran|ge,
    eine orange Bluse
die **Oran|ge,** die Orangen
das **Or|ches|ter**
    [sprich: orkester],
    die Orchester (Kapelle)
    or|dent|lich
    ord|nen, die Ordnung
das **Or|gan,** die Organe
    (z. B. die Lunge;
    → Sinnesorgan)
    or|ga|ni|sie|ren,
    die Organisation
die **Or|gel,** die Orgeln
der **Ori|ent** (Länder wie
    z. B. Ägypten, Iran oder
    Israel liegen im Orient.)
sich **ori|en|tie|ren,**
    die Orientierung
das **Ori|gi|nal,** die Originale
der **Or|kan,** die Orkane
der **Ort,** die Orte,
    die Ortschaft
der **Os|ten,** östlich
    Os|tern (Fest zur Feier
    der Auferstehung von
    → Jesus; → Christentum;
    → Karfreitag)
    Ös|ter|reich,
    die Österreicher,
    österreichisch
    oval
der **Oze|an,** die Ozeane

P p

paar, ein paar Tage lang,
ein paarmal / paar Mal
das **Paar,** die Paare,
ein Paar Schuhe,
zwei Paare, ein Pärchen
die **Paa|rungs|zeit**
(→ Brunft)
pach|ten, die Pacht,
der Pächter
das **Päck|chen,** die Päckchen
pa|cken, → w *nehmen*
die **Pä|da|go|gik,**
der Pädagoge
das **Pad|del,** die Paddel,
paddeln
das **Pa|ket,** die Pakete
der **Pakt,** die Pakte (Bündnis)
der **Pa|last,** die Paläste
die **Pa|let|te,** die Paletten
die **Pal|me,** die Palmen
die **Pam|pel|mu|se,**
die Pampelmusen
die **Pa|nik** (allgemeine
Verwirrung), panisch
die **Pan|ne,** die Pannen
der **Pan|tof|fel,**
die Pantoffeln, → w *Schuh*
der **Pan|zer,** die Panzer
der **Pa|pa,** die Papas
der **Pa|pa|gei,** die Papageien
das **Pa|pier,** die Papiere

die **Pap|pe,** die Pappen
die **Pap|pel,** die Pappeln
die **Pa|pri|ka,** die Paprikas
der **Papst,** die Päpste
das **Pa|ra|dies,**
die Paradiese
pa|ra|dox (widersinnig)
der **Pa|ra|graf** / Pa|ra|graph,
die Paragrafen /
Paragraphen
pa|ral|lel, die Parallele
der **Pa|ra|sit,** die Parasiten
pa|rat (bereit)
das **Par|füm,** die Parfüms
pa|rie|ren, → w *gehorchen*
der **Park,** die Parks / Parke
par|ken, der Parkplatz
das **Par|la|ment,** die
Parlamente
(Dort beschließen
→ Abgeordnete wichtige
Regeln für uns alle.)
die **Par|tei,** die Parteien,
parteiisch
das **Par|ter|re** (Erdgeschoss)
der **Part|ner,** die Partner,
die Partnerin
die **Par|ty,** die Partys
der **Pass,** die Pässe
der **Pas|sa|gier**
[sprich: Passa~~sch~~ier],
die Passagiere,
die Passagierin
pas|sen

A B C D E F G H I J K L M N O P Q R S T U V W X Y Z

pas|sie|ren,
→ w *geschehen*
pas|siv (untätig;
Gegensatz: aktiv)
der Pas|tor, die Pastoren,
die Pastorin
der Pa|te, die Paten,
die Patin
das Pa|tent, die Patente
der Pa|ti|ent [sprich:
pazient], die Patienten
(Wer vom Arzt behandelt
oder betreut wird, heißt
Patient.), die Patientin
der Pa|tri|ot, die Patrioten
(Ein Patriot liebt sein
Vaterland), die Patriotin
die Pa|tro|ne, die Patronen
pat|zig (frech)
die Pau|ke, die Pauken,
pauken
pau|schal (Die Reise mit
Übernachtung kostet
pauschal tausend Euro.)
die Pau|se, die Pausen,
pausieren
der Pa|zi|fist, die Pazifisten
(Ein Pazifist will um jeden
Preis Frieden erhalten.),
die Pazifistin
der PC (Personal Computer)
das Pech
das Pe|dal, die Pedale
pei|len

pein|lich, die Pein
die Peit|sche, die Peitschen
die Pel|le, die Pellen, pellen,
die Pellkartoffel
der Pelz, die Pelze
pen|deln, → w *hängen,*
das Pendel
der Pe|nis, die Penisse
pen|nen, → w *schlafen*
die Pen|si|on, die Pensionen
das Pen|sum, die Pensen
(Arbeitsmenge)
per|fekt [zweite Silbe
betont], die Perfektion
das Per|fekt [erste Silbe
betont], (2. Vergangenheit)
die Pe|ri|o|de, die Perioden,
periodisch
die Per|le, die Perlen
per|ma|nent (dauernd)
die Per|son, die Personen,
die Persönlichkeit,
das Personal, persönlich
die Pe|rü|cke, die Perücken
der Pes|si|mist,
die Pessimisten
(Gegensatz: → Optimist),
die Pessimistin,
pessimistisch
die Pe|ter|si|lie
das Pe|tro|le|um
pet|zen
der Pfad, die Pfade,
der Pfadfinder

der **Pfahl,** die Pfähle

die **Pfalz** (deutsche Region),
die Pfälzer, pfälzisch

das **Pfand,** die Pfänder

die **Pfan|ne,** die Pfannen

der **Pfar|rer,** die Pfarrer,
die Pfarrerin

der **Pfau,** die Pfauen

der **Pfef|fer,** pfeffern

die **Pfef|fer|min|ze**
pfei|fen, er pf<u>i</u>ff,
hat gep<u>fiff</u>en, die Pfeife

der **Pfeil,** die Pfeile

der **Pfei|ler,** die Pfeiler

der **Pfen|nig,** die Pfennige
(Mark und Pfennig:
früher deutsches Geld)

das **Pferd,** die Pferde,
→ **R** *Pferd*

der **Pfiff,** die Pfiffe
pfif|fig
Pfings|ten

der **Pfir|sich,** die Pfirsiche

die **Pflan|ze,** die Pflanzen,
pflanzen

das **Pflas|ter,** die Pflaster

die **Pflau|me,** die Pflaumen
pfle|gen, die Pflege

die **Pflicht,** die Pflichten,
pflichtbewusst

der **Pflock,** die Pflöcke
pflü|cken

der **Pflug,** die Pflüge,
pflügen

die **Pfor|te,** die Pforten,
→ **w** *Tür,* der Pförtner

der **Pfos|ten,** die Pfosten

die **Pfo|te,** die Pfoten,
→ **w** *Hand*

der **Pfrop|fen,** die Pfropfen
pfui

das **Pfund,** die Pfunde,
ein Pfund (Pfd.)
pfu|schen, der Pfusch

die **Pfüt|ze,** die Pfützen

die **Phan|ta|sie,**
die Phantasien

der **Phi|lo|soph,**
die Philosophen (Sie
philosophieren über die
Welt und die Menschen.),
die Philosophin

die **Phra|se** (nichtssagende
Redensart), die Phrasen

die **Phy|sik,** physikalisch
(Physiker erforschen die
Gesetze der Natur.)

der **Pi|ckel,** die Pickel
pi|cken

das **Pick|nick**
pie|pen, piepsen
pier|cen (für Schmuck die
Haut durchstechen)
pi|kant
pil|gern, die Pilger

die **Pil|le,** die Pillen

der **Pi|lot,** die Piloten,
die Pilotin

A B C D E F G H I J K L M N O **P** Q R S T U V W X Y Z

der **Pilz,** die Pilze
der **Pin|gu|in,** die Pinguine
pink (rosa, ein
pinkfarbenes Hemd)
pin|nen, die Pinnwand
der **Pin|sel,** die Pinsel,
pinseln
die **Pin|zet|te,** die Pinzetten
die **Pipe|line** [sprich:
peiplein], (Rohrleitung
für → Erdöl und Erdgas)
der **Pi|rat,** die Piraten,
die Piratin
pir|schen, die Pirsch
die **Pis|to|le,** die Pistolen
die **Piz|za,** die Pizzen / Pizzas,
die Pizzeria
der **Pkw,** die Pkws (Personen-
kraftwagen; → Kfz)
(sich) **pla|gen,** die Plage
das **Pla|kat,** die Plakate
die **Pla|ket|te,** die Plaketten
der **Plan,** die Pläne
die **Pla|ne,** die Planen
pla|nen, die Planung
der **Pla|net,** die Planeten
(Himmelskörper wie
die Erde, der um eine
→ Sonne kreist)
plan|schen / plant|schen
plap|pern, → w *Geräusche*
plär|ren, → w *Geräusche*
die **Plas|te**
das **Plas|tik**

plat|schen, → w *Geräusche*
plät|schern
platt, die Platte,
der Platten, plätten
das **Platt** (Er spricht Platt.)
der **Platz,** die Plätze, Platz
nehmen, → w *setzen*
das **Plätz|chen,** die Plätzchen
plat|zen
plau|dern, die Plauderei
die **Plei|te,** die Pleiten
(Er ist pleite, er macht
Pleite. → Insolvenz)
die **Plom|be,** die Plomben,
plombieren
plötz|lich
plump
plump|sen, → w *fallen*
der **Plu|ral** (Mehrzahl)
plus
po|chen
die **Po|cke,** die Pocken
das **Po|di|um,** die Podien
die **Po|e|sie** (Dichtung,
besonders in Versen;
Gegensatz: → Prosa)
der **Po|kal,** die Pokale
das **Po|ker**
(ein Kartenspiel)
der **Pol,** die Pole
Po|len, die Polen,
polnisch
die **Po|li|tik,** der Politiker,
die Politikerin, politisch

die **Po|li|zei,** der Polizist,
die Polizistin
der **Pol|len,** die Pollen
(Blütenstaub-Körnchen;
→ Biene)
das **Pols|ter,** die Polster,
polstern
pol|tern
die **Pom|mes,** die Pommes
frites [sprich: pomm fritt]
das **Po|ny,** die Ponys
die **Pop|mu|sik**
der **Po|po,** die Popos
po|pu|lär,
die Popularität
die **Po|re,** die Poren
po|rös (durchlässig)
das **Porte|mon|naie,**
die Portemonnaies
der **Por|ti|er** [sprich: portjee],
die Portiers (Pförtner)
die **Por|ti|on,** die Portionen
das **Port|mo|nee,**
die Portmonees
das **Por|to**
das **Por|zel|lan**
po|si|tiv (Gegensatz:
→ negativ)
die **Post,** der Postbote,
die Postbotin
der **Pos|ten,** die Posten
das **Pos|ter,** die Poster
Pots|dam (Hauptstadt
von Brandenburg)

die **Pracht,** prächtig
das **Prä|di|kat,** die Prädikate
prä|gen, die Prägung
prah|len
prak|tisch
die **Pra|li|ne,** die Pralinen
prall, → w *dick*
pral|len
die **Prä|mie,** die Prämien
die **Pran|ke,** die Pranken,
→ w *Hand*
das **Prä|sens**
(Gegenwartsform)
der **Prä|si|dent,**
die Präsidenten,
die Präsidentin
pras|seln
das **Prä|te|ri|tum**
(1. Vergangenheit)
die **Pra|xis** (Beispiel:
Ein Fahrschüler lernt
die Praxis des Fahrens
und die Theorie der
Verkehrsregeln.)
die **Pra|xis,** die Praxen
(Arztpraxis)
prä|zis / prä|zi|se (genau
treffend), präzisieren
pre|di|gen, die Predigt
der **Preis,** die Preise
prei|sen, er pr<u>ie</u>s,
hat gepr<u>ie</u>sen
prel|len, die Prellung
die **Pres|se,** die Pressen

pres|sen, → **w** *drücken*
der **Pries|ter,** die Priester,
    die Priesterin
pri|ma, → **w** *gut*
die **Pri|mel,** die Primeln
pri|mi|tiv (ein primitives
    Werkzeug)
der **Prinz,** die Prinzen,
    die Prinzessin
das **Prin|zip,** die Prinzipien,
    prinzipiell
pri|vat
das **Pri|vi|leg,** die Privilegien
    (Vorrecht), privilegiert
pro (pro Stück 1 €)
die **Pro|be,** die Proben,
    probieren
das **Pro|blem,** die Probleme
pro|du|zie|ren,
    das Produkt,
    die Produktion
der **Pro|fes|sor,**
    die Professoren,
    die Professorin
der **Pro|fi,** die Profis
die **Pro|gno|se,**
    die Prognosen
    (Vorhersage)
das **Pro|gramm,**
    die Programme,
    programmieren
das **Pro|jekt,** die Projekte
pro|mi|nent
prompt (sofort)

das **Pro|no|men,**
    die Pronomen (Fürwort)
der **Pro|pel|ler,** die Propeller
der **Pro|phet,** die Propheten,
    die Prophetin, prophezeien
die **Pro|sa** (Sprache ohne Reim,
    Verse, Rhythmus;
    Gegensatz: → Poesie)
der **Pros|pekt,** die Prospekte
prost
der **Pro|test,** die Proteste,
    protestieren,
    der Protestant
die **Pro|the|se,** die Prothesen
    (künstliches Körperteil)
das **Pro|to|koll,** die Protokolle,
    protokollieren
der **Pro|vi|ant**
    (Essvorrat auf Reisen)
die **Pro|vinz,** die Provinzen
pro|vi|so|risch (vorläufig)
pro|vo|zie|ren
    (herausfordern),
    die Provokation
das **Pro|zent,** die Prozente
der **Pro|zess,** die Prozesse,
    prozessieren
die **Pro|zes|si|on,**
    die Prozessionen
prü|fen, → **w** *prüfen,*
    die Prüfung
(sich) **prü|geln,** die Prügel,
    die Prügelei
prus|ten

Qu qu

der **Psalm,** die Psalmen

psy|chisch (seelisch)

die **Pu|ber|tät**

das **Pu|bli|kum**

der **Pud|ding,**

die Puddinge / Puddings

der **Pu|del,** die Pudel

der **Pu|der**

der **Puf|fer,** die Puffer

der **Pul|lo|ver,** die Pullover,

der Pulli

der **Puls,** pulsieren

das **Pult,** die Pulte,

→ *Tisch*

das **Pul|ver,** die Pulver

die **Pum|pe,** die Pumpen,

pumpen

der **Punkt,** die Punkte

pünkt|lich

die **Pu|pil|le,** die Pupillen

die **Pup|pe,** die Puppen

pur (rein, unverfälscht)

das **Pü|ree** (Brei)

pur|zeln, → *fallen*

pus|ten

put|zen, → *reinigen*,

der Putz

das **Puz|zle** [sprich: pasl],

die Puzzles

der **Py|ja|ma**

[sprich: püdschama],

die Pyjamas

die **Py|ra|mi|de,**

die Pyramiden

das **Qua|drat,** die Quadrate,

quadratisch

qua|ken,

→ *Geräusche*

quä|len, die Qual,

die Quälerei

qua|li|fi|ziert (befähigt),

die Qualifikation

die **Qua|li|tät,** die Qualitäten

die **Qual|le,** die Quallen

der **Qualm,** qualmen

der **Quark**

das **Quar|tal** (Vierteljahr)

das **Quar|tett,** die Quartette

das **Quar|tier,** die Quartiere

quas|seln

quat|schen, der Quatsch

die **Quel|le,** die Quellen

quel|len, es quoll,

ist gequollen

quer, der Querschnitt

quet|schen,

die Quetschung

quie|ken

quiet|schen

der **Quirl,** die Quirle, quirlen

die **Quit|tung,**

die Quittungen,

quittieren

das **Quiz**

die **Quo|te,** die Quoten

R r

der **Ra‖batt,** die Rabatte
(Preisnachlass)
der **Ra‖be,** die Raben
ra‖bi‖at (grob)
die **Ra‖che,** rächen
der **Ra‖chen,** die Rachen
das **Rad,** die Räder,
Rad fahren, er fährt Rad,
der Radfahrer
der/das **Ra‖dar**
ra‖die‖ren,
der Radiergummi
das **Ra‖dies‖chen,**
die Radieschen
ra‖di‖kal
das **Ra‖dio,** die Radios
der **Ra‖di‖us,** die Radien
(halber Durchmesser)
raf‖fen, die Raffgier
raf‖fi‖niert (schlau,
gerissen), die Raffinesse
ra‖gen
der **Rahm** (fetthaltiger Teil
der → Milch)
der **Rah‖men,** die Rahmen
sich **rä‖keln,** ich räkelte mich
die **Ra‖ke‖te,** die Raketen
die **Ral‖lye** [sprich: rälli],
die Rallyes
der **Ra‖ma‖dan** (Fastenmonat
der → Muslime)

ram‖men, die Ramme
die **Ram‖pe,** die Rampen
der **Ramsch** (minderwertige
Ware), ramschen
der **Rand,** die Ränder
die **Ran‖da‖le,** randalieren
der **Rang,** die Ränge
ran‖gie‖ren
[sprich: rangschieren],
(verschieben)
die **Ran‖ke,** die Ranken,
ranken
der **Ran‖zen,** die Ranzen
ran‖zig
der **Rap** [sprich: räp],
(Sprechgesang),
der Rapper
der **Rap‖pe,** die Rappen
der **Raps** (Ölpflanze)
rar (selten), die Rarität
ra‖sant (rasend schnell)
rasch
ra‖scheln
ra‖sen, → W rennen
der **Ra‖sen,** die Rasen
ra‖sie‖ren
die **Ras‖pel,** die Raspeln,
raspeln
die **Ras‖se,** die Rassen
(Hunderasse,
Pferderasse u.a.)
die **Ras‖sel,** die Rasseln,
rasseln
ras‖ten, die Raststätte

der **Rat,** die Ratschläge
die **Ra|te,** die Raten (Betrag
    einer Teilzahlung)
    ra|ten, er rät, er r<u>ie</u>t,
    hat geraten, der Rat
die **Ra|ti|on,** die Rationen
das **Rät|sel,** die Rätsel,
    rätselhaft
die **Rat|te,** die Ratten
    rat|tern
    rau, der Raureif
der **Raub,** der Räuber,
    die Räuberin, rauben
der **Rauch,** rauchen, räuchern
    rauf, rauf und runter
    rau|fen, die Rauferei
    rauf|ge|hen → gehen
der **Raum,** die Räume,
    räumen
die **Rau|pe,** die Raupen
der **Rau|reif**
    raus
    rau|schen
das **Rausch|gift**
    raus|kom|men
    → kommen
sich **räus|pern,** ich räusperte
    mich, → w *husten*
 die **Raz|zia,** die Razzien
    re|agie|ren, die Reaktion
    re|al (wirklich),
    die Realität
    re|a|li|sie|ren
    (verwirklichen)

die **Re|be,** die Reben
der **Re|chen,** die Rechen
die **Re|chen|schaft,**
    Rechenschaft ablegen
    rech|nen, das Rechnen
die **Rech|nung,**
    die Rechnungen
das **Recht,** die Rechte, Recht/
    recht haben, Recht/recht
    geben, → w *zustimmen*
    recht, es ist mir recht,
    es geschieht dir recht;
    Jetzt erst recht!
das **Recht|eck,** die Rechtecke,
    rechteckig
    rechts (rechts <u>des</u> Rheins),
    rechts und links
    recht|schrei|ben
    → schreiben,
    das Rechtschreiben,
    die Rechtschreibung
    recht|zei|tig
    re|cken, das Reck
    re|cy|celn
    [sprich: rißeikeln], (aus
    Abfall Neues machen),
    das Recycling
der **Re|dak|teur**
    [sprich: redaktöhr],
    die Redakteure,
    die Redakteurin
    re|den, → w *sprechen,*
    die Rede, der Redner
    red|lich, die Redlichkeit

A
B
C
D
E
F
G
H
I
J
K
L
M
N
O
P
Q
R
S
T
U
V
W
X
Y
Z

Re – Re

re|du|zie|ren (verringern)
das **Re|fe|rat,** die Referate
(Der Referent hält zwei
Referate.)
re|flek|tie|ren (Spiegel
reflektieren Lichtstrahlen.)
die **Re|for|ma|ti|on**
re|for|mie|ren (erneuern),
die Reform
der **Re|frain** [sprich: refreng],
die Refrains
das **Re|gal,** die Regale
die **Re|gat|ta,** die Regatten
re|ge
(ein reges Gespräch)
die **Re|gel,** die Regeln,
regeln, regelmäßig,
regelrecht
die **Re|gel|blu|tung**
(→ Menstruation)
sich **re|gen,** ich regte mich,
die Regung
der **Re|gen,** → ℝ *regnen,*
der Regenwurm
die **Re|gie** [sprich: re~~sch~~ie]
re|gie|ren, die Regierung
der **Re|gis|seur**
[sprich: re~~sch~~issör],
die Regisseure,
die Regisseurin
reg|nen, → ℝ *regnen*
das **Reh,** die Rehe
rei|ben, sie rieb, hat
gerieben, die Reibung

reich, reichlich,
der Reichtum
das **Reich,** die Reiche
rei|chen, → 🆆 *geben*
reif, reifen, die Reife,
reiflich
der **Reif** (Raureif)
der **Rei|fen,** die Reifen
der **Rei|gen,** die Reigen
die **Rei|he,** die Reihen,
sie ist an der Reihe
der **Reim,** die Reime, reimen
rein, die Reinheit
rein|ge|hen → gehen
rei|ni|gen,
→ 🆆 *reinigen,* reinlich
rein|kom|men → kommen
der **Reis,** der Reispudding
das **Reis,** die Reiser (kleiner,
dünner Zweig), das Reisig
rei|sen, die Reise
Reiß|aus,
Reißaus nehmen
rei|ßen, sie riss, hat
gerissen, → 🆆 *ziehen,* der
Riss, der Reißverschluss
rei|ten, er ritt, der Ritt
rei|zen, der Reiz, reizend
die **Re|kla|me,**
die Reklamen
re|kla|mie|ren
(beanstanden),
die Reklamation
der **Re|kord,** die Rekorde

der **Re|kor|der,**
die Rekorder

der **Rek|tor,** die Rektoren,
die Rektorin

re|la|tiv, relativ teuer

die **Re|li|gi|on,**
die Religionen, religiös

re|mis [sprich: remie],
das Remis
(unentschieden)

rem|peln, die Rempelei

ren|nen, er rannte, ist
gerannt, → **w** *rennen,*
das Rennen

re|no|vie|ren,
die Renovierung

die **Ren|te,** die Renten

sich **ren|tie|ren** (Der Verkauf
hat sich sehr gelohnt,
er hat sich rentiert.)

re|pa|rie|ren,
die Reparatur

die **Re|por|ta|ge**
[sprich: reportasche],
die Reportagen,
der Reporter

das **Rep|til,** die Reptilien
(Kriechtiere wie z. B.
das Krokodil oder
die Eidechse)

die **Re|pu|blik,** die Repu-
bliken (ein Staat
ohne König, Gegensatz:
→ Monarchie)

re|ser|vie|ren,
die Reservierung,
die Reserve

re|si|gnie|ren (Nach
Misserfolgen resigniert
er schnell und gibt auf.),
die Resignation

re|so|lut (entschlossen,
tatkräftig)

der **Res|pekt,** respektieren,
respektlos

der **Rest,** die Reste

das **Res|tau|rant**
[sprich: restorang],
die Restaurants

das **Re|sul|tat,** die Resultate
(Ergebnis)

ret|ten, die Rettung

der **Ret|tich,** die Rettiche

reu|en, es reute mich,
die Reue, reumütig

die **Re|van|che**
[sprich: revansch],
(Er gewann den Kampf
und revanchierte sich so
für die vergangene
Niederlage.)

das **Re|vier,** die Reviere

die **Re|vo|lu|ti|on,**
die Revolutionen

der **Re|vol|ver,** die Revolver

das **Re|zept,** die Rezepte

der **Rha|bar|ber**

der **Rhein** (großer Strom)

das **Rhein|land** (große deutsche Region in Nordrhein-Westfalen, Rheinland-Pfalz und Hessen), die Rheinländer, rheinländisch

Rhein|land-Pfalz (Bundesland), die Rheinland-Pfälzer, rheinland-pfälzisch

das **Rheu|ma,** rheumatisch

der **Rhyth|mus,** die Rhythmen, rhythmisch

rich|ten, der Richter

rich|tig, → w _genau_

die **Rich|tung,** die Richtungen

rie|chen, es roch, hat gerochen, der Geruch

die **Rie|ge,** die Riegen

der **Rie|gel,** die Riegel

der **Rie|men,** die Riemen

der **Rie|se,** die Riesen, die Riesin

rie|seln

rie|sig, → w _groß_

die **Ril|le,** die Rillen

das **Rind,** die Rinder

die **Rin|de,** die Rinden

der **Ring,** die Ringe

rin|gen, er rang, hat gerungen, der Ringkampf

rings, ringsumher

rin|nen, es rann, ist geronnen, → w _fließen,_ die Rinne, das Rinnsal

die **Rip|pe,** die Rippen

das **Ri|si|ko,** die Risiken / Risikos, riskieren, riskant

er **riss** (von reißen), der Riss

der **Ritt,** die Ritte, rittlings

der **Rit|ter,** die Ritter

die **Rit|ze,** die Ritzen, → w _Loch,_ ritzen

der **Ri|va|le,** die Rivalen (Mitbewerber), die Rivalin, die Rivalität

die **Rob|be,** die Robben (Seehund)

der **Ro|bo|ter,** die Roboter

ro|bust (stämmig, kräftig)

rö|cheln

der **Rock,** die Röcke

die **Rock|mu|sik,** Rock and Roll, rocken, der Rocker

ro|deln

ro|den, die Rodung

der **Rog|gen** (Getreideart)

roh, die Rohheit, die Rohkost

das **Rohr,** die Rohre, die Röhre

der **Roh|stoff,** die Rohstoffe (Was es roh in der Natur gibt: Kohle, Öl, Erz ...)

die **Rol|le,** die Rollen,
der Roller, der Rollladen,
die Rollerblades
rol|len, → *rollen*
das **Rol|lo,** die Rollos
Rom (Heute ist Rom die
Hauptstadt Italiens.
Früher war es Mittel-
punkt des Römischen
Reiches. Vor mehr als
tausend Jahren gehörte
auch ein Teil unseres
Landes zum römischen
Weltreich.)
der **Ro|man,** die Romane
ro|man|tisch
rönt|gen, er hat geröntgt
(Durchleuchten: Der Arzt
röntgt Körperteile.)
ro|sa, ein rosa Kleid, rosé
die **Ro|se,** die Rosen, rosig
die **Ro|si|ne,** die Rosinen
das **Ross,** die Rosse/Rösser
der **Rost,** rosten, rostig
der **Rost,** die Roste (Gitter),
rösten
rot, röter/roter,
am rötesten/rotesten,
die rote Grütze, der rote
Faden, das Rote Kreuz,
die Rote Bete/Beete,
bei Rot anhalten
die **Rö|teln**
(Kinderkrankheit)

ro|tie|ren (der Propeller
rotiert; → Rotor)
der **Rot|kohl,** → **R** *Rotkohl*
der **Ro|tor,** die Rotoren
(rotierendes Teil bei
Maschinen)
die **Rou|te,** die Routen
(Wegstrecke)
die **Rou|ti|ne** (Wer seit vielen
Jahren Auto fährt,
ist darin routiniert;
er hat Routine.)
der **Row|dy** [sprich: raudi],
die Rowdys
rub|beln
die **Rü|be,** die Rüben
der **Ruck,** rucken, ruckartig
rü|cken
der **Rü|cken,** die Rücken,
das Rückgrat, die
Rückkehr, der Rücktritt,
rückfällig, rückgängig
der **Ruck|sack,**
die Rucksäcke
die **Rück|sicht,** rücksichtslos
rück|wärts
der **Rü|de,** die Rüden
(männlicher Hund)
das **Ru|del,** die Rudel
das **Ru|der,** die Ruder,
rudern
ru|fen, er rief, hat
gerufen,→ *schreien,*
der Ruf

die **Rü|ge,** die Rügen, rügen

die **Ru|he,** ruhen, ruhig

der **Ruhm,** rühmen, berühmt
rüh|ren

die **Ru|i|ne,** die Ruinen
(kaputtes Bauwerk)
rülp|sen, der Rülpser

der **Rum|mel**

der **Rumpf,** die Rümpfe
rümp|fen, die Nase
rümpfen
rund, die Runde,
der Rundfunk
run|ter, eine
runterhauen,
→ w *schlagen*
run|ter|fah|ren
→ fahren

die **Run|zel,** die Runzeln,
die Stirn runzeln

der **Rü|pel,** die Rüpel

der **Ruß,** rußen, rußig

der **Rüs|sel,** die Rüssel
Russ|land, die Russen,
russisch
rüs|ten, die Rüstung
rüs|tig

die **Ru|te,** die Ruten
rut|schen, → R *rutschen,*
die Rutsche,
die Rutschbahn,
→ R *Rutschbahn,* rutschig
rüt|teln

S s

der **Saal,** die Säle
Saar|brü|cken
(Hauptstadt des
Saarlands)

das **Saar|land** (Bundesland),
die Saarländer,
saarländisch

die **Saat,** die Saaten

die **Sa|che,** die Sachen,
sachlich

die **Sach|kun|de**
Sach|sen (Bundesland),
die Sachsen, sächsisch
Sach|sen-An|halt
(Bundesland), die
Sachsen-Anhalter/
Sachsen-Anhaltiner,
sachsen-anhaltisch/
sachsen-anhaltinisch
sacht

der **Sach|un|ter|richt**

der **Sack,** die Säcke
sä|en

der/das **Safe** [sprich: ßäif],
die Safes (Geldschrank)

der **Saft,** die Säfte, saftig

die **Sa|ge,** die Sagen
(Märchen sind ganz und
gar erfunden. Sagen
enthalten oft einen
wahren Kern.)

sa|gen, er sagt,
→ w *sprechen*
sä|gen, die Säge
ich **sah,** wir sahen
(von sehen)
die **Sah|ne** (anderer Name
für → Rahm), sahnig
die **Sai|son** [sprich: säsong],
(wichtigste Betriebszeit)
die **Sai|te,** die Saiten
der Geige
das **Sa|kra|ment,**
die Sakramente
der **Sa|la|man|der,**
die Salamander
(eine Amphibie)
die **Sa|la|mi,** die Salamis
der **Sa|lat,** die Salate
die **Sal|be,** die Salben
der **Sal|to,** die Saltos / Salti
der **Sa|lut** (Ehrengruß mit
Kanonendonner),
salutieren
das **Salz,** salzen, salzig
der **Sa|me** / Sa|men,
die Samen
sam|meln,
die Sammlung
der **Sams|tag,** die Samstage
der **Samt**
samt, samt und sonders,
sämtlich
das **Sa|na|to|ri|um,**
die Sanatorien

der **Sand,** sandig
die **San|da|le,** die Sandalen
das **Sand|wich**
[sprich: ßänwitsch], die
Sandwiches / Sandwiche
sanft, sanftmütig
die **Sänf|te,** die Sänften
der **Sän|ger,** die Sänger,
die Sängerin
sa|nie|ren (Wenn das
verfallene Haus saniert
sein wird, kann es wieder
bewohnt werden.)
sa|ni|tär, sanitäre Anlagen
(Waschbecken,
Badewanne usw.)
der **Sa|ni|tä|ter,** die Sani-
täter, die Sanitäterin
der **Sarg,** die Särge
der **Sa|tan** (Teufel)
der **Sa|tel|lit,** die Satelliten
(Himmelskörper, der um
einen → Planeten kreist)
satt, sättigen, gesättigt
der **Sat|tel,** die Sättel, satteln
der **Satz,** die Sätze
die **Satz|aus|sa|ge,**
die Satzaussagen
(Prädikat)
die **Sat|zung,**
die Satzungen
die **Sau,** die Säue / Sauen
sau|ber, die Sauberkeit,
säuberlich

sau|ber ma|chen /
sau|ber|ma|chen,
→ w *reinigen,* säubern
die **Sau|ce** [sprich: soße /
sooß], die Saucen
sau|er, die Säure,
säuerlich
das **Sau|er|kraut**
der **Sau|er|stoff** (ein Bestand-
teil der Luft, den wir zum
Atmen brauchen)
sau|fen, er säuft, er soff,
hat gesoffen, der Säufer
sau|gen, er saugte / sog,
hat gesaugt / gesogen
das **Säu|ge|tier,**
die Säugetiere
(Die Mütter säugen ihre
Kleinen mit Milch.)
der **Säug|ling,**
die Säuglinge
die **Säu|le,** die Säulen
der **Saum,** die Säume
die **Sau|na,**
die Saunas / Saunen
die **Säu|re,** die Säuren
der **Sau|ri|er,** die Saurier
(→ Dinosaurier)
säu|seln
sau|sen
die **S-Bahn,** die S-Bahnen
der **Scan|ner** [sprich:
scänner], die Scanner
scha|ben

schä|big
die **Scha|blo|ne,**
die Schablonen
das **Schach|spiel**
der **Schacht,** die Schächte
die **Schach|tel,**
die Schachteln
der **Schä|del,** die Schädel
scha|den, der Schaden;
Wie schade!
schä|di|gen, schädlich,
der Schädling
das **Schaf,** die Schafe,
der Schäfer
schaf|fen
der **Schaff|ner,** die Schaffner,
die Schaffnerin
der **Schal,**
die Schals / Schale
schä|len, die Schale
der **Schall,** schallen
schal|ten, der Schalter,
die Schaltung
die **Scham,** sich schämen,
schamlos, schamhaft
die **Schan|de,** schändlich
die **Schar,** die Scharen
scharf, die Schärfe,
schärfen, scharfkantig
der **Schar|lach**
das **Schar|nier,** die Scharniere
schar|ren
die **Schar|te,** die Scharten
(Einkerbung)

der **Schat|ten,** die Schatten,
schattig
der **Schatz,** die Schätze
schät|zen,
schätzungsweise
der **Schau|der** (Grauen und
Entsetzen empfinden),
schauderhaft
schau|en, → W *sehen,*
die Schau
der **Schau|er,** die Schauer
schau|er|lich, schaurig
die **Schau|fel,**
die Schaufeln, schaufeln
das **Schau|fens|ter,**
die Schaufenster
die **Schau|kel,** die Schaukeln,
schaukeln
der **Schaum,** schäumen
schau|rig (gruselig)
der **Scheck,** die Schecks
sche|ckig
die **Schei|be,** die Scheiben
die **Schei|de,** die Scheiden
schei|den, er schied,
ist geschieden
die **Schei|dung,**
die Scheidungen
der **Schein,** die Scheine
schein|bar (Er sagte:
„Anscheinend bin ich
pünktlich." „Nein", sagte
sie, „nur scheinbar, denn
deine Uhr geht vor.")

schei|nen, es schien,
hat geschienen
der **Schei|tel,** die Scheitel
schei|tern
die **Schel|le,** die Schellen
schel|len, → W *läuten*
der **Sche|mel,** die Schemel
der **Schen|kel,** die Schenkel
schen|ken
die **Scher|be,** die Scherben
die **Sche|re,** die Scheren
sich **sche|ren** (Deine Kritik
schert mich nicht!),
Schereien machen
der **Scherz,** die Scherze,
scherzen, scherzhaft
scheu, die Scheu
scheu|chen
scheu|en (Sie scheute
nicht die viele Arbeit.)
scheu|ern
das **Scheu|er|tuch,**
→ R *Scheuertuch*
die **Scheu|ne,**
die Scheunen, → W *Haus*
das **Scheu|sal,** die Scheusale
scheuß|lich
der **Schi,** die Schier / Schi,
Schi fahren
die **Schicht,** die Schichten
schick, → W *schön*
schi|cken
das **Schick|sal,**
die Schicksale

schie|ben, er schiebt,
er sch<u>o</u>b, hat gesch<u>o</u>ben
der **Schieds|rich|ter,**
die Schiedsrichter,
die Schiedsrichterin
schief
der **Schie|fer**
schie|len
das **Schien|bein,**
die Schienbeine
die **Schie|ne,** die Schienen
schie|nen (gebrochene
Beine schienen)
schie|ßen, sie sch<u>o</u>ss,
hat gesch<u>o</u>ssen,
der Sch<u>u</u>ss
das **Schiff,** die Schiffe,
der Schiffbruch,
die Schifffahrt, schiffbar
die **Schi|ka|ne,**
die Schikanen
(absichtlich bereitete
Schwierigkeit),
schikanieren
der **Schild,** die Schilde
(des Ritters)
das **Schild,** die Schilder
(Verkehrsschild)
schil|dern,
die Schilderung
die **Schild|krö|te,**
die Schildkröten
das **Schilf**
schil|lern

der **Schim|mel,** die Schimmel
(weißes Pferd)
der **Schim|mel** (winziger Pilz),
schimmeln, schimmelig /
schimmlig
schim|mern,
→ w *leuchten,*
der Schimmer
der **Schim|pan|se,**
die Schimpansen
schimp|fen,
→ w *schimpfen*
der **Schin|ken,** die Schinken
(Hinterteil des Schweins)
der **Schirm,** die Schirme
schlach|ten,
→ w *umbringen,*
die Schlacht
schla|ckern
der **Schlaf,** der Schläfer
die **Schlä|fe,** die Schläfen
schla|fen, sie schläft,
sie schl<u>ie</u>f, hat geschlafen,
→ w *schlafen,* der Schlaf,
schläfrig
schlaff
schla|gen, er schlägt,
er schl<u>u</u>g, hat geschlagen,
→ w *schlagen,* der Schlag,
der Schläger, schlagartig
der **Schla|ger,** die Schlager
$\frac{der}{das}$ **Schla|mas|sel** (sehr
schwierige Lage; im
Schlamassel stecken)

der **Schlamm,** schlammig
schlam|pig,
die Schlamperei
die **Schlan|ge,** die Schlangen,
Schlange stehen,
sich schlängeln
schlank
schlapp, schlappmachen
das **Schla|raf|fen|land**
schlau, die Schlauheit,
die Schläue
der **Schlauch,** die Schläuche
die **Schlau|fe,** die Schlaufen
schlecht, → *schlimm,*
die Schlechtigkeit
schlei|chen, sie schlich,
ist geschlichen
der **Schlei|er,** die Schleier,
schleierhaft
die **Schlei|fe,** die Schleifen
schlei|fen, er schliff,
hat geschliffen
der **Schleim,** schleimen,
schleimig
schlem|men (gut und
reichlich speisen),
die Schlemmerei
schlen|dern, → *gehen*
schlen|kern
schlen|zen (spezieller
„Schuss" z. B. im Fußball)
schlep|pen, → *tragen,*
der Schlepper,
die Schleppe

Schles|wig-Hol|stein
(Bundesland), die
Schleswig-Holsteiner,
schleswig-holsteinisch
schleu|dern, → *werfen,*
die Schleuder
schleu|nigst
die **Schleu|se,** die Schleusen,
schleusen
schlicht
schlich|ten (einen Streit
schlichten), die Schlichtung
der **Schlick** (Schlamm am
Boden von Gewässern)
schlie|βen, er schloss,
hat geschlossen,
→ *schließen*
schließ|lich
der **Schliff,** geschliffen
schlimm, → *schlimm*
die **Schlin|ge,** die Schlingen
schlin|gen, er schlang,
hat geschlungen
der **Schlit|ten,** die Schlitten
der **Schlitt|schuh,**
die Schlittschuhe
der **Schlitz,** die Schlitze,
→ *Loch,* schlitzen
das **Schloss,** die Schlösser,
der Schlosser
schlot|tern
(vor Angst schlottern)
die **Schlucht,** die Schluchten
schluch|zen, → *weinen*

der **Schluck|auf,**
→ R *Schluckauf*
schlu|cken, der Schluck
schlum|mern,
der Schlummer
schlüp|fen, der Schlüpfer
schlur|fen
schlür|fen
der **Schluss,** die Schlüsse
der **Schlüs|sel,** die Schlüssel
das **Schlüs|sel|bein,**
die Schlüsselbeine
die **Schmach** (demütigende
Schande)
schmäch|tig
schmack|haft
schmä|hen (beleidigend
schlechtmachen)
schmal, → W *klein*
das **Schmalz,** schmalzig
schmat|zen
schmau|sen,
der Schmaus
schme|cken
schmei|cheln (jemanden
übertrieben loben),
schmeichelhaft,
die Schmeichelei
schmei|ßen,
sie schmiss, hat
geschmissen, → W *werfen*
schmel|zen,
es schmilzt, es schmolz,
ist geschmolzen

der **Schmerz,** die Schmerzen,
schmerzen, schmerzlich,
schmerzhaft, schmerzlos
der **Schmet|ter|ling,**
die Schmetterlinge
schmet|tern
der **Schmied,** die Schmiede,
schmieden
schmie|ren, die Schmiere,
schmierig
die **Schmin|ke,** schminken
schmir|geln
der **Schmö|ker,** die Schmöker,
schmökern
schmol|len (gekränkt
schweigen)
schmo|ren
schmü|cken, der Schmuck
schmud|de|lig
schmug|geln,
der Schmuggler
schmun|zeln
schmu|sen
der **Schmutz,** schmutzig
der **Schna|bel,**
die Schnäbel
die **Schnal|le,**
die Schnallen, schnallen
schnal|zen
schnap|pen,
→ W *nehmen*
der **Schnaps,** die Schnäpse
(Getränk mit viel
→ Alkohol)

schnar|chen,
→ w *schlafen,*
→ w *Geräusche*
schnat|tern
schnau|ben
schnau|fen,
→ w *Geräusche*
die Schnau|ze, die
Schnauzen, → w *Mund*
schnau|zen,
→ w *schimpfen*
die Schne|cke, die Schnecken
der Schnee, schneeweiß
das Schnee|glöck|chen,
die Schneeglöckchen
schnei|den, er schnitt,
hat geschnitten,
der Schnitt
der Schnei|der,
die Schneider,
die Schneiderin
schnei|en
schnell,
die Schnelligkeit
schnip|pisch
der Schnip|sel,
die Schnipsel
der Schnitt, die Schnitte (z. B.
mit Schere oder Messer)
die Schnit|te, die Schnitten
(Brotscheibe)
der Schnitt|lauch
das Schnit|zel, die Schnitzel,
die Schnitzeljagd

schnit|zen
der Schnit|zer, die Schnitzer
der Schnor|chel,
die Schnorchel
der Schnul|ler, die Schnuller
der Schnup|fen, schnupfen
schnup|pern
die Schnur, die Schnüre
schnü|ren,
der Schnürsenkel
der Schnurr|bart,
die Schnurrbärte
schnur|ren
der Schock, die Schocks,
schockiert
die Scho|ko|la|de,
die Schokoladen
die Schol|le, die Schollen
schon, schon wieder
schön, → w *schön,*
die Schönheit
scho|nen, die Schonung
schöp|fen, der Schöpfer,
die Schöpfung
der Schorf
der Schorn|stein,
die Schornsteine
der Schoß, die Schöße
die Scho|te, die Schoten
der Schot|ter
schräg, die Schräge
die Schram|me,
die Schrammen,
schrammen

der **Schrank,** die Schränke

die **Schran|ke,** die Schranken

die **Schrau|be,** die Schrauben, schrauben

der **Schreck**/Schre|cken

schreck|lich, → w *schlimm*

der **Schrei,** die Schreie

schrei|ben, er schreibt, er schrieb, hat geschrieben

der **Schreib|tisch,** die Schreibtische, → w *Tisch*

schrei|en, sie schrie, hat geschrien, → w *schreien*

der **Schrei|ner,** die Schreiner, die Schreinerin, → R *Tischler*

schrei|ten, er schritt, ist geschritten

die **Schrift,** die Schriften, schriftlich

schrill, schrillen

der **Schritt,** die Schritte

schroff

der **Schrot**

der **Schrott,** verschrotten

schrump|fen

der **Schub,** die Schubkarre, die Schublade

schub|sen, der Schubs

schüch|tern, die Schüchternheit

der **Schuft,** die Schufte

schuf|ten, → w *arbeiten*

der **Schuh,** die Schuhe, → w *Schuh*

die **Schuld** (Er hat Schuld, auch sie ist schuldig.)

die **Schul|den,** der Schuldner (→ Gläubiger)

die **Schu|le,** die Schulen

der **Schü|ler,** die Schüler, die Schülerin

der **Schul|ran|zen,** die Schulranzen, → R *Schulranzen*

die **Schul|ter,** die Schultern, schultern, → w *tragen*

schum|meln

der **Schund**

schun|keln

der **Schup|pen,** die Schuppen, → w *Haus*

der **Schur|ke,** die Schurken

die **Schür|ze,** die Schürzen

der **Schuss,** die Schüsse

die **Schüs|sel,** die Schüsseln

der **Schus|ter,** die Schuster, die Schusterin

der **Schutt**

schüt|teln

schüt|ten

der **Schüt|ze,** die Schützen

schüt|zen, der Schutz

die **Schwa|ben** (große
deutsche Volksgruppe
und eine große Region),
schwäbisch, → S. 251
schwach, die Schwäche,
schwächlich
der **Schwa|ger,** die Schwäger,
die Schwägerin
die **Schwal|be,**
die Schwalben
der **Schwamm,**
die Schwämme,
schwammig
der **Schwan,** die Schwäne
schwan|ger,
die Schwangerschaft
schwan|ken,
die Schwankung,
→ w *schwanken*
der **Schwanz,** die Schwänze,
schwänzeln
schwän|zen
der **Schwarm,**
die Schwärme,
schwärmen
schwarz, schwarz auf
weiß, schwarzfahren,
sich schwarzärgern,
die Schwarzen
schwat|zen, schwätzen,
→ w *unterhalten,*
der Schwätzer
schwe|ben, → w *fliegen*
der **Schweif,** die Schweife

schwei|gen, er schweigt,
er schwieg,
hat geschwiegen,
→ w *schweigen*
das **Schwein,** die Schweine
der **Schweiß**
schwei|ßen, der Schweißer
die **Schweiz,**
die Schweizer,
schweizerisch
schwel|len, es schwillt,
schwoll, ist geschwollen,
die Schwellung,
die Schwelle
schwen|ken
schwer, schwerhörig
Schwe|rin (Hauptstadt von
Mecklenburg-Vorpommern)
die **Schwer|kraft** (Wir sind
schwer, weil die Kraft
der Erde uns anzieht.)
das **Schwert,** die Schwerter
die **Schwes|ter,**
die Schwestern
die **Schwie|ger|el|tern**
die **Schwie|le,** die Schwielen,
schwielig
schwie|rig,
die Schwierigkeit
schwim|men,
sie schwamm,
ist geschwommen
der **Schwin|del,** schwindlig /
schwindelig, schwindelfrei

A
B
C
D
E
F
G
H
I
J
K
L
M
N
O
P
Q
R
S
T
U
V
W
X
Y
Z

schwin|deln,
→ w *lügen,*
der Schwindler
schwin|gen, er schwingt,
er schwang,
hat geschwungen,
die Schwingung
schwir|ren,
→ w *Geräusche*
schwit|zen, du schwitzt
schwö|ren, er schwor, hat
geschworen, der Schwur
schwül, die Schwüle
der **Schwung,** die Schwünge
der **Schwur,** die Schwüre
sechs, sechzehn,
sechzig
der **See,** die Seen
die **See** (das Meer), seekrank
der **See|hund,**
die Seehunde
die **See|le,** die Seelen,
seelisch
das **Se|gel,** die Segel, segeln,
das Segelschiff
seg|nen, der Segen
se|hen, sie sieht,
sie sah, hat gesehen;
Sieh mal!, → w *sehen*
die **Seh|ne,** die Sehnen
sich **seh|nen,** die Sehnsucht,
sehnsüchtig
sehr, sehr gut
seicht

seid, ihr seid hier
die **Sei|de,** die Seiden,
ein seidenes Kleid
die **Sei|fe,** die Seifen
das **Seil,** die Seile
sein (froh sein)
sein (sein Ring)
sei|ne (seine Euros)
sei|nem (in seinem Heft)
sei|ner (in seiner Hand)
sei|ner|zeit
seit, seit gestern
seit|dem
die **Sei|te,** die Seiten,
seitenlang, seitwärts
der **Se|kre|tär,** die Sekretäre,
die Sekretärin,
das Sekretariat
der **Sekt**
die **Sek|te,** die Sekten (kleine
religiöse Gemeinschaft),
der Sektierer
die **Se|kun|de,**
die Sekunden
sel|ber, selbst
selb|stän|dig
die **Selbst|be|die|nung**
selbst|be|wusst
(überzeugt vom
eigenen Wert)
der **Selbst|laut**
selbst|stän|dig
selbst|ver|ständ|lich
se|lig, die Seligkeit

der/die **Sel|le|rie**

sel|ten, die Seltenheit

selt|sam

das **Se|mi|ko|lon,**
die Semikolons

die **Sem|mel,** die Semmeln

sen|den, er s<u>a</u>ndte/
sendete, hat ges<u>a</u>ndt/
gesendet, die Sendung

der **Senf**

der **Se|ni|or,** die Senioren
(Vater und Sohn Bast
heißen beide Paul:
Paul Bast sen. und Paul
Bast jun. → Junior),
die Seniorin

sen|ken

senk|recht

die **Sen|sa|ti|on,**
die Sensationen,
sensationell

die **Sen|se,** die Sensen

sen|si|bel (feinfühlig)

sen|ti|men|tal
(gefühlsbetont)

der **Sep|tem|ber**

die **Se|rie,** die Serien

se|ri|ös
(vertrauenswürdig)

die **Ser|pen|ti|ne,**
die Serpentinen

der/das **Ser|vice** [sprich: βörwiβ;
1. Silbe betont],
(Kundendienst)

das **Ser|vice** [sprich:
serwieβ; 2. Silbe betont],
(Essgeschirr)

ser|vie|ren

die **Ser|vi|et|te,**
die Servietten

der **Ses|sel,** die Sessel

der/das **Set,** die Sets

(sich) **set|zen,** ich setzte mich,
→ W *setzen*

die **Seu|che,** die Seuchen
(ansteckende schwere
Krankheit wie früher Pest
oder Cholera)

seuf|zen, der Seufzer

die **Se|xu|a|li|tät,** sexuell

das **Sham|poo** [sprich:
schampo], die Shampoos

der **She|riff** [sprich: scherrif],
die Sheriffs

das **Shirt** [sprich: schört],
die Shirts

der **Shop** [sprich: schop],
die Shops

die **Shorts** [sprich: schorts]

die **Show** [sprich: schou],
die Shows

sich, sich freuen

die **Si|chel,** die Sicheln

si|cher, die Sicherheit,
die Sicherung,
sicherheitshalber

si|chern

die **Sicht,** sichtbar, sichtlich

si|ckern
sie, sie und er
das **Sieb,** die Siebe
sie|ben, siebzig
sie|den (kochen),
siedend heiß,
der Siedepunkt
die **Sied|lung,**
die Siedlungen,
die Siedler
das **Sie|gel,** die Siegel
sie|gen, der Sieg,
der Sieger, die Siegerin,
siegreich
sie|zen, er siezte sie
das **Sig|nal,** die Signale,
signalisieren
die **Sil|be,** die Silben
das **Sil|ber,** silbern,
silbrig / silberig
das **Sil|ves|ter**
sim|pel (unkompliziert)
sim|sen (eine SMS
schicken)
si|mu|lie|ren (so tun,
als ob), der Simulant
sind, wir sind froh
sin|gen, sie singt,
sie sang, hat gesungen,
→ W *singen*
der **Sin|gu|lar** (die Einzahl)
der **Sing|vo|gel,**
die Singvögel
(z. B. Amsel, Rabe, Meise)

sin|ken, sie sank,
ist gesunken
der **Sinn,** die Sinne (Hören,
Sehen, Riechen,
Schmecken, Tasten)
das **Sin|nes|or|gan,**
die Sinnesorgane (Auge,
Ohr, Nase, Zunge, Haut)
die **Sip|pe,** die Sippen
die **Si|re|ne,** die Sirenen
der **Si|rup**
die **Sit|te,** die Sitten, sittsam
der **Sit|tich,** die Sittiche
(Papagei)
sit|zen, sie saß, hat
gesessen, der Sitz,
die Sitzung
die **Ska|la,** die Skalen / Skalas
der **Skan|dal,** die Skandale
der **Skat** (Kartenspiel)
ska|ten [sprich: ßkäiten],
das Skateboard
das **Ske|lett,** die Skelette
die **Skep|sis** (Bedenken),
der Skeptiker, skeptisch
der **Ski,** die Skier, Ski fahren
die **Skiz|ze,** die Skizzen,
skizzieren
der **Skla|ve,** die Sklaven,
die Sklavin
der **Skru|pel,** die Skrupel
(Er hatte Skrupel zu
betrügen. Aber andere
waren skrupellos.)

der **Sla|lom,** die Slaloms
(Skilauf oder Kanufahrt
durch Tore)

die **Sla|wen** (Volksgruppe,
die eine slawische
Sprache spricht und
vor allem in Osteuropa
wohnt), der Slawe,
die Slawin, slawisch

der **Slo|gan,** die Slogans
(Werbespruch)

der **Slum,** die Slums (Elends-
viertel in Großstädten)

der **Smog** (Dunstmix der Luft
aus Rauch und Qualm;
smoke = Rauch,
fog = Nebel)

die **SMS** (<u>S</u>hort <u>M</u>essage
<u>S</u>ervice), [sprich: schort
messidsch βörwiß]

so, sobald

die **So|cke,** die Socken

der **So|ckel,** die Sockel

so|dass/so dass

das **Sod|bren|nen**
(Magensäure steigt
in den Mund)

so|eben

das **So|fa,** die Sofas

so|fort

die **Soft|ware** [sprich:
βoftwähr], (Computer-
programme und
→ Dateien; → Hardware)

so|gar

so|ge|nannt/so ge|nannt

so|gleich

die **Soh|le,** die Sohlen

der **Sohn,** die Söhne

so|lan|ge (Ich bleibe,
<u>solange</u> ich kann; ich
bleibe <u>so</u> lange, bis …)

die **So|lar|ener|gie**
(Sonnenenergie)

solch, solche

der **Sold** (Lohn, Gehalt),
die Besoldung

der **Sol|dat,** die Soldaten,
die Soldatin

die **So|le,** die Solen
(Salzwasser)

so|li|da|risch,
solidarisch sein
(für andere einstehen)

so|li|de (eine solide
Ausbildung, ein solide
gebautes Haus)

sol|len

das **So|lo,** die Solos/die Soli
(italienisch: allein)

der **Som|mer,** die Sommer

son|der|bar

son|dern

der **Song** [sprich: βong],
die Songs

der **Sonn|abend,**
die Sonnabende,
→ **R** *Sonnabend*

die **Son|ne,** die Sonnen,
die Sonnenenergie,
sich sonnen, sonnig

der **Sonn|tag,** die Sonntage

sonst

so|oft (Sie hat es schon
<u>so</u> oft getan; sie tut es,
sooft sie will.)

der **So|pran,** die Soprane
(hohe Frauenstimme)

die **Sor|ben** (Deutsche eines
slawischen Volks;
→ Slawen)

die **Sor|ge,** die Sorgen, sich
sorgen, → W *Angst haben*

die **Sorg|falt,** sorgfältig

die **Sor|te,** die Sorten

sor|tie|ren

die **So|ße,** die Soßen

so|viel (<u>so</u>viel ich weiß;
sie hat <u>so</u> viel Geld,
dass ...)

so|weit (<u>so</u>weit ich weiß;
der Weg ist <u>so</u> weit)

so|wie (es gab Fleisch
<u>so</u>wie Fisch; <u>so</u> <u>wie</u>
immer)

so|zi|al (Wer sich sozial
verhält, denkt nicht nur
an sich selbst, sondern
auch an andere.)

der **So|zi|us** (Teilhaber;
auch: Beifahrer auf dem
Motorrad), die Sozia

der **Spa|gat**

die **Spa|ghet|ti** (italienische
Nudelart)

spä|hen, → W *sehen*

spal|ten, der Spalt

der **Span,** die Späne

die **Span|ge,** die Spangen

Spa|ni|en, die Spanier,
spanisch

span|nend, die Spannung

spa|ren, der Sparer,
sparsam, die Sparsamkeit

der **Spar|gel,** die Spargel

der **Spaß,** die Späße, spaßen,
spaßig

spät, spätestens

der **Spa|ten,** die Spaten

der **Spatz,** die Spatzen
(→ Singvogel)

spa|zie|ren, spazieren
gehen, sie ging spazieren,
→ W *gehen (langsam),*
der Spaziergang

der **Specht,** die Spechte

der **Speck,** speckig

der **Spe|di|teur** [sprich:
speditör], die Spediteure
(transportiert mit seiner
Spedition allerlei Sachen)

der **Speer,** die Speere

die **Spei|che,** die Speichen

der **Spei|chel** (Spucke)

der **Spei|cher,** die Speicher,
speichern

die **Spei|se,** die Speisen,
die Speiseröhre
spei|sen, → W *essen*

das **Spek|ta|kel** (Lärm)
spe|ku|lie|ren (auf etwas
rechnen), die Spekulation

die **Spen|de,** die Spenden,
spenden, spendieren

der **Sper|ling,** die Sperlinge
(→ Spatz)
sper|ren, die Sperre,
sperrig, sperrangelweit

der **Spe|zi|a|list,**
die Spezialisten,
die Spezialistin,
die Spezialität, spezial

der **Spie|gel,** die Spiegel,
spiegeln
spie|len, das Spiel,
der Spieler, spielerisch

der **Spieß,** die Spieße
spie|ßig (rückständig,
engstirnig)

die **Spikes** [sprich: speiks]

der **Spi|nat**

$\frac{der}{das}$ **Spind,** die Spinde
(schmaler Schrank)

die **Spin|del,** die Spindeln

die **Spin|ne,** die Spinnen
spin|nen, sie spann,
hat gesponnen
(Dünne Fasern werden
zu einem Faden
gedreht.)

der **Spi|on,** die Spione,
die Spionin, spionieren,
die Spionage
[sprich: spionasche]

die **Spi|ra|le,** die Spiralen
spitz, die Spitze,
der Spitzer

der **Spit|zel,** die Spitzel
spitz|fin|dig
(kleinlich-überklug)

die **Spitz|maus,**
die Spitzmäuse

der **Split|ter,** die Splitter,
splittern

der **Spon|sor,** die Sponsoren,
die Sponsorin
spon|tan (Er antwortete
spontan, ohne zu
überlegen.)

die **Spo|re,** die Sporen

der **Sport,** der Sportler,
sportlich

der **Spott,** die Spötter,
spotten, spöttisch

die **Spra|che,** die Sprachen,
sprachlich, sprachlos

$\frac{der}{das}$ **Spray** [sprich: ßpräi],
die Sprays
spre|chen, er spricht,
er sprach, hat
gesprochen; Sprich!,
→ W *sprechen*
spren|gen,
die Sprengung

sprie**ß**en, es spross,
ist gesprossen
sprin|gen, sie sprang,
ist gesprungen,
→ W *springen,*
der Springer,
das Springseil,
→ R *Springseil*
sprin|ten, der Sprint
der **Sprit**
sprit|zen, der Spritzer,
die Spritze
die **Spros|se,** die Sprossen
der **Spruch,** die Sprüche
der **Spru|del,** die Sprudel,
sprudeln
sprü|hen
der **Sprung,** die Sprünge
die **Spu|cke,** spucken
der **Spuk,** spuken
die **Spu|le,** die Spulen,
spulen
spü|len, die Spülung,
die Spüle
die **Spur,** die Spuren,
spuren, spurlos
spü|ren, → W *empfinden,*
spürbar
der **Spurt,** die Spurts, spurten
sich spu|ten (beeilen)
der **Staat,** die Staaten
der **Stab,** die Stäbe
sta|bil (hält Belastungen
aus), die Stabilität

der **Sta|chel,** die Stachel,
stachlig / stachelig
das **Sta|di|on,** die Stadien
die **Stadt,** die Städte,
städtisch
die **Sta|fet|te,** die Stafetten
die **Staf|fel,** die Staffeln
der **Stahl** (verbessertes Eisen)
der **Sta|lag|mit** (stehender
Tropfstein; Stalaktit:
hängender Tropfstein)
der **Stall,** die Ställe,
→ W *Haus*
der **Stamm,** die Stämme,
stämmig
stam|meln, → W *sprechen*
stamp|fen, der Stampfer
der **Stand,** die Stände,
der Ständer
im **Stan|de sein** /
im|stan|de sein
stän|dig
die **Stan|ge,** die Stangen
der **Stän|gel,** die Stängel
stän|kern
der **Sta|pel,** die Stapel,
stapeln
stap|fen (durch hohen
Schnee stapfen)
der **Star,** die Stare (Vogel)
der **Star** (Augenkrankheit)
der **Star,** die Stars (Filmstar)
stark, die Stärke,
die Stärkung, stärken

starr, → **w** *hart*

star|ren

der **Start,** die Starts

star|ten, → **w** *beginnen*

die **Sta|ti|on,** die Stationen

sta|ti|o|när, stationär

behandeln

(im Krankenhaus;

Gegensatz: → ambulant)

der **Sta|tist,** die Statisten

(unauffällige Randfigur)

die **Sta|tis|tik,** die Sta-

tistiken (schriftliche

Zusammenstellung

von allerlei Daten)

statt, groß statt klein

statt|des|sen

die **Stät|te,** die Stätten,

die Fundstätte; aber:

Städte (von Stadt)

statt|fin|den,

es fand statt

statt|lich (Er ist groß

und kräftig – eine

stattliche Erscheinung.)

die **Sta|tue,** die Statuen

der **Stau,** die Staus

der **Staub,** staubig, Staub

saugen / staubsaugen

stau|chen

die **Stau|de,** die Stauden

stau|en, der Stausee

stau|nen, → **w** *wundern,*

das Staunen

ste|chen, sie sticht,

er stach, hat gestochen

ste|cken, der Stecker

der **Steg,** die Stege

ste|hen, sie stand,

hat / ist gestanden,

ist stehen geblieben

steh|len, sie stiehlt,

er stahl, hat gestohlen,

→ **w** *wegnehmen*

steif, → **w** *hart,*

die Steifheit

stei|gen, sie steigt,

sie stieg, ist gestiegen,

→ **w** *wachsen,*

die Steigung

stei|gern, → **w** *wachsen,*

die Steigerung

steil

der **Stein,** die Steine,

steinalt, steinern, steinig

die **Stein|zeit** (Vor vielen

tausend Jahren hausten

die Menschen oft in

Höhlen. Ihre primitiven

Werkzeuge waren aus

Stein, Knochen und Holz.

Dinosaurier waren längst

ausgestorben.)

das **Steiß|bein**

die **Stel|le,** die Stellen,

die Stellung, stellenweise

stel|len

die **Stel|ze,** die Stelzen

stem|men

der **Stem|pel,** die Stempel,
stempeln

die **Stepp|de|cke,**
die Steppdecken

die **Step|pe,** die Steppen
(baumlose Grasebene)

step|pen, Stepp tanzen,
eine Naht steppen

ster|ben, sie stirbt,
sie starb, ist gestorben

ste|reo

ste|ril (keimfrei: ohne
→ Bakterien)

der **Stern,** die Sterne

stets, stetig

die **Steu|er,** die Steuern
(Alle Bürger müssen
etwas von ihrem Geld
abgeben. Davon werden
z. B. Polizisten, Lehrer,
Feuerwehr, Straßen usw.
bezahlt.)

das **Steu|er,** die Steuer
(zum Lenken), steuern

der **Ste|ward** [sprich:
βtjuard], die Stewards,
die Stewardess

der **Stich,** die Stiche,
im Stich lassen

sti|cheln (einen anderen
mit spitzen Bemerkungen
reizen)

sti|cken, die Stickerei

der **Sti|cker,** die Sticker
(Aufkleber)

sti|ckig (Die Luft ist
verbraucht und
unangenehm zu atmen.)

der **Stick|stoff** (größter
Bestandteil unserer Luft)

der **Stie|fel,** die Stiefel,
→ W *Schuh*

die **Stie|ge,** die Stiegen

der **Stiel,** die Stiele

der **Stier,** die Stiere
(männliches Rind)

der **Stift,** die Stifte

stif|ten, die Stiftung

der **Stil,** die Stile (Baustil ist
die Art zu bauen, Schreib-
stil die Art zu schreiben
usw.)

still, in der Stille

stil|len (Er stillte seinen
Durst. Sie stillte ihr Baby
an der Brust.)

still|hal|ten, er hält still,
er hielt still,
hat stillgehalten

still|schwei|gen

die **Stim|me,** die Stimmen

stim|men

die **Stim|mung,**
die Stimmungen

stin|ken, es stank, hat
gestunken, der Gestank

die **Stirn,** die Stirnen

stö|bern

sto|chern

der **Stock,** die Stöcke,
→ w *Stock*

sto|cken

stock|sau|er, stocksteif

das **Stock|werk,**
die Stockwerke

der **Stoff,** die Stoffe

stöh|nen

der **Stol|len,** die Stollen

stol|pern

stolz, stolz sein, der Stolz

stol|zie|ren

stop|fen

der **Stop|fen,** die Stopfen

die **Stop|pel,** die Stoppeln

stop|pen, → w *anhalten,*
der Stopp

der **Stöp|sel,** die Stöpsel

der **Storch,** die Störche

stö|ren, die Störung

stor|nie|ren (eine
Bestellung rückgängig
machen), das Storno

stö|risch

die **Sto|ry,** die Storys

sto|ßen, er stößt, er stieß,
hat gestoßen, der Stoß

stot|tern, → w *sprechen*

die **Stra|fe,** die Strafen,
strafen, strafbar, sträflich

straff

der **Strahl,** die Strahlen

strah|len, die Strahlung

strah|len, → w *lachen*

die **Sträh|ne,** die Strähnen,
→ w *Haar,* strähnig

stramm

stram|peln

der **Strand,** die Strände,
stranden

der **Strang,** die Stränge

die **Stra|pa|ze,** die Strapazen,
strapazieren, strapaziös

die **Stra|ße,** die Straßen,
→ w *Straße*

sich **sträu|ben,**
du sträubst dich

der **Strauch,** die Sträucher

strau|cheln (stolpern)

der **Strauß,** die Sträuße
(Blumenstrauß)

der **Strauß,** die Strauße
(Vogel)

stre|ben, der Streber,
die Strebe

die **Stre|cke,** die Strecken

stre|cken

der **Streich,** die Streiche

strei|cheln

strei|chen, sie strich,
hat gestrichen

das **Streich|holz,**
die Streichhölzer

die **Strei|fe** (Die Polizei
geht Streife.)

strei|fen

der **Strei⋅fen,** die Streifen,
gestreift

der **Streik,** die Streiks (Arbeit
verweigern), streiken

der **Streit,** die Streiterei
strei⋅ten, sie stritt,
hat gestritten
streng, die Strenge

der **Stress,** stressig
streu⋅en, die Streu,
der Streusel

der **Strich,** die Striche

der **Strick,** die Stricke
stri⋅cken
strikt (Er ist strikt gegen
Nachtarbeit.)

die **Strip⋅pe,** die Strippen

das **Stroh,** der Strohhalm

der **Strom,** die Ströme,
die Strömung, strömen

die **Stro⋅phe,** die Strophen
strub⋅be⋅lig / strubb⋅lig

der **Stru⋅del,** die Strudel

der **Strumpf,** die Strümpfe

der **Strunk,** die Strünke
strup⋅pig

die **Stu⋅be,** die Stuben

das **Stück,** die Stücke

der **Stu⋅dent,** die Studenten,
die Studentin

die **Stu⋅die,** die Studien
stu⋅die⋅ren, → Ⓦ *lernen,*
das Studium

das **Stu⋅dio,** die Studios

die **Stu⋅fe,** die Stufen

der **Stuhl,** die Stühle
stül⋅pen
stumm

der **Stum⋅mel,** die Stummel

der **Stüm⋅per,** die Stümper
(Nichtskönner)
stumpf, der Stumpfsinn

der **Stumpf,** die Stümpfe

die **Stun⋅de,** die Stunden,
stündlich, stundenlang
stup⋅sen
stur, die Sturheit
stür⋅men, der Stürmer,
der Sturm, die Sturmflut,
stürmisch
stür⋅zen, → Ⓦ *fallen,*
der Sturz

die **Stu⋅te,** die Stuten
(weibliches Pferd)
Stutt⋅gart (Hauptstadt
Baden-Württembergs),
→ S. 250
stut⋅zen, stutzig
stüt⋅zen, die Stütze

das **Sty⋅ro⋅por**

das **Sub⋅jekt,** die Subjekte
sub⋅jek⋅tiv (Das Fußball-
spiel seines geliebten
Vereins kann er nicht
→ objektiv beurteilen;
er ist vor lauter Gefühlen
voreingenommen:
subjektiv.)

das **Sub|stan|tiv,**
   die Substantive (Nomen,
   Hauptwort, Namenwort)
   sub|tra|hie|ren (Abziehen
   in der Mathematik),
   die Subtraktion
   su|chen, → *lernen,*
   die Suche

die **Sucht,** die Süchte
   (Manche Menschen
   brauchen dauernd und
   im Übermaß z. B.
   → Alkohol und → Tabak.
   Sie werden immer
   kränker.)

der **Sü|den,** südlich

die **Süd|frucht,**
   die Südfrüchte
   (Orangen, Bananen usw.)

der **Süd|pol**

die **Süh|ne,** die Sühnen,
   eine Schuld sühnen

die **Sum|me,** die Summen
   sum|men, → w *singen*

der **Sumpf,** die Sümpfe,
   sumpfig

die **Sün|de,** die Sünden,
   der Sünder, sündigen
   su|per

der **Su|per|markt,**
   die Supermärkte

die **Sup|pe,** die Suppen
   sur|fen [sprich: βörfen]
   sur|ren

süß, süßen, die Süße, die
   Süßigkeit, das Süßwasser

das **Sweat|shirt**
   [sprich: βwettschört),
   die Sweatshirts

die **Sym|bi|o|se,**
   die Symbiosen (Zwei
   verschiedenartige
   Lebewesen haben Nutzen
   davon, dass sie
   zusammenleben. Beispiel:
   Ameisen beschützen
   Blattläuse und kriegen
   von denen Zuckerwasser.)

das **Sym|bol,** die Symbole
   (Die Taube ist das Symbol
   des Friedens.), symbolisch

die **Sym|pa|thie,**
   die Sympathien
   (Zuneigung; Gegensatz:
   Antipathie),
   sympathisch

das **Symp|tom,** die Symptome
   (Husten und Schnupfen
   sind z. B. Symptome
   für eine Erkältung.)

die **Sy|na|go|ge,**
   die Synagogen
   (jüdisches Gotteshaus)
   syn|chron (gleichzeitig)

das **Sys|tem,** die Systeme,
   systematisch

die **Sze|ne,** die Szenen

das **Szep|ter,** die Szepter

A
B
C
D
E
F
G
H
I
J
K
L
M
N
O
P
Q
R
S
T
U
V
W
X
Y
Z

T t

der **Ta|bak** (enthält
   Nikotin und andere
   Gifte; → Sucht)
die **Ta|bel|le,** die Tabellen
das **Ta|blett,** die Tabletts
die **Ta|blet|te,** die Tabletten
der **Ta|cho,** die Tachos
   (Tachometer)
der **Ta|del,** die Tadel, tadeln,
   tadellos
die **Ta|fel,** die Tafeln
der **Tag,** die Tage,
   eines Tages, täglich,
   tagtäglich, tagelang,
   tagsüber, taghell,
   heutzutage
der **Tai|fun,** die Taifune
   (Wirbelsturm)
die **Tail|le** [sprich: tallje],
   die Taillen
der **Takt,** die Takte
die **Tak|tik,** die Taktiken
   takt|los (ein Verhalten,
   das andere verletzt)
das **Tal,** die Täler
das **Ta|lent,** die Talente
der **Ta|ler,** die Taler
   (alte Geldmünze)
die **Tal|sper|re,**
   die Talsperren
   tan|ken, der Tank

die **Tan|ne,** die Tannen
   (→ Nadelbaum)
die **Tan|te,** die Tanten,
   → w *Frau*
der **Tanz,** die Tänze, der
   Tänzer, tanzen, tänzeln
die **Ta|pe|te,** die Tapeten,
   tapezieren
   tap|fer, die Tapferkeit
der **Ta|rif,** die Tarife
   (z. B. Telefontarif)
   tar|nen, die Tarnung
die **Ta|sche,** die Taschen
die **Tas|se,** die Tassen
die **Tas|te,** die Tasten,
   die Tastatur, tasten
die **Tat,** die Taten, der Täter,
   die Tätigkeit, tätig
   tä|to|wie|ren,
   die Tätowierung
die **Tat|sa|che,** die Tat-
   sachen, tatsächlich
   tät|scheln
die **Tat|ze,** die Tatzen
der **Tau** (Wassertröpfchen
   der Luft, die nah am
   Boden → kondensiert
   sind), tauen
das **Tau** (starkes Seil),
   die Taue, das Tauziehen
   taub (gehörlos,
   ein taubes Gefühl)
die **Tau|be,** die Tauben
   tau|chen, der Taucher

tau|en
tau|fen, die Taufe
tau|gen, es taugt nichts,
der Taugenichts
tau|meln
tau|schen, der Tausch
täu|schen,
die Täuschung
tau|send
das **Ta|xi** / die Ta|xe,
die Taxis / Taxen
das **Team** [sprich: tiem],
die Teams
die **Tech|nik,** die Techniken,
der Techniker
der **Ted|dy,** die Teddys
der **Tee,** die Tees
der **Teen|ager**
[sprich: tienäidscher],
die Teenager
der **Teer,** teeren
der **Teich,** die Teiche
der **Teig,** die Teige, teigig
der/das **Teil,** die Teile, teilen,
die Teilung
teil|neh|men → nehmen,
die Teilnahme
teils, teils … teils
teil|wei|se
das **Te|le|fax**
das **Te|le|fon,** die Telefone,
telefonieren, telefonisch
der **Tel|ler,** die Teller
der **Tem|pel,** die Tempel

das **Tem|pe|ra|ment,**
die Temperamente
die **Tem|pe|ra|tur,**
die Temperaturen
das **Tem|po,**
die Tempos / Tempi
das **Ten|nis**
der **Te|nor,** die Tenöre
(hohe Männerstimme)
der **Tep|pich,** die Teppiche
der **Ter|min,** die Termine,
termingerecht
die **Ter|ras|se,**
die Terrassen
der **Ter|ror** (lateinisch: der
Schrecken), der Terrorist
der **Test,** die Tests / Teste,
testen
das **Tes|ta|ment,**
die Testamente
teu|er, noch teurer
der **Teu|fel,** die Teufel,
teuflisch
der **Text,** die Texte
die **Tex|ti|lie,** die Textilien
(Gewebtes und
Gestricktes)
das **The|a|ter,** die Theater
die **The|ke,** die Theken,
→ w *Tisch*
das **The|ma,** die Themen,
thematisch
die **Theo|lo|gie** (Wissenschaft
von der Religion)

die **The|o|rie,** die Theorien,
(Gegensatz: → Praxis),
theoretisch

die **The|ra|pie,** die Therapien
(Heilbehandlung),
therapieren
(→ Diagnose)

das **Ther|mo|me|ter,**
die Thermometer

die **Ther|mos|fla|sche,**
die Thermosflaschen

die **The|se,** die Thesen (Eine
These ist z. B.: Vögel
entwickelten sich aus
fliegenden Sauriern.)

der **Thron,** die Throne

Thü|rin|gen
(Bundesland),
die Thüringer,
thüringisch

ti|cken

das **Ti|cket,** die Tickets

tief, die Tiefe, tiefgekühlt

das **Tief** (Der → Luftdruck
warmer Luft auf die Erde
ist tief = niedrig. Dann
regnet es oft. → Hoch)

das **Tier,** die Tiere

der **Ti|ger,** die Tiger

til|gen (eine Schuld
tilgen), die Tilgung

die **Tin|te,** die Tinten

der **Tipp,** die Tipps, tippen

tip|peln

tipp|topp

der **Tisch,** die Tische,
→ W *Tisch*

der **Tisch|ler,** die Tischler,
→ R *Tischler*

der **Ti|tel,** die Titel

der **Toast** [sprich: toost],
die Toasts / Toaste

to|ben

die **Toch|ter,** die Töchter

der **Tod,** die Tode, tödlich,
todkrank, todmüde;
aber: → tot

die **Toi|let|te** [sprich:
toalette], die Toiletten

to|le|rant (großzügig,
nachsichtig; Gegensatz:
intolerant), die Toleranz

toll, tollen

die **Toll|wut**

die **To|ma|te,** die Tomaten

die **Tom|bo|la,**
die Tombolas

der **Ton,** die Töne (Laute),
tönen

der **Ton** (eine Bodenart)

tö|nen (Haare tönen),
die Tönung

die **Ton|ne,** die Tonnen

das **Top,** die Tops
(Kleidungsstück)

top, topfit,
topaktuell

der **Topf,** die Töpfe

das **Tor,** die Tore, → w *Tür,*
der Torwart

der **Tor,** die Toren (Narr),
töricht

der **Torf**

tor|keln
(schwankend gehen)

der **Tor|na|do,** die Tornados
(Wirbelsturm)

der **Tor|nis|ter,** die Tornister

die **Tor|te,** die Torten

tot, die Toten, töten,
totenstill, sich totlachen;
aber: → To<u>d</u>

to|tal

$\frac{der}{das}$ **To|to,** der Totoschein

tou|pie|ren (Haare
besonders kämmen)

die **Tour,** die Touren

der **Tou|ris|mus,** der Tourist

die **Tour|nee** (Gastspielreise)

tra|ben, der Trab

die **Tracht,** die Trachten

die **Tra|di|ti|on,** die Tradi-
tionen, traditionell

der **Tra|fo,** die Trafos (kurz
für: <u>Tra</u>ns<u>fo</u>rmator)

trä|ge, die Trägheit

tra|gen, sie trägt,
er tr<u>u</u>g, hat getragen,
→ w *tragen,* der Träger

tra|gisch, die Tragödie

trai|nie|ren, das Training

der **Trak|tor,** die Traktoren

träl|lern

tram|peln

das **Tram|po|lin,**
die Trampoline

die **Trä|ne,** die Tränen,
Augen tränen

der **Tran|sis|tor,**
die Transistoren

trans|pa|rent
(durchsichtig),
das Transparent

trans|por|tie|ren,
→ w *tragen,* der Transport

der **Tratsch**
(dummes Gerede),
tratschen

die **Trau|be,** die Trauben

trau|en

trau|ern, die Trauer

die **Trau|fe,** die Traufen
(Dachrand, von dem
Regenwasser „träufelt")

der **Traum,** die Träume

träu|men, → w *träumen,*
traumhaft

trau|rig, die Traurigkeit

die **Trau|ung,**
die Trauungen

tref|fen, sie trifft, sie traf,
hat getr<u>o</u>ffen, der Treffer

trei|ben, sie treibt, sie
tr<u>ie</u>b, hat/ist getr<u>ie</u>ben

das **Treib|haus** (heizbares
Gewächshaus)

A
B
C
D
E
F
G
H
I
J
K
L
M
N
O
P
Q
R
S
T
U
V
W
X
Y
Z

der **Treib|haus|ef|fekt**
(Erdwärme strahlt nach
oben. Die Gase im
Qualm aus Kraftwerken,
Auto-Auspuffen usw.
sammeln sich hoch über
der Erde. Dort strahlen
sie mehr Erdwärme
zurück als normal.
→ Klimawandel)

der **Trend,** die Trends
(z. B. der Trend zu
kleineren Handys)

tren|nen, die Trennung

die **Trep|pe,** die Treppen,
treppauf, treppab

der **Tre|sor,** die Tresore
(Stahlschrank; englisch
treasure = Schatz)

tre|ten, sie tritt, er trat,
ist getreten; Tritt nicht
daneben!, → w *gehen,*
der Tritt

treu, die Treue, treulos

der/die **Tri|an|gel,** die Triangel /
Triangeln

die **Tri|bü|ne,** die Tribünen

der **Trich|ter,** die Trichter

der **Trick,** die Tricks, tricksen

der **Trieb,** die Triebe

trie|fen, triefnass

das **Tri|kot** [sprich: trikoo],
die Trikots

tril|lern

trin|ken, sie trank,
hat getrunken

das **Trio,** die Trios (etwas für
drei oder von dreien)

der **Trip,** die Trips (Ausflug)

trip|peln

der **Tritt,** die Tritte

der **Tri|umph,** die Triumphe,
triumphieren, triumphal

tro|cken, trocknen,
die Trockenheit

der **Trö|del** (kleine Sachen
von wenig Wert)

trö|deln

sich **trol|len**

die **Trom|mel,** die Trommeln

das **Trom|mel|fell**

die **Trom|pe|te,** die Trom-
peten, trompeten

die **Tro|pen** (Gebiete am
→ Äquator, wo es immer
warm oder heiß ist),
tropisch

trop|fen, → w *fließen,*
der Tropfen, tröpfeln

der **Trost,** trösten, tröstlich,
trostlos

der **Trot|tel,** die Trottel
(Dummkopf)

trot|ten (stumpfsinniges
Fortbewegen),
→ w *gehen,* der Trott

trotz (trotz des Regens,
trotz der Kälte)

der **Trotz,** zum Trotz, trotzen,
trotzig

trotz|dem

trüb, trübe, trüben

der **Tru|bel**

tru|deln

trü|gen, der Schein trügt,
trügerisch

die **Tru|he,** die Truhen

die **Trüm|mer**

der **Trumpf,** die Trümpfe

die **Trup|pe,** die Truppen

tschau
(italienisch: ciao)

Tsche|chi|en,
die Tschechen,
tschechisch

tschüss

das **T-Shirt**
[sprich: tieschöhrt],
die T-Shirts

die **Tu|be,** die Tuben

das **Tuch,** die Tücher

tüch|tig, die Tüchtigkeit

die **Tü|cke,** die Tücken,
tückisch

tüf|teln, der Tüftler

die **Tu|gend,** die Tugenden,
tugendhaft

sich **tum|meln**

der **Tu|mor,** die Tumore
(Geschwulst)

der **Tüm|pel,** die Tümpel

der **Tu|mult,** die Tumulte

tun, er t<u>a</u>t, hat get<u>a</u>n,
das Tun

tun|ken, die Tunke

der **Tun|nel,**
die Tunnel/Tunnels

tup|fen, der Tupfer

die **Tür,** die Türen, → *Tür*

der **Tur|ban,** die Turbane

die **Tur|bi|ne,** die Turbinen

der **Tur|bo|mo|tor**

die **Tür|kei,** die Türken,
türkisch

der **Turm,** die Türme,
turmhoch

tur|nen, der Turner

das **Tur|nier,** die Turniere

die **Tu|sche,** die Tuschen

tu|scheln, → **w** *flüstern*

die **Tü|te,** die Tüten

das **TV** (Tele<u>v</u>ision)

der **Typ,** die Typen,
→ **w** *Mann,* typisch

der **Ty|rann,** die Tyrannen
(Gewaltherrscher),
die Tyrannin, tyrannisch,
die Tyrannei

A
B
C
D
E
F
G
H
I
J
K
L
M
N
O
P
Q
R
S
T
U
V
W
X
Y
Z

U u

die **U-Bahn,**
die U-Bahnen (kurz für:
Untergrundbahn)
übel, das Übel,
die Übelkeit
üben, die Übung
über
über|all, überallhin
der **Über|blick,**
die Überblicke
über|drüs|sig
über|ei|nan|der
über|fah|ren → fahren
über|fal|len → fallen,
der Überfall
über|flüs|sig
über|ge|ben → geben
über|hand|neh|men
→ nehmen, es nahm
überhand
über|haupt
über|ho|len,
das Überholmanöver
über|las|sen → lassen
über|le|gen,
→ Ⓦ *überlegen,*
die Überlegung
über|lis|ten
über|mit|teln,
die Übermittlung
über|mor|gen

über|mü|tig
über|nach|ten,
die Übernachtung
über|que|ren,
die Überquerung
über|ra|schen,
die Überraschung
über|re|den,
die Überredung
über|schwäng|lich
Über|see (Länder jenseits
des Ozeans)
über|sicht|lich,
die Übersicht
über|tref|fen → treffen
über|trei|ben → treiben
über|zeu|gen,
die Überzeugung
üb|lich, üblicherweise
das **U-Boot,** die U-Boote
(kurz für: Unterseeboot)
üb|rig (Es wird mir nichts
anderes übrig bleiben /
übrigbleiben, als ...)
üb|ri|gens
die **Übung,** die Übungen
das **Ufer,** die Ufer
die **Uhr,** die Uhren
der **Uhu,** die Uhus
UKW (Ultrakurzwelle)
der **Ulk,** ulkig
das **Ul|ti|ma|tum** (Er
verlangte ultimativ das
Geld bis 1 Uhr zurück.)

A B C D E F G H I J K L M N O P Q R S T U V W X Y Z

der **Ul|tra|schall** (sehr hohe
Töne, die nur manche
Tiere hören können)
ul|tra|vi|o|lett
(→ UV-Strahlen)
um, um acht Uhr
um|brin|gen → bringen,
→ *umbringen*
der **Um|fang,** die Umfänge
die **Um|ge|bung,**
die Umgebungen
um|ge|kehrt
der **Um|hang,** die Umhänge
um|her
um|keh|ren, die Umkehr
die **Um|lei|tung,**
die Umleitungen
der **Um|riss,** die Umrisse
sich **um|schau|en,** → *sehen*
der **Um|schlag,**
die Umschläge
um|so, umso besser
um|sonst
der **Um|stand,** die Umstände,
umständlich
die **Um|welt** (die <u>Welt</u> <u>um</u>
uns herum mit Wasser,
Luft und Erdboden),
der Umweltschutz
um|zie|hen → ziehen,
der Umzug
un|ab|hän|gig
un|an|ge|nehm
un|aus|steh|lich

un|be|dingt
un|be|hol|fen
und
un|ei|gen|nüt|zig
un|end|lich,
die Unendlichkeit
un|ent|gelt|lich (ohne
Entgel<u>t</u>: kostenlos)
un|ent|schie|den
un|ent|wegt (Eine Stunde
lang quasselte sie
unentwegt.)
un|er|hört
un|er|läss|lich (Schlaf ist
für uns unerlässlich.)
un|er|mess|lich
(ein unermesslich
großes Pech)
der **Un|fall,** die Unfälle
der **Un|fug**
un|ge|fähr
das **Un|ge|heu|er,**
die Ungeheuer
un|ge|heu|er|lich
un|ge|niert (Er leckt
ungeniert den Teller ab.)
un|ge|stüm
(ein wilder, ungestümer
Orkan)
das **Un|ge|tüm,**
die Ungetüme
das **Un|ge|zie|fer** (Flöhe,
Läuse, Wanzen usw.)
un|ge|zo|gen

A
B
C
D
E
F
G
H
I
J
K
L
M
N
O
P
Q
R
S
T
U
V
W
X
Y
Z

Un–Uv

das **Un∣glück,** die Unglücke,
   unglücklich
das **Un∣heil,** unheilvoll
die **Uni∣form,** die Uniformen
   (Französisch „uniforme"
   heißt einheitlich.)
die **Uni∣ver∣si∣tät,**
   die Universitäten
das **Uni∣ver∣sum** (→ Weltall)
das **Un∣kraut,** die Unkräuter
   (→ Kraut)
die **UNO** (United Nations
   Organization;
   kurz auch: UN)
das **Un∣recht**
   uns, unser, unsere
die **Un∣schuld,** unschuldig
der **Un∣sinn,** unsinnig
   un∣ten, unter
die **Un∣ter∣bre∣chung,**
   die Unterbrechungen
   un∣ter∣ei∣nan∣der
die **Un∣ter∣füh∣rung,**
   die Unterführungen
der **Un∣ter∣halt** (dauerhaft
   bestimmte Kosten tragen)
sich **un∣ter∣hal∣ten** → halten,
   → w *unterhalten,*
   die Unterhaltung
die **Un∣ter∣kunft,**
   die Unterkünfte
   un∣ter∣rich∣ten,
   → w *unterrichten,*
   der Unterricht

un∣ter∣schei∣den,
er unterschied,
hat unterschieden,
der Unterschied
un∣ter∣stüt∣zen,
die Unterstützung
un∣ter∣su∣chen,
   → w *prüfen,*
die Untersuchung
un∣ter∣wegs
un∣ter∣wei∣sen → weisen,
   → w *unterrichten*
un∣ter∣wer∣fen,
   → werfen, unterwürfig
un∣ver∣schämt,
die Unverschämtheit
un∣ver∣ständ∣lich
das **Un∣wet∣ter,** die Unwetter
   un∣zäh∣lig
die **Ur∣groß∣el∣tern**
der **Urin**
die **Ur∣kun∣de,** die Urkunden
der **Ur∣laub,** die Urlaube
die **Ur∣sa∣che,** die Ursachen
der **Ur∣sprung,** die Ursprünge,
   ursprünglich
das **Ur∣teil,** die Urteile, urteilen
der **Ur∣wald,** die Urwälder
die **USA** (United States of
   America = Vereinigte
   Staaten von Amerika)
die **UV-Strahlen** (gefährliche
   Strahlen des Sonnen-
   lichts, die bräunen)

V v

Wenn man das *V/v* am
Anfang eines Wortes wie
w spricht, steht hier[W].

der **Vam|pir** [W], die Vampire
die **Va|nil|le** [W]
die **Va|se** [W], die Vasen
der **Va|ter,** die Väter,
   väterlich, das Vaterunser
   v. Chr. (vor Christus)
der **Ve|ge|ta|ri|er** [W],
   die Vegetarier
   (Ein Vegetarier isst weder
   Fleisch noch Fisch.),
   die Vegetarierin,
   vegetarisch
die **Ve|ge|ta|ti|on** [W]
   (Pflanzenwelt)
das **Veil|chen,** die Veilchen
die **Ve|ne** [W], die Venen
   (Adern, in denen das Blut
   zum Herzen zurückfließt)
das **Ven|til** [W], die Ventile
der **Ven|ti|la|tor** [W],
   die Ventilatoren
   ver|ach|ten,
   die Verachtung
die **Ve|ran|da** [W],
   die Veranden
   ver|än|dern, veränderlich

ver|an|stal|ten,
   die Veranstaltung
die **Ver|ant|wor|tung,**
   verantwortlich
das **Verb** [W] (Tunwort,
   Zeitwort), die Verben,
   verbal
der **Ver|band,** die Verbände
die **Ver|bes|se|rung,**
   die Verbesserungen,
   verbessern
   ver|bie|ten, sie verbot,
   hat verboten, es ist
   verboten, das Verbot
   ver|bin|den → binden,
   die Verbindung
   ver|blüf|fen,
   verblüfft sein,
   → [W] *wundern*
   ver|brau|chen,
   der Verbrauch
der **Ver|bre|cher,**
   die Verbrecher,
   die Verbrecherin,
   er hat etwas verbrochen
   ver|bren|nen
   → brennen,
   die Verbrennung
der **Ver|dacht,** verdächtigen
   ver|dau|en,
   die Verdauung
   ver|der|ben, es verdirbt,
   es verdarb, ist verdorben,
   das Verderben

A
B
C
D
E
F
G
H
I
J
K
L
M
N
O
P
Q
R
S
T
U
V
W
X
Y
Z

ver|die|nen,
der Verdienst (Geld)
ver|dor|ren (Pflanzen
verdorren in der Hitze.)
ver|drü|cken,
→ **w** *fressen*
ver|duns|ten
ver|dutzt (verblüfft)
der **Ver|ein,** die Vereine,
vereinen
ver|ein|ba|ren,
→ **w** *vereinbaren,*
die Vereinbarung
die **Ver|ei|nig|ten Staa|ten**
von Ame|ri|ka (→ USA)
die **Ver|ein|ten Na|ti|o|nen**
(→ UNO)
ver|ei|teln (verhindern)
ver|er|ben,
die Vererbung
die **Ver|fas|sung** (oberstes
Gesetz, das sagt, wie
das Zusammenleben
funktionieren soll)
ver|flixt
die **Ver|gan|gen|heit**
ver|ge|bens
ver|geb|lich (erfolglos,
umsonst)
ver|ges|sen, sie vergisst,
sie vergaß,
hat vergessen;
Vergiss es!,
vergesslich

ver|geu|den
(verschwenden)
sich **ver|ge|wis|sern** (Ich
vergewissere mich, dass
die Tür geschlossen ist.)
das **Ver|giss|mein|nicht,**
die Vergissmeinnicht
ver|glei|chen, er verglich,
hat verglichen,
der Vergleich
ver|gnügt, vergnügt sein,
→ **w** *freuen,*
das Vergnügen
ver|grö|ßern,
→ **w** *wachsen*
ver|haf|ten,
die Verhaftung
das **Ver|hält|nis,**
die Verhältnisse,
verhältnismäßig
ver|hee|ren (verheerende
Schäden durch Erdbeben)
ver|kau|fen, der Verkauf,
der Verkäufer
der **Ver|kehr**
ver|kehrt
ver|kün|den,
die Verkündung
ver|lan|gen,
das Verlangen
ver|län|gern,
die Verlängerung
ver|let|zen,
die Verletzung

ver|lie|ren, er verlor,
hat verloren, der Verlust
ver|lo|cken (Der See
verlockt zum Baden.)
ver|lo|sen,
die Verlosung
der Ver|lust, die Verluste
ver|mäh|len,
die Vermählung
ver|mis|sen
das Ver|mö|gen,
die Vermögen
ver|mu|ten, → w glauben
die Ver|mu|tung,
die Vermutungen,
→ w Gedanke
ver|neh|men → nehmen,
→ w hören,
die Vernehmung
ver|nich|ten,
die Vernichtung
die Ver|nunft, vernünftig
die Ver|ord|nung,
die Verordnungen
ver|pach|ten (Der Bauer
mäht Gras für sein Vieh
auf einer Wiese,
die er vom Eigentümer
gepachtet hat.)
ver|pa|cken,
die Verpackung
ver|pet|zen
ver|ra|ten → raten,
der Verrat, der Verräter

ver|rie|geln,
→ w schließen
ver|rot|ten (Die Möbel
im Freien sind verrottet.)
ver|rückt, der Verrückte
der Vers, die Verse
ver|säu|men (Er hat den
Unterricht versäumt.),
das Versäumnis
ver|schie|den,
die Verschiedenheit
ver|schlei|ßen,
er verschliss,
hat verschlissen (Wenn
Kleidung verschleißt,
ist sie verschlissen.)
ver|schlin|gen,
er verschlang, hat
verschlungen, → w fressen
ver|schmut|zen
ver|schnau|fen,
→ w ausruhen
ver|schwin|den,
es verschwand,
ist verschwunden,
→ w weggehen
das Ver|se|hen, aus Versehen,
versehentlich
ver|set|zen,
die Versetzung
ver|seu|chen
(verseuchtes Wasser)
die Ver|si|che|rung,
die Versicherungen

sich **ver|söh|nen,**
die Versöhnung
sich **ver|spä|ten,**
die Verspätung
ver|spei|sen, → W essen
der **Ver|stand,**
das Verständnis,
verständlich
ver|ste|hen → stehen,
→ W verstehen
die **Ver|stei|ne|rung,**
die Versteinerungen
(→ Fossil)
ver|stum|men,
→ W schweigen
ver|su|chen, der Versuch
ver|tei|di|gen,
die Verteidigung
ver|ti|kal [W] (senkrecht;
Gegensatz: → horizontal)
der **Ver|trag,** die Verträge
ver|tra|gen → tragen
ver|trei|ben → treiben
ver|tu|schen
(verbergen, verschleiern)
ver|un|glü|cken
ver|wah|ren
ver|wandt,
die Verwandtschaft
der **Ver|weis,** die Verweise
ver|we|sen (Nach ihrem
Tod verwesen Pflanzen,
Tiere und Menschen.
→ Fossil; → verrotten)

ver|wir|ren
(durcheinanderbringen)
die **Ver|wit|te|rung** (Sand-
krümel sind verwitterte
Steine.), verwittern
ver|wöh|nen
ver|zeh|ren, → W essen,
der Verzehr
ver|zeich|nen,
das Verzeichnis
ver|zei|hen, sie verzieh,
hat verziehen,
die Verzeihung
ver|zich|ten,
der Verzicht
die **Ver|zweif|lung,**
verzweifeln
die **Ves|per,** vespern
der **Ve|te|ri|när** [W],
die Veterinäre
(Tierarzt)
das **Ve|to** [W]
(Einspruch: Alle waren
für den Plan, nur eine
legte ihr Veto ein.)
der **Vet|ter,** die Vettern
das **Vi|deo** [W], die Videos
(Das lateinische Wort
„videre" heißt sehen.)
das **Vieh**
viel, vielmals, vielfach,
vielseitig, alle haben
gleich viel
viel|leicht

vier, vierzehn, vierzig,
viereckig, um viertel acht,
drei viertel Kilo,
ein Viertel aller Kinder,
das Viereck,
eine Viertelstunde

die **Vil|la** [W], die Villen,
→ w *Haus*

vi|o|lett [W]

der/das **Vi|rus** [W], die Viren
(Krankheitserreger,
der in Körper eindringt),
der Computer-Virus

die **Vi|si|te** [W], die Visiten

das **Vi|sum** [W], die Visa
(Erlaubnis zum Besuch
eines anderen Staates)

vi|tal [W] (Der Greis ist
noch sehr vital.)

das **Vi|ta|min** [W],
die Vitamine

der **Vo|gel,** die Vögel,
die Vogelscheuche

der **Vo|kal** [W], die Vokale
(Selbstlaut)

das **Volk,** die Völker

voll, vollbringen, völlig,
vollkommen, vollständig

voll|en|den,
die Vollendung

der **Vol|ley|ball** [W],
Volleyball spielen

das **Voll|korn|brot**

die **Voll|wert|kost**

das **Vo|lu|men** [W],
die Volumina, voluminös

vom, vom ersten Tag an

von, von Anfang an

von|ei|nan|der

von vorn|he|rein

vor, vor kurzer Zeit

vo|ran (Wir sind gut
vorangekommen.)

vo|raus

vo|raus|sa|gen

vo|raus|set|zen,
die Voraussetzung

vo|raus|sicht|lich

vor|bei

vor|beu|gen (Vorbeugen
ist besser als Heilen.)

das **Vor|bild,** die Vorbilder,
vorbildlich

vor|ei|lig (Er dachte nicht
nach und fasste einen
voreiligen Entschluss.)

der **Vor|fahr,** die Vorfahren

die **Vor|fahrt**

die **Vor|füh|rung**

der **Vor|gang,** die Vorgänge,
der Vorgänger

vor|ges|tern

vor|ha|ben → haben,
sie hatte etwas vor,
→ w *vorhaben*

vor|han|den

der **Vor|hang,** die Vorhänge

vor|her

vor|hin

vo|ri|ge, vorige Woche

vor|kom|men

→ kommen,

→ w *geschehen*

vor|läu|fig

der **Vor|mit|tag,**
die Vormittage,
vormittags

der **Vor|mund** (Er sorgt für
ein Kind, wenn Eltern das
nicht mehr können.)

vorn, vorn und hinten

vor|nehm

sich **vor|neh|men**

→ nehmen,

→ w *vorhaben*

vorn|he|rein,
von vornherein

der **Vor|rat,** die Vorräte

vor|sätz|lich (mit
Absicht), der Vorsatz

der **Vor|schlag,**
die Vorschläge

vor|schrei|ben

→ schreiben,
die Vorschrift

die **Vor|sicht,** vorsichtig,
vorsichtshalber

der **Vor|sprung**

vor|stel|len,
die Vorstellung

der **Vor|teil,** die Vorteile,
vorteilhaft

der **Vor|trag,** die Vorträge,
einen Vortrag halten

vor|treff|lich (Sie spielt
vortrefflich Klavier und er
ist ein vortrefflicher
Koch.)

vo|rü|ber, vorübergehen,
es ist vorübergehend

vor|wärts

vor|wer|fen → werfen,
der Vorwurf

die **Vor|zeit**

der **Vul|kan** [W], die Vulkane
(Ein Vulkan schleudert
den glühenden Brei
„Magma" aus dem
Inneren der Erde heraus.
Er wird zu Lava-Gestein.)

W w

die **Waa|ge** (mit Waagen
wiegen), waagerecht
die **Wa|be,** die Waben
(der Bienen)
wa|chen, der Wächter,
wach, Wache halten
das **Wachs,** die Wachse
wach|sen, es wächst,
wuchs, ist gewachsen,
→ W *wachsen, das*
Wachstum, der Wuchs
wa|ckeln,
→ W *schwanken,*
wacklig / wackelig
die **Wa|de,** die Waden,
das Wadenbein
die **Waf|fe,** die Waffen
die **Waf|fel,** die Waffeln
wa|gen, das Wagnis,
wagemutig, waghalsig
der **Wa|gen,** die Wagen
der **Wag|gon** / Wa|gon,
die Waggons / Wagons
die **Wahl,** die Wahlen,
wählen, wählerisch,
→ R *Essen*
der **Wahn**
der **Wahn|sinn,** wahnsinnig
wahr, die Wahrheit
wäh|rend,
währenddessen

wahr|schein|lich,
die Wahrscheinlichkeit
die **Wäh|rung,**
die Währungen
die **Wai|se,** die Waisen
(Auch ein Junge ist die
Waise. Kinder ohne beide
Eltern sind Vollwaisen.)
der **Wal,** die Wale
der **Wald,** die Wälder,
waldig
der **Wall,** die Wälle
die **Wal|nuss,** die Walnüsse
das **Wal|ross,** die Walrosse
die **Wal|ze,** die Walzen
(sich) **wäl|zen,** → W *rollen*
der **Wal|zer,** die Walzer
die **Wand,** die Wände
wan|deln, der Wandel
wan|dern,
die Wanderung
die **Wan|ge,** die Wangen
wan|ken, → W *schwanken*
wann, dann und wann
die **Wan|ne,** die Wannen
die **Wan|ze,** die Wanzen
das **Wap|pen,** die Wappen
war, es war einmal
die **Wa|re,** die Waren
wä|re, es wäre schön
wä|ren, wir wären dumm
warm, wärmen,
die Wärme
war|nen, die Warnung

Wa–We

warst, du warst, ihr wart

warĺten, der Wärter,
die Wartung

waĺrum

die **Warĺze,** die Warzen

was; Was ist das?

waĺschen,
er wäscht, er w<u>u</u>sch,
hat gewaschen,
→ w *waschen*

das **Wasĺser,** wasserdicht,
die Wasserleitung

waĺten (Sie watete durch
flaches Wasser.)

watĺscheln

das **Watt**

die **Watĺte**

das **WC,** die WCs
(englisch: <u>w</u>ater <u>c</u>loset)

weĺben, der Weber

wechĺseln, wechselhaft,
wechselwarm

weĺcken, der Wecker

weĺdeln, der Wedel

weĺder, weder kalt noch
warm

weg; Geh weg!

der **Weg,** die Wege,
→ w *Straße*

weĺgen (Wegen d<u>es</u>
Regen<u>s</u> ist besser als
wegen d<u>em</u> Regen.)

wegĺgeĺhen → gehen,
→ w *weggehen*

wegĺnehĺmen → nehmen,
→ w *wegnehmen*

weh, es tut weh

weĺhen, → w *wehen*

sich **wehĺren,** ich wehrte
mich, wehrlos

weibĺlich, das Weib

weich

weiĺchen, sie w<u>i</u>ch,
ist gewichen

die **Weiĺde,** die Weiden

sich **weiĺgern,** ich weigerte
mich, die Weigerung

die **Weiĺhe,** die Weihen,
weihen, einweihen

das **Weihĺnachĺten /**
die Weihĺnacht

weil, weil ich es will

die **Weiĺle,** → w *Zeit*

der **Wein,** die Weine

weiĺnen, → w *weinen*

die **Weiĺse,** Art und Weise

weiĺsen, sie w<u>ie</u>s den
Weg, hat gew<u>ie</u>sen,
die Weisung

die **Weisĺheit,**
die Weisheiten, weise

weisĺmaĺchen (jemandem
Falsches einreden)

weiß, die weiße Fahne
hissen, eine weiße Weste
haben, Weiße und
Schwarze, die Farbe
Weiß, das Weißbrot

der **Weiß|kohl,**
→ **R** *Weißkohl*
weit, weiter, die Weite,
ohne weiteres / Weiteres,
alles Weitere,
weitsichtig
der **Wei|zen** (Getreideart)
wel|che (welche Katze)
wel|cher (welcher Kater)
wel|ken, welk
die **Wel|le,** die Wellen,
wellig
der **Wel|len|sit|tich,**
die Wellensittiche
der **Wel|pe,** die Welpen
(Hundekind)
die **Welt,** die Welten,
weltweit
das **Welt|all**
(Merkmale:
unvorstellbar groß,
fast leer, totenstill,
stockfinster, kälter als
kalt)
der **Welt|raum** (→ Weltall)
wem; Wem vertraust du?
wen; Wen siehst du?
(sich) **wen|den,** sie wendete /
wandte sich, hat sich
gewendet / gewandt,
die Wendung
we|nig, wenigstens
wenn, wenn du kommst
wer; Wer war das?

wer|ben, sie wirbt,
er warb, hat geworben
die **Wer|bung**
wer|den, es wird,
es wurde, ist geworden
wer|fen, sie wirft,
sie warf, hat geworfen;
Wirf!, → **w** *werfen*
die **Werft,** die Werften
(Anlage für Schiffbau)
das **Werk,** die Werke,
werken, die Werkstatt,
das Werkzeug
wert, viel wert sein
der **Wert,** die Werte,
wertvoll, wertlos
das **We|sen,** die Wesen
we|sent|lich
die **We|ser** (großer Strom)
wes|halb
die **Wes|pe,** die Wespen
wes|sen
der **Wes|ten,** westlich
West|fa|len
(große deutsche
Volksgruppe und Region
in Nordrhein-Westfalen),
die Westfalen,
westfälisch
wes|we|gen
der **Wett|be|werb,**
die Wettbewerbe
wet|ten, die Wette,
der Wettkampf

das **Wet|ter** (Sonnenschein,
Wind, Regen, Wolken
Temperatur und Luft-
druck wirken beim
Wetter zusammen.
→ Klima)
wich|tig
wi|ckeln, die Wicklung,
der Wickel
wi|der (= gegen),
erwidern, widerlegen,
widerrufen,
widersprechen,
der Widerstand,
der Widerwille,
die Widerworte,
widerlich, widersinnig,
widerwillig, wider Willen
wi|der|fah|ren
→ fahren, (geschehen)
wid|men, die Widmung
wie, wie ich und du
wie|der (noch einmal)
wie|der|ho|len,
die Wiederholung
das **Wie|der|se|hen,**
auf Wiedersehen
die **Wie|ge,** die Wiegen
wie|gen, sie wiegt,
sie wog, hat gewogen
die **Wie|se,** die Wiesen
das **Wie|sel,** die Wiesel
wie|so
wie viel, wie viele

wild (Eine wilde Katze
wildert in der Wildnis.),
wildfremd
das **Wild** (Tiere, die von
Jägern gejagt werden)
der **Wil|le,** ich tue es wider
Willen, um Himmels
willen, um meinetwillen
wil|lig
will|kom|men
will|kür|lich (nicht
gerecht), die Willkür
wim|meln,
das Gewimmel
wim|mern
der **Wim|pel,** die Wimpel
die **Wim|per,** die Wimpern
der **Wind,** die Winde,
windig, windstill,
die Windenergie
die **Win|del,** die Windeln
win|den, er wand, hat
gewunden, die Windung
die **Wind|po|cken**
(Wer diese ansteckende
Krankheit hatte,
ist dagegen → immun.)
der **Win|kel,** die Winkel
win|ken, sie winkte,
hat gewinkt / gewunken,
→ w *winken*
win|seln
der **Win|ter,** die Winter,
der Winterschlaf

der **Win|zer,** die Winzer
(Weinbauer), die Winzerin
win|zig, → *klein*
der **Wip|fel** (oberer Teil der
Baumkrone)
wip|pen, die Wippe
wir
der **Wir|bel,** die Wirbel,
die Wirbelsäule
wird (von werden),
es wird gut
wir|ken, die Wirkung,
wirksam
wirk|lich,
die Wirklichkeit
wirr, der Wirrwarr
der **Wirt,** die Wirte,
die Wirtin
die **Wirt|schaft**
(Zur Wirtschaft gehören
die Herstellung von
Waren, ihre Verteilung
durch Kaufen und
Verkaufen und Geld.)
wi|schen, → *waschen,*
der Wischer
wis|pern
wis|sen, sie weiß,
er wusste, hat gewusst,
das Wissen,
die Wissenschaft
die **Wit|te|rung**
die **Wit|we,** die Witwen
der **Wit|wer,** die Witwer

der **Witz,** die Witze, witzig
wo, wo wir leben
die **Wo|che,** wochenlang,
wöchentlich
wo|für
die **Wo|ge,** die Wogen
wo|her, wohin
wohl, das Wohl,
der Wohlstand,
wohlfühlen
woh|nen, die Wohnung
wöl|ben, die Wölbung
der **Wolf,** die Wölfe
die **Wol|ke,** die Wolken
die **Wol|le**
wol|len, sie will,
sie wollte, hat gewollt,
→ *vorhaben*
wo|mit
wo|ran, worauf
das **Wort,** die Wörter / Worte,
wortlos, wortkarg
wört|lich, wörtliche Rede
wo|rü|ber, worum
wo|von, wovor
wo|zu
das **Wrack,** die Wracks
(altes oder zerstörtes
Schiff, Auto oder
Flugzeug)
wrin|gen, sie wringt, sie
wrang, hat gewrungen
(nasse Tücher zu einer
Wurst drehen)

A
B
C
D
E
F
G
H
I
J
K
L
M
N
O
P
Q
R
S
T
U
V
W
X
Y
Z

der **Wu।cher,** wuchern
die **Wucht,** wuchtig
wüh।len, die Wühlmaus
wund, wund sein,
die Wunde
das **Wun।der,** die Wunder
wun।der।bar,
→ w *schön*
sich **wun।dern,**
→ w *wundern*
der **Wunsch,** die Wünsche
wün।schen
wür।de, ich würde gern
die **Wür।de**
der **Wurf,** die Würfe
der **Wür।fel,** die Würfel,
würfeln
wür।gen
der **Wurm,** die Würmer
die **Wurst,** die Würste
Würt।tem।berg (Teil von
Baden-Württemberg),
die Württemberger,
württembergisch
die **Wür।ze,** die Würzen,
würzen, würzig
die **Wur।zel,** die Wurzeln
der **Wu।schel।kopf,**
→ w *Haar*
die **Wüs।te,** die Wüsten
die **Wut,** wütend

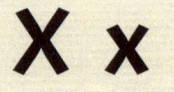

x-be।lie।big
x-mal
das **Xy।lo।fon** / Xy।lo।phon,
die Xylofone / Xylophone

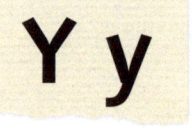

die **Yacht,** die Yachten
das **Yp।si।lon**

Z z

die **Za|cke**/der Zacken,
   die Zacken, zackig
   zag|haft
   zäh, die Zähigkeit,
   zähflüssig
die **Zahl,** die Zahlen
   zah|len, die Zahlung
   zäh|len, der Zähler,
   zahlreich, zahllos
   zahm, die Zähmung
der **Zahn,** die Zähne,
   die Zahnschmerzen
die **Zan|ge,** die Zangen
   zan|ken, der Zank
der **Zap|fen,** die Zapfen,
   das Zäpfchen, zapfen
   zap|peln,
   der Zappelphilipp
   zart, zärtlich
   zau|bern, der Zauberer
   zau|dern (zögern)
der **Zaun,** die Zäune
   z. B. (zum Beispiel)
das **Ze|bra,** die Zebras
die **Ze|che,** die Zechen
die **Ze|cke,** die Zecken
die **Ze|he**/der Zeh, die Zehen
   zehn, ein Zehntel
das **Zei|chen,** die Zeichen
   zeich|nen, die Zeichnung

   zei|gen, der Zeiger
die **Zei|le,** die Zeilen
die **Zeit,** die Zeiten,
   → **w** *Zeit*, eine Zeit lang /
   Zeitlang, jederzeit,
   zurzeit ist Winter,
   zur Zeit unserer Eltern,
   nach einiger Zeit
die **Zeit|schrift,**
   die Zeitschriften
die **Zei|tung,** die Zeitungen
die **Zel|le,** die Zellen
das **Zelt,** die Zelte
der **Ze|ment,** zementieren
die **Zen|sur,** die Zensuren,
   zensieren
$\frac{der}{das}$ **Zen|ti|me|ter,**
   die Zentimeter (cm)
der **Zent|ner,** die Zentner
   zen|tral, die Zentrale
das **Zen|trum,** die Zentren
der **Zep|pe|lin,** die Zeppeline
   (Luftschiff)
   zer|bre|chen → brechen
   zer|knirscht (Sie war
   zerknirscht, weil sie
   wieder zu spät kam.)
   zer|rei|ßen → reißen
   zer|ren, → **w** *ziehen,*
   die Zerrung
   zer|stö|ren,
   die Zerstörung
   zer|streut
   (unaufmerksam)

A B C D E F G H I J K L M N O P Q R S T U V W X Y Z

Ze – Zi

ze|tern (laut jammern)
der Zet|tel, die Zettel
das Zeug
der Zeu|ge, die Zeugen
(Ein Zeuge bezeugt,
was er erlebt hat.),
die Zeugin
zeu|gen, die Zeugung
(Ein Lebewesen wird
gezeugt.)
zeu|gen (Seine Tat zeugt
von viel Mut.)
das Zeug|nis, die Zeugnisse
der Zick|zack,
im Zickzack laufen
die Zie|ge, die Ziegen,
→ R Ziege
der Zie|gel, die Ziegel
der Zie|gen|pe|ter
(→ Mumps)
zie|hen, sie zog, hat
gezogen, → w ziehen,
die Ziehung
das Ziel, die Ziele, zielen
ziem|lich
die Zier, die Zierde
sich zie|ren (Er möchte das
Geschenk annehmen,
aber er ziert sich noch.)
zier|lich (von kleiner und
feiner Gestalt)
die Zif|fer, die Ziffern
zig, zigmal,
zigtausend / Zigtausend

die Zi|ga|ret|te,
die Zigaretten
die Zi|gar|re, die Zigarren
das Zim|mer, die Zimmer
der Zim|mer|mann
(Zimmerleute zimmern
ein Dachgerüst.)
zim|per|lich (Stell dich
nicht so zimperlich an!)
der Zimt
das Zink (besonderes Metall)
das Zinn (sehr weiches
Schwermetall)
der Zins, die Zinsen
(Wer sich Geld leiht,
muss es mit
zusätzlichen Zinsen
zurückzahlen.)
der Zip|fel, die Zipfel
zir|ka (ca. = ungefähr)
der Zir|kel, die Zirkel
der Zir|kus, die Zirkusse
zir|pen (Grillen zirpten.)
zi|schen, → w flüstern
das Zi|tat, die Zitate
(Erich Kästner wird
oft zitiert: „Es gibt
nichts Gutes –
außer: man tut es!")
die Zi|tro|ne, die Zitronen
zit|tern, → w zittern
die Zit|ze, die Zitzen
(Brustwarze bei
weiblichen → Säugetieren)

die **Zi|vil|cou|ra|ge**
[sprich: ziwilkura~~sche~~],
(Mut von Menschen,
bei Unrecht einzugreifen)

die **Zi|vi|li|sa|ti|on** (unser
Alltagsleben, das durch
Technik und Forschung
verändert und oft besser
wurde)

der **Zi|vi|list,** die Zivilisten
(Gegensatz: Soldat),
die Zivilistin, zivil

der **Zoff**

zö|gern

der **Zoll,** die Zölle (Mit Zoll
werden Waren teurer
gemacht, die vom
Ausland zu uns kommen.
Nur zwischen Ländern der
→ Europäischen Union
gibt es keinen Zoll.)

die **Zo|ne,** die Zonen

der **Zoo,** die Zoos,
der zoologische Garten

die **Zoo|lo|gie** (Tierkunde)

$\frac{der}{das}$ **Zoom** [sprich: dsuum],
(Verkleinerung und
Vergrößerung, z. B. mit
der Kamera), zoomen

der **Zopf,** die Zöpfe

der **Zorn,** zornig

zu, zu viel, zu wenig

zu|al|ler|erst

zu|al|ler|letzt

das **Zu|be|hör**

die **Zuc|chi|ni** [sprich:
zuckini], die Zucchini

die **Zucht** (Züchten heißt:
Der Mensch lässt nur
solche Tiere und Pflanzen
Nachkommen kriegen,
die er dafür ausgesucht
hat.), züchten,
der Züchter

zu|cken, → w *zittern*

der **Zu|cker,** zuckern,
zuckersüß

zu|ei|nan|der

zu En|de

zu|erst

der **Zu|fall,** die Zufälle,
zufällig

zu|frie|den,
die Zufriedenheit

der **Zug,** die Züge

zu|ge|ben → geben,
→ w *zugeben*

der **Zü|gel,** die Zügel, zügeln

zü|gig (Die Arbeit wird
ohne Pause zügig
erledigt.)

zu|gleich

zu|gu|cken,
→ w *zusehen*

zu|guns|ten / zu Gun|sten
(Der Verkäufer verrechnet
sich zugunsten /
zu Gunsten des Käufers.)

Zu – Zu

zu|gu|te (Der Irrtum kommt mir zugute.)

der **Zug|vo|gel,** die Zugvögel

zu|hau|se/zu Hau|se, zuhause/zu Hause sein, ich liebe mein Zuhause

zu|hö|ren, → w *zuhören*

zu|klap|pen, → w *schließen*

die **Zu|kunft,** zukünftig

zu|läs|sig (erlaubt)

zu|letzt

zu|lie|be, mir zuliebe

zum (zu dem Auto)

zu|meist (meistens)

zu|min|dest (mindestens)

zu|mu|te/zu Mu|te, zumute/zu Mute sein

die **Zu|mu|tung** (Kaugummi auf der Straße ist eine Zumutung für die Reinigungsleute.), zumuten, zumutbar

zu|nächst

der **Zu|na|me,** die Zunamen (Vorname: Hans, Zuname: Meier)

zün|den, die Zündung, die Zündkerze

die **Zun|ge,** die Zungen

zün|geln (Die Schlange züngelt.)

zu|nich|te (Seine Erkrankung machte alle Reisepläne zunichte.)

zu|nut|ze/zu Nut|ze (Er macht sich Sonderpreise zunutze/ zu Nutze.)

zup|fen

zur (zu der Oma)

zu|rück, zurückkommen

zur|zeit (zurzeit verreist)

zu|sam|men, zusammenkneifen, → w *drücken*

zu|sätz|lich, der Zusatz

zu|schau|en, → w *zusehen*

zu|schul|den/ zu Schul|den (Sie lässt sich nichts zuschulden/ zu Schulden kommen.)

zu|se|hen → sehen, → w *zusehen*

der **Zu|stand,** die Zustände

zu|stan|de/zu Stan|de, zustande/zu Stande bringen, → w *gelingen*

zu|stim|men, → w *zustimmen,* die Zustimmung

zu|ta|ge/zu Ta|ge (Taut der Schnee, kommen Frostschäden zutage/ zu Tage.)

zu|tiefst (Wegen der Fünf war er zutiefst niedergeschlagen.)

zu|trau|lich (Der fremde Hund war zutraulich.)

zu|ver|läs|sig

zu|ver|sicht|lich

zu viel

zu we|nig

zu|wi|der (Erbrochenes ist mir zuwider.)

zu|züg|lich (Der PC kostet 300 € zuzüglich Versandkosten.)

der **Zwang,** die Zwänge, zwanglos, zwangsläufig

zwan|zig

zwar

der **Zweck,** die Zwecke, zwecklos, zweckmäßig

zwei, zweimal, zweitens, zweihundert, zu zweit / zu zweien, zweistimmig

der **Zwei|fel,** die Zweifel, zweifeln, zweifellos

der **Zweig,** die Zweige

der **Zwei|te Welt|krieg**

der **Zwerg,** die Zwerge

die **Zwet|sche** / Zwetsch|ge, die Zwetschen / Zwetschgen

zwi|cken

der **Zwie|back,** die Zwiebäcke (zwiefach gebacken = zweifach gebacken)

die **Zwie|bel,** die Zwiebeln

der **Zwie|spalt** (Ich bin im Zwiespalt: Soll ich oder soll ich nicht?)

die **Zwie|tracht** (Gegensatz zu → Eintracht)

die **Zwil|le,** die Zwillen, → **R** *Zwille*

der **Zwil|ling,** die Zwillinge

zwin|gen, sie zwingt, sie zwang, hat gezwungen, der Zwang

der **Zwin|ger,** die Zwinger (Tierkäfig)

zwin|kern, → **W** *sehen*

der **Zwirn,** die Zwirne

zwi|schen, der Zwischenfall, zwischendurch

zwit|schern

zwölf

der **Zy|lin|der,** die Zylinder

4. Sprachschätze 212

Die wichtigsten Wortfelder

In diesem Kapitel könnt ihr treffende Wörter finden.
Dazu findet ihr Sätze und Text von Leuten, die etwas
vom Schreiben verstehen – nämlich Schriftsteller.
Die Sätze sind aus ihren Büchern.
Es sind:

Kirsten Boie: *Ich ganz cool*
Verlag Friedrich Oetinger, Hamburg 2001

Achim Bröger: *Pizza und Oskar gehen zur Schule*
Arena Verlag, Würzburg 1995

Cornelia Funke: *Zottelkralle*
Cecilie Dressler Verlag, Hamburg 2005

Peter Härtling: *Oma*
Beltz & Gelberg in der Verlagsgruppe Beltz, Weinheim & Basel 1992

Erich Kästner: *Emil und die Detektive*
Cecilie Dressler Verlag, Hamburg 2002

Ellis Kaut: *Meister Eder und sein Pumuckl*
Rowohlt Verlag, Reinbek 1997

Klaus Kordon: *Paula Kussmaul und Kater Knutschfleck*
Beltz & Gelberg in der Verlagsgruppe Beltz, Weinheim & Basel 2003

James Krüss: *Mein Urgroßvater und ich*
Ravensburger Buchverlag Otto Maier, Ravensburg 1987

Paul Maar: *Eine Woche voller Samstage*
Verlag Friedrich Oetinger, Hamburg 1986

Christine Nöstlinger: *Wir pfeifen auf den Gurkenkönig*
Rowohlt Verlag, Reinbek 1987

Mirjam Pressler: *Wenn das Glück kommt ...*
Beltz & Gelberg in der Verlagsgruppe Beltz, Weinheim & Basel 1995

Otfried Preußler: *Die kleine Hexe*
Thienemann Verlag, Stuttgart 1999

Ursula Wölfel: *Fliegender Stern*
Ravensburger Buchverlag Otto Maier, Ravensburg 1996

■ Angst haben

Angst haben Ich hätte Angst vor Wölfen. (Pressler)

fürchten Was machst denn du in dieser Gegend, Gamsbock Wastl? Du fürchtest doch die Menschen. (Krüss)

in Sorge sein Mein Bruder und seine Frau sind in großer Sorge. (Preussler)

■ angucken → W *sehen,* → W *zusehen*

angucken Kalle guckte sie erstaunt an. (Härtling)

beobachten Die Krabbeltiere eilten herbei, um den Tausendfüßler zu beobachten. (Krüss)

besichtigen Wir haben keine Lust, uns besichtigen zu lassen. (Nöstlinger)

■ anhalten/halten

bremsen Der zweite Wagen hatte rechtzeitig gebremst und wartete … (Kästner)

halten Die Autos hielten. (Bröger)

stoppen Da stoppten zwei Polizeiautos. (Maar)

■ ankommen

auftauchen Kallis Mutter tauchte samt Speer in der Haustür auf. (Funke)

eintreffen Wartet, bis Gustav eintrifft. (Kästner)

kommen Nach einer Weile kam seine Straßenbahn. (Maar)

Die wichtigsten Wortfelder

■ antworten

antworten	Keine sagt etwas. Was soll man auf diese blöde Bemerkung auch antworten? (Pressler)
entgegnen	Abraxas entgegnete: „Muss das sein?" (Preußler)
erwidern	„Was essen Samse?" „Alles, Papa, alles", erwiderte das Sams. (Maar)

■ arbeiten

sich **abmühen**	Ich mühte mich eine ganze Stunde lang ab. (Krüss)
arbeiten	Sie hat zwei Wochen nicht arbeiten können, weil sie Grippe hatte. (Pressler)
schuften	Seine Mutter hatte monatelang geschuftet, um das Geld zu sparen. (Kästner)

■ ausruhen → W *schlafen*

ausruhen	Natürlich habe ich mich den ganzen Vormittag ausgeruht. (Pressler)
Beine ausstrecken	Die kleine Hexe setzte sich auf den Gipfel und streckte die Beine aus. (Preußler)
verschnaufen	„Der Korb ist so schwer, und ich muss mich ein wenig verschnaufen." (Preußler)

■ befehlen

befehlen	„Gib das Buch her, Max", befahl der Lehrer. (Kaut)
bestimmen	„Entweder du bleibst im Zimmer, oder du gehst spielen", bestimmte Herr Taschenbier. (Maar)
kommandieren	„Nach links!", kommandierte Abraxas. (Preußler)

■ **beginnen**

anfangen Wir hätten lieber gar nicht damit anfangen sollen. (Pressler)

beginnen Er begann sich zu langweilen. (Funke)

starten Sie würden gleich danach eine neue Suchaktion starten. (Kordon)

■ **bekommen**

bekommen Er bekam einen prächtigen Dolch mit Edelsteinen. (Krüss)

erhalten Kapitän Rickmers erhielt viele Orden und Plaketten. (Krüss)

kriegen Da habe ich einen Heidenschreck gekriegt. (Nöstlinger)

Iss deinen Teller leer, sonst kriegst du keine rote Grütze! (Krüss)

■ **berichten**

ausrichten Ich fliege sofort zu Kräxens und richte es ihnen aus. (Preußler)

benachrichtigen Man muss den Zoo benachrichtigen. Sicher ist das Tier dort ausgebrochen. (Maar)

berichten … als er ihnen von seinen Abenteuern im Menschenhaus berichtet hatte. (Funke)

■ das **Bett**

das Bett Mit einem Satz sprang Zottelkralle in Kallis Bett und zog sich die Decke über die Nase. (Funke)

die Hängematte Sie wiegten sich in den Hängematten. (Krüss)

die Koje Er verbrachte die letzte Nacht in seiner Koje. (Krüss)

■ bitten

beschwören „Bitte, sei doch still", beschwor
Herr Taschenbier das Sams. (Maar)

betteln Früher habe ich auch manchmal gebettelt,
wenn ich Hunger hatte. (Pressler)

bitten Er hat mich gebeten, ich soll ihm die Schaukel
im Nussbaum aufhängen. (Nöstlinger)

■ dick

dick Der nächste ist ein Mann mit einem dicken
Bauch und Doppelkinn. (Pressler)

fett Tante Lous Spruch von der fetten Gans.
(Pressler)

prall Ach, sein Bauch fühlte sich wunderbar an.
Ganz prall und rund. (Funke)

■ drücken

drücken Ich drücke das Gesicht in meine Tagesdecke.
(Pressler)

pressen Der Mann presste seine Hand. (Härtling)

zusammen- Er kniff die Augen zusammen.
kneifen (Krüss)

■ empfinden

empfinden Sie empfanden sich als erwachsene Männer.
(Wölfel)

fühlen Er hat sich komisch angefühlt –
wie roher Hefeteig. (Nöstlinger)

spüren Er spürt Hitze und Kälte. (Kaut)

■ **entwischen** → W *gehen*, → W *weggehen*

durchbrennen	Zwei von uns passen auf, dass der Kerl nicht durchbrennt. (Kästner)
durch die Lappen gehen	Wenn der Kerl uns durch die Lappen geht, seid ihr schuld. (Kästner)
entwischen	Wenn wir den entwischen lassen, nennen wir uns alle nur noch Moritz. (Kästner)

■ **essen** → W *fressen*

essen	Du wirst Eis kriegen, und ihr geht in ein Restaurant essen. (Pressler)
frühstücken	Schließlich fanden sie den Kriminalwachtmeister Lurje. Der frühstückte gerade. (Kästner)
speisen	Wir taten ihr die Ehre an, schweigend und mit Andacht zu speisen. (Krüss)

■ das **Essen**

das **Essen**	Sie steht vor mir, das Tablett mit meinem Essen in der Hand. (Pressler)
das **Futter**	Wenn Rehe und Hasen unter der weißen Schneedecke nach Futter suchen … (Krüss)
die **Mahlzeit**	Der Sekretär hieß Nikolaus Pfeffer, weil er alle Mahlzeiten sehr kräftig würzte. (Krüss)

■ **fallen**

fallen	„Aber machen Sie den Mund zu, und bitte nicht vom Stuhl fallen." (Bröger)
purzeln	Er griff nach der Kegelkugel. „Passt auf, wie sie purzeln werden!" (Preußler)
stürzen	Ich stolpere über ihre Beine und stürze. (Pressler)

Die wichtigsten Wortfelder

■ finden

entdecken	Nicht die kleinste Öffnung ließ sich entdecken. (Krüss)
finden	Ich finde einfach das Schloss nicht. (Kaut)
herauskriegen	Das wissen wir noch nicht. Aber wir kriegen's schon raus. (Kästner)

■ fliegen

flattern	Er spreizte die Flügel und flatterte ihr entgegen. (Preußler)
fliegen	Oft fliegen Schmetterlinge um sie herum. (Pressler)
schweben	Die kleine Hexe gab dem Besen eins auf den Stiel – und sie schwebten gemächlich dem Wald zu. (Preußler)

■ fließen

fließen	Die Tinte fließt über den Tisch und tropft auf den Boden. (Pressler)
rinnen	Ich berühre das Warme, das mir über die Backe rinnt. (Pressler)
tropfen	… der Schweiß tropft in den Sand. (Boie)

■ flüstern → W *sprechen*

flüstern	Dann haben wir geflüstert, damit uns der Gurkinger nicht hören kann. (Nöstlinger)
tuscheln	Wenn Katja und Jenny so miteinander tuschelten, wünschten sie keine Zuhörerin. (Kordon)
zischen	„Ich werde ihr einen Schweinsrüssel anhexen", zischte die Hexe. (Preußler)

■ fragen

sich erkundigen	Ich habe mich erkundigt, wie der Ausflug war. (Nöstlinger)
fragen	„Wie war eigentlich mein Gedicht?", fragte das Sams. (Maar)
wissen wollen	„Was hast du denn?", wollte der andere Junge wissen. (Kaut)

■ die **Frau**

die **Dame**	Eines Tages lustwandelte eine Dame in dieser Gegend. (Krüss)
die **Frau**	Was soll man von einem Lehrer lernen, der nicht einmal weiß, ob er ein Mann oder eine Frau ist? (Maar)
die **Tante**	Übrigens ist Tante Lous kleine Schwester später meine Mutter geworden. (Pressler)

■ **fressen** → W *essen*

fressen	Da hatte ihm das Sams schon den Kragen von der Jacke gefressen. (Maar)
verdrücken	Schnell stopfte ich mir den ganzen Honigkuchen in den Mund und verdrückte ihn, so rasch es ging. (Krüss)
verschlingen	Das kleine Wesen sperrte das Maul auf, dass man meinte, es wolle einen ganzen Laib Brot auf einmal verschlingen. (Maar)

Die wichtigsten Wortfelder

■ sich **freuen**

sich **freuen**	Meister Eder freute sich selbst an der gut gelungenen Arbeit. (Kaut)
gefallen	Der Einzige, dem das Gerülpse und Gestinke offenbar gefiel. (Funke)
vergnügt sein	Vergnügt vor sich hin pfeifend kam er herangeschlendert. (Preußler)

■ **geben**

aushändigen	Emil bat, sie möge ihm, bitte, Koffer und Blumen aushändigen. (Kästner)
geben	Die Mama hat mir Geld gegeben. (Nöstlinger)
reichen	Herr Taschenbier brachte ein Handtuch und reichte es ihr. (Maar)

■ der **Gedanke**

der **Einfall**	Da hatte der Dieb einen Einfall. (Kästner)
der **Gedanke**	Mit einem Mal war ihm ein Gedanke gekommen. (Maar)
die **Idee**	Gute Idee. Kommt mit! (Bröger)

■ **gehen** → W *rennen*, → W *weggehen*

drängeln	Alle drängelten aus dem Klassenraum. (Bröger)
gehen	Damit setzte er das Sams in den Vorgarten hinter einen dichten Busch und ging zum Haus. (Maar)
treten	Sie trat an den Wagen und griff nach der Peitsche. (Preußler)

■ gehen (langsam)

schlendern Laut und vergnügt vor sich hin pfeifend kam er herangeschlendert. (Preußler)

spazieren Sie spazierten nebeneinander den Gehsteig hinunter. (Bröger)

trotten Kalli trottete mit dem Korb hinter Zottelkralle her. (Funke)

■ gehorchen

befolgen Selbstverständlich werde ich deinen Rat befolgen. (Preußler)

gehorchen Das war das erste Mal überhaupt, dass keiner von uns Papas Befehl gehorcht hat. (Nöstlinger)

parieren „Los, hopp, hopp!" Ich hielt es für geraten, gleich zu parieren. (Krüss)

■ gelingen

gelingen Es ist uns nicht gelungen, den Papa auf vernünftige Weise zu überreden. (Nöstlinger)

glücken Die Feuerwehr holte die beiden herunter. Das glückte nur, weil die Hexe sie wieder losgehext hatte. (Preußler)

klappen Es klappte mit ihrer Hexerei wie am Schnürchen. (Preußler)

■ genau

deutlich Ihr blaues Auge ist sogar auf diese Entfernung deutlich zu sehen. (Pressler)

genau Worauf er wartete? Das wusste Herr Taschenbier selber nicht genau. (Maar)

richtig ... obwohl sie sich nicht mehr richtig erinnern konnte. (Pressler)

223

■ Geräusche

→ S. 245

■ geschehen

geschehen	Alles, was geschieht, kommt in die Zeitung. (Kästner)
passieren	Diese Geschichte ist vor mehr als hundert Jahren passiert. (Krüss)
vorkommen	Er machte Scherze, was früher nie vorgekommen war. (Krüss)

■ glauben → W *überlegen*

glauben	„Hoffentlich gefällt es dir." „Ich glaube schon", sagte der kleine Elefant. (Bröger)
meinen	Andreas meinte, dass er die Neugier der Neapolitaner errege. (Krüss)
vermuten	Der Boy vermutete, der Dieb wohne auf Zimmer 61. (Kästner)

■ groß

gewaltig	Da sprang er mit einem gewaltigen Satz aus dem Papierkorb … (Kaut)
groß	Jetzt bewegte der Elefant seine zwei großen Ohren. (Bröger)
riesig	… ein riesiger Mund, so groß, dass man fast Maul sagen musste. (Maar)

■ **gut**

gut Es ist gut, dass die Geschichte nun zu Ende ist. (Nöstlinger)

klasse Ich finde es klasse, dass du's gesagt hast. (Pressler)

prima Das hast du prima hingekriegt. (Pressler)

■ das **Haar**

das Haar Sie war ganz nass. Die Haare haben ihr im Gesicht geklebt. (Nöstlinger)

die Locke Helga schüttelte ihre rotblonden Locken. (Krüss)

der Wuschelkopf Sie fuhr ihm mit einem Finger über den Wuschelkopf. (Kaut)

■ die **Hand**

die Hand Das Schularbeitsheft hat er in der Hand gehalten und damit herumgefuchtelt. (Nöstlinger)

die Pfote Das kalte weiße Zeug, das an den Pfoten so merkwürdig prickelte. (Krüss)

die Pranke Er legte seine magere Hand in die mächtige Pranke des Pastors. (Krüss)

■ **hängen** → W *schwanken*

baumeln Vergnügt ließ die kleine Hexe die Beine baumeln. (Preußler)

hängen Sie sieht schlecht, weil ihr die Stirnfransen über die Augen hängen. (Nöstlinger)

pendeln Er setzte sich und pendelte mit seinen dünnen Beinen. (Kaut)

W

R

G

V

RS

Die wichtigsten Wortfelder

■ hart

hart Ich habe auf dem harten Gepäckträger gesessen. (Pressler)

starr Kalli, der immer noch stumm und starr im klebrigen Honig saß. (Funke)

steif Pumuckl setzte sich so steif hin, als wäre er aus Holz. (Kaut)

■ das **Haus**

das Haus Schließlich standen sie vor dem Haus, in dem Pizza wohnte. (Bröger)

der Kiosk Emil entdeckte an der Ecke einen Zeitungskiosk. (Kästner)

die Villa … Villen mit bunten Gärten. (Kästner)

■ **Häuser auf dem Bauernhof**

die Scheune … wie die Bauern und ihre Knechte in den Scheunen das Korn droschen. (Preußler)

der Schuppen Gleich rechts findest du seinen offenen Schuppen, in dem Heu liegt. (Krüss)

der Stall Die Kühe sind unten im Dorf in den Ställen. (Krüss)

■ hören

horchen Ich stehe auf und horche an der Tür. (Pressler)

hören „Ah – wumm!", hörten sie. (Bröger)

vernehmen Auf einmal vernahmen sie Kinderstimmen. (Preußler)

■ husten

hüsteln Der Opa hat in sein Taschentuch gehüstelt, damit man nicht merkt, wie er grinst. (Nöstlinger)

husten Sägemehl flog hoch, sodass Pumuckl husten musste. (Kaut)

sich **räuspern** Mein Urgroßvater räusperte sich und sagte dann das Gedicht auf. (Krüss)

■ der **Junge**

der **Bengel** Da kamen die sieben Bengel mit lautem Geschrei aus dem Wald gelaufen. (Preussler)

der **Junge** Oskar sah einen großen Jungen, mindestens aus der vierten Klasse. (Bröger)

der **Knabe** Er holte aus seiner Tasche Schokolade und hielt sie dem Knaben hin. (Kästner)

■ klein

klein Niki ist unser kleiner Bruder. (Nöstlinger)

kurz Wir können sein Fell ganz kurz schneiden! (Funke)

winzig Das Dach hat zwei winzige Klappfensterchen. (Pressler)

■ kochen

backen Sie hat gleich gestern Apfelkuchen gebacken. (Kästner)

braten Die hatte noch nie gesehen, wie man Geflügel brät. (Kästner)

kochen Emil kochte in der Küche für sie und sich. (Kästner)

Die wichtigsten Wortfelder

W

■ lachen

kichern   Sie kicherte: „Weil es mir Spaß macht! Hihi!" (Preußler)

lächeln   Sie lächelte zu ihm hinauf. (Bröger)

strahlen   „Na, was sagst du nun?", fragte Gustav und strahlte übers ganze Gesicht. (Kästner)

■ läuten

läuten   Die nächste Strophe wurde nicht mehr gelesen, weil die Schulglocke zur Pause läutete. (Kaut)

klingeln   Emil stieg in die dritte Etage und klingelte bei Heimbolds. (Kästner)

schellen   Die Glocke schellte. (Härtling)

■ lernen

lernen   Mama hat mir versprochen, dass sie mit mir Mathe lernen wird. (Nöstlinger)

sich merken   Die Seen in Bayern wird man sich doch merken können! (Kaut)

studieren   Seite für Seite muss er das Hexenbuch durchstudieren. (Preußler)

■ leuchten

glitzern   Mitten in einem Haufen Sägespäne sah sie etwas glitzern. (Kaut)

leuchten   Ich leuchtete die Wände mit der Taschenlampe ab. (Nöstlinger)

schimmern   … dass aus der aufgeplatzten Schale weißes Fruchtfleisch hervorschimmerte … (Krüss)

■ das **Loch**

die Höhle   Alle Kinder, die in den Höhlen des Waldes wohnten … (Krüss)

das Loch   Dort ist alles aus Beton. Man kann sich kein Loch graben. (Nöstlinger)

der Schlitz   … ein Markstück, das sie in den Schlitz meiner Sammelbüchse steckt. (Pressler)

■ **lügen**

Ausrede erfinden   Er erfindet eine faule Ausrede. (Kaut)

lügen   Ich lüge sie zwar nicht gerne an, aber wenn die Wahrheit sie traurig macht … (Pressler)

schwindeln   Wenn du geschwindelt hast, werde ich dich auffressen! (Preußler)

■ der **Mann**

der Herr   Der Herr im steifen Hut … (Kästner)

der Mann   „Was, um Himmels Willen, ist hier los?" Verdutzt erkannte sie ihren Mann. (Funke)

der Typ   Und da sagt der Typ: „Also denn mal los." (Boie)

■ der **Mund**

das Maul   … ein riesiger Mund, so groß, dass man fast Maul sagen musste. (Maar)

der Mund   Tränen liefen ihm in den Mund, sie liefen an seinem Hals entlang. (Wölfel)

die Schnauze   Krieg ich doch nur den Ärger, nä, also halt ich lieber die Schnauze. (Boie)

R

G

V

RS

Die wichtigsten Wortfelder

■ nehmen

nehmen Ich habe mir auch einen Becher Milch genommen. (Nöstlinger)

packen Die Nacktschnecke packte Zottelkralles Schwanz. (Funke)

schnappen Ich schnappe die Würstchen so schnell, wie es geht. (Pressler)

■ öffnen

aufmachen So oft ich meine Schultasche genommen habe und sie aufmachen wollte … (Nöstlinger)

aufreißen Er rannte durch den Raum, riss die Tür auf und war weg. (Kästner)

öffnen Sie schloss die Augen und öffnete sie lange Zeit nicht wieder. (Krüss)

■ prüfen

ausprobieren Er wollte ausprobieren, ob man ihn verstehe, wenn er italienisch spräche. (Krüss)

prüfen Die Oberhexe will dich prüfen. Die Prüfung wird aber nicht leicht sein. (Preußler)

untersuchen Besorgt untersuchte Kalli sein Lieblingsauto. (Funke)

■ reinigen → W waschen

putzen Ich soll die Heckscheibe vom Auto putzen. (Nöstlinger)

reinigen Meine Wunde reinigt er mit Jod. (Pressler)

sauber machen „Könnten Sie nicht, bitte, mein Zimmer etwas später sauber machen?" (Maar)

■ rennen → W *gehen*

flitzen Die kleine Hexe flitzte zum Schornstein hinaus. (Preußler)

rasen Dann raste er in den Flur und erreichte die Haustür. (Funke)

rennen Dann spuckten sie noch ein paar Mal auf den Teppich und rannten aus dem Zimmer. (Funke)

■ rollen

kullern Sie kullerte die braunen Kugeln hin und her wie Murmeln. (Krüss)

rollen Kichernd ließ Kalli den Schrumpfkopf über den Schreibtisch rollen. (Funke)

sich **wälzen** Hohe Wellen wälzten sich heran. (Krüss)

■ schimpfen → W *schreien,* → W *sprechen*

fluchen „Verdammt noch mal!", fluchte der Kutscher. (Preußler)

schimpfen „Pfui Mäusedreck!", schimpfte Zottelkralle. (Funke)

schnauzen „Wenn ich sage, Sie sollen gehen, dann gehen Sie, verstanden!", schnauzte Herr Oberstein. (Maar)

W

R

G

V

RS

Die wichtigsten Wortfelder

W

■ schlafen → W *ausruhen*

einschlafen Ich kann erst dann einschlafen, wenn die anderen schlafen. (Pressler)

pennen He, wach auf! Du kannst doch nicht den ganzen Abend pennen! (Pressler)

schnarchen Ärgerlich sah er zum Bett, wo Zottelkralle friedlich und faul vor sich hin schnarchte. (Funke)

■ schlagen

hauen Dem ersten haute er eins mit dem Besenstiel über die Pudelmütze. (Preußler)

eine 'runterhauen Der Papa hat mir schon beim letzten Fünfer eine 'runtergehauen. (Nöstlinger)

schlagen Pumuckl hatte ihn mit aller Kraft auf die Hand geschlagen. (Kaut)

■ schließen

schließen Sie schloss die Augen und öffnete sie lange Zeit nicht wieder. (Krüss)

verriegeln Er … verriegelte die Tür und knipste das Licht an. (Maar)

zuklappen Sie klappte an allen Fenstern die Läden zu. (Preußler)

■ schlimm

schlecht Man kann sie einfach rufen, wenn man sich schlecht fühlt. (Pressler)

schlimm „Ist es eigentlich schlimm, blind zu sein?" (Kordon)

schrecklich Wenn man allein weint, ist es schrecklich. (Pressler)

■ schön

herrlich Hier kleidete man ihn in herrliche Gewänder. (Krüss)

schick … eine ganz besonders schicke, pinkfarben angezogene Lady. (Kordon)

schön Es ist schön, wieder zu Hause zu sein, dachte Zottelkralle. (Funke)

■ schreien → W schimpfen, → W sprechen

brüllen Er brüllte: „Los! Hinter ihm her!" (Kästner)

johlen Kaum hatte er das Wort ausgesprochen, brach die ganze Klasse in johlendes Lachen aus. (Härtling)

schreien „Na warte, na warte!", schrie Kallis Mutter. (Funke)

■ der **Schuh**

der Pantoffel Ihre Schuhe steckten in dicken Filzpantoffeln. (Preußler)

der Schuh Sie zog sich die Jacke aus und gleich danach die Schuhe. (Kordon)

der Stiefel Er steckte das Taschentuch in seinen Stiefel. (Maar)

■ schwanken

schwanken … dass der Zug von der Erschütterung leicht zu schwanken begann. (Krüss)

wackeln Das Männlein nieste so herzzerreißend, dass die Holzbude wackelte. (Preußler)

wanken Ich bin mit den Tüten die Straße hinuntergewankt. (Nöstlinger)

Die wichtigsten Wortfelder

■ schweigen

den Mund halten	Er dachte daran, dass das Sams nie den Mund halten konnte. (Maar)
schweigen	Eine ganze Weile schweigen wir. (Pressler)
verstummen	„Du darfst mich nicht stören." Abraxas verstummte. (Preußler)

■ **sehen** → W *zusehen*, → W *angucken*

blicken	Manchmal blickte er zur Mutter hinüber. (Kästner)
gucken	„Guck mal, es schneit!" (Funke)
sehen	Fliegender Stern dachte: Nun kann mich niemand mehr sehen und hören. (Wölfel)

■ sich **setzen**

sich **bequem machen**	Wir machten es uns auf den Korkmatten bequem. (Krüss)
Platz nehmen	Er nahm zwischen der Obergroßmutter und der Präsidenten-Helga Platz. (Krüss)
sich **setzen**	Dann wankte er die Treppe hinunter und setzte sich mit bleichem Gesicht ins Wohnzimmer. (Funke)

■ singen

grölen	Besoffene grölen. (Härtling)
singen	In den Büschen und Bäumen haben die Vögel angefangen zu singen. (Pressler)
summen	Unhörbar, nur in meinem Kopf, summe ich die Melodie vor mich hin. (Pressler)

■ **sprechen** → W *flüstern,* → W *unterhalten*

äußern Sie scheint sich wirklich zu freuen,
wenn ich einen Wunsch äußere. (Pressler)

sagen „Weg ist sie", sagte Jonathan seufzend.
(Krüss)

sprechen/ Friesisch sprach ich zu Hause,
reden und Deutsch redete ich in der Schule. (Krüss)

■ **sprechen** (ungewöhnlich)

nuscheln Dann nuschelt er etwas Unverständliches.
(Pressler)

stammeln „Da! Da!", stammelte sie. (Kästner)

stottern „N...n...nicht reden!", stotterte Jonathan.
(Krüss)

■ **springen**

hopsen Die Kaninchen hopsten dem Fuchs
vor dem Schnabel herum. (Preußler)

hüpfen Er hüpfte von einem Bein auf das andere.
(Preußler)

springen „Hm", grunzte Zottelkralle.
Er sprang aufs Fensterbrett. (Funke)

■ der **Stock**

der **Besenstiel** Sie steckte den Putzlappen an einem
Besenstiel durch den Türspalt. (Maar)

der **Knüppel** Ich wüsste viele, auf die ich meinen
Knüppel loslassen würde. (Pressler)

der **Stock** Grasvogel schlug mit einem Stock
auf das seltsame Ding. (Wölfel)

W

R

G

V

RS

Die wichtigsten Wortfelder

■ die **Straße**

die **Gasse** Im Herbst war der Wind in den Gassen so stark … (Krüss)

die **Straße** Du darfst die Uhr niemals tragen, wenn du auf die Straße gehst. (Kaut)

der **Weg** Den Weg zu meinem Geheimplatz würde ich im Schlaf finden. (Pressler)

■ **suchen**

Ausschau halten Die kleine Hexe hielt Ausschau nach Thomas und Vroni. (Preußler)

fahnden Vielleicht fahnden die Polizisten nach streunenden Kindern. (Härtling)

suchen Kallis Mutter tauchte samt Speer in der Haustür auf und sah sich suchend um. (Funke)

■ der **Tisch**

das **Pult** Hinter dem Pult des Lehrers saß ein kleines Mädchen. (Maar)

die **Theke** Er stellte die Glasschüssel auf die Theke. (Krüss)

der **Tisch** Fünf Bananen holt sie heraus und legt sie auf den Tisch. (Pressler)

■ **tragen**

schleppen „Von morgen an wird euch der Förster Holz sammeln lassen, so viel ihr schleppen könnt." (Preußler)

schultern Sie schulterte den Besen. (Preußler)

tragen Ich bin stark, ich kann auch großes Geld tragen." (Kaut)

■ träumen

sich ausmalen Ich habe mir ausgemalt, wie ich in der Sonne liegen und Eis essen werde. (Nöstlinger)

sich einbilden Ich versuche mir einzubilden, dass es hier nicht nach Wurst riecht. (Pressler)

träumen Und Kalli lag auf dem Sofa, schlief und träumte von Klavier spielenden Monstern. (Funke)

■ die Tür

der Eingang Die Gesellschaft fand aber nirgends einen Eingang. (Krüss)

die Pforte Am Eingang verhandelt Frau Lehmann mit dem Mann an der Pforte. (Pressler)

die Tür Und – schwups – war er durch die Tür verschwunden. (Funke)

■ überlegen → W *glauben*

sich den Kopf zerbrechen Ich habe mir den Kopf zerbrochen, warum der Opa so gezuckt und gezittert hat. (Nöstlinger)

nachdenken Da wusste ich, dass er über eine neue Geschichte nachdachte. (Krüss)

überlegen Ich kenne die Stimme und überlege fieberhaft, zu wem sie gehört. (Pressler)

■ umbringen

erschießen „Gib mir die Adresse, und ich erschieße
den Kerl." (Kästner)

schlachten Der wird den Ochsen schlachten und braten
lassen. (Preußler)

umbringen Ich hätte ihn umbringen können,
den Sauhund! (Nöstlinger)

■ sich **unterhalten** → W *sprechen*

erzählen Niemand wollte Abenteuergeschichten
erzählen. (Wölfel)

schwätzen Bis in die Nacht hinein saßen die beiden
und erzählten und schwätzten. (Krüss)

sich „Da unterhalt ich mich doch lieber mit
unterhalten 'nem Kaktus." (Kordon)

■ **unterrichten** → W *lernen*

beibringen Er benutzte diesen Ausflug, um seinem Sohn
die Kunst der Dichter beizubringen. (Krüss)

unterrichten … eine Klasse, in der gerade Heimatkunde
unterrichtet wurde. (Kaut)

unterweisen Der Vater, der seinen Sohn nicht nur
im Reiten und Fechten unterwies … (Krüss)

■ vereinbaren → ⓦ *vorhaben*

abmachen „Sonntag in vierzehn Tagen!", schlug
Thomas vor. „Abgemacht!", sagte die
kleine Hexe. (Preußler)

sich einigen Wenn sie sich einmal nicht einigen
konnten … (Krüss)

vereinbaren Das hast du aber mit mir vereinbart! (Kaut)

■ verstehen

begreifen Andreas begriff nicht recht, was das alles
bedeuten solle. (Krüss)

gescheit werden „Ich werde daraus nicht gescheit",
behauptete Pony. (Kästner)

verstehen „Sei still. Du verstehst nichts davon",
sagte Schneller Hirsch. (Wölfel)

■ vorhaben → ⓦ *vereinbaren*

vorhaben Der Rabe Abraxas bestürmte die Hexe mit
tausend Fragen. Was sie denn vorhabe,
wollte er wissen. (Preußler)

sich vornehmen Ich habe mir vorgenommen, an etwas ganz
Schönes zu denken. (Nöstlinger)

wollen Zottelkralles Plan war ganz einfach.
Er wollte zu den Menschen ziehen. (Funke)

Die wichtigsten Wortfelder

■ wachsen

steigen   Die Angst des Kobolds stieg und stieg. (Kaut)

steigern   Das steigerte Pumuckls Angst derart, dass er Riesenkräfte bekam. (Kaut)

wachsen   Wir werden satt vom Büffelfleisch und von den Früchten und Wurzeln, die überall wachsen. (Wölfel)

■ waschen

baden   Er badet leidenschaftlich gern. (Funke)

duschen   „Du wirst jetzt erst mal duschen!" (Funke)

waschen   Die Mütter wuschen ihre Kinder. (Wölfel)

■ weggehen → W gehen, → W rennen

abhauen   „Haut gefälligst ab!" (Kästner)

verschwinden   Sie nahm ihren Eimer auf und verschwand in der Küche. (Maar)

weggehen   Beide gingen weg, und der Kobold konnte wieder in den Hof hinausspringen. (Kaut)

■ wegnehmen

klauen   Da drüben sitzt der Schweinehund, der ihm das Geld geklaut hat. (Kästner)

stehlen   „Einen Moment! ... Das Geld ist gestohlen!" (Kästner)

wegnehmen   Sie wollten ihren Müttern nicht heimlich etwas von den Vorräten wegnehmen. (Wölfel)

■ **wehen** (Wind)

blasen	Inzwischen hatte ein Wind zu blasen angefangen. (Krüss)
brausen	In der Krone des Baumes brauste der Novemberwind. (Krüss)
wehen	… aber woher der Wind weht, hab' ich mir denken können. (Nöstlinger)

■ **weinen** → W *sprechen*, → W *schreien*

heulen	Ich war richtig verzweifelt. Ich habe Löcher in die Wand gestarrt. Am liebsten hätte ich geheult. (Nöstlinger)
schluchzen	Und dann bin ich der Mama um den Hals gefallen und habe geschluchzt. (Nöstlinger)
weinen	„Eure Mütter haben geweint, weil ihr fortgeritten seid, ohne ein Wort zu sagen." (Wölfel)

■ **werfen**

schleudern	Da gab es einen Sturm, bei dem Andreas auf die spitze Ecke des Kajütendaches geschleudert wurde. (Krüss)
schmeißen	Die Mama hat die Kartoffeln mit den Trieben in den Abfalleimer geschmissen. (Nöstlinger)
werfen	Die Kleinen hockten hinter Bergadlers Zelt und warfen mit Steinen nach einem alten Topf. (Wölfel)

W
R
G
V
RS

Die wichtigsten Wortfelder

■ **winken**

fuchteln	Und als Kalli vor seiner Tür stand, fuchtelten ihm zwei haarige Arme vor dem Gesicht herum. (Funke)
gestikulieren	Man schrie, sprang herum und gestikulierte mit Händen und Füßen. (Krüss)
winken	Jetzt rufen die schon und winken. (Boie)

■ sich **wundern**

staunen	Die Menge staunte und wollte es zuerst nicht glauben. (Krüss)
verblüfft sein	„Halt endlich mal dein dreckiges Maul!" Sie starrt mich verblüfft an. (Pressler)
sich **wundern**	Fliegender Stern wunderte sich immer darüber, dass die Männer die flinken Fische mit dem Speer treffen konnten. (Wölfel)

■ die **Zeit**

der **Augenblick**	Leider passte Pizza im Augenblick wieder nicht auf. (Bröger)
die **Weile**	Wenn nicht die Oberhexe nach einer Weile gerufen hätte … (Preußler)
die **Zeit**	Zum Jagen hatten sie keine Zeit. (Wölfel)

■ **ziehen**

reißen	Er riss sich drei Schwanzhaare aus und reichte sie Kallis Vater. (Funke)
zerren	Herr Taschenbier versuchte, das Sams vom Schrank zu zerren. (Maar)
ziehen	Jetzt packten ihn Grau-Hengst und sein Freund Großer Felsen. Sie zogen ihn ans Ufer. (Wölfel)

■ zittern

beben	Es donnerte, und er hatte den Eindruck, die Erde bebte. (Härtling)
zittern	Fliegender Stern zitterte vor Zorn. (Wölfel)
zucken	Und sein schiefer Mund hat gezuckt. (Nöstlinger)

■ zugeben

Geständnis ablegen	Der Dieb hat auch schon ein Geständnis abgelegt. (Kästner)
gestehen	Ich gestand ihr, dass wir auf die Bretter des Bettes zwei Gedichte geschrieben hätten. (Krüss)
zugeben	Er gab ja zu, Zottelkralle war eine furchtbare Plage gewesen. (Funke)

■ zuhören

aufpassen	Sie muss tierisch aufpassen und alles so machen, wie er das will. (Boie)
lauschen	Ich lauschte dem Gedicht. (Krüss)
zuhören	Gespannt hörten die Leute ihnen zu. (Wölfel)

■ zusehen →  *sehen,* → W *angucken*

zugucken	Eine halbe Stunde lang guckte ich den beiden zu. (Krüss)
zuschauen	Emil schaute interessiert zu. (Kästner)
zusehen	Sie sahen dem Wettschwimmen zu. (Wölfel)

W

R

G

V

RS

Die wichtigsten Wortfelder

■ zustimmen

einverstanden sein	Das ist eine lustige Idee. Ich bin einverstanden. (Krüss)
recht geben	Da hat sie zwar ein bisschen übertrieben, aber ich habe ihr trotzdem recht gegeben. (Krüss)
zustimmen	Wir haben ihr nicht widersprochen, aber zugestimmt haben wir auch nicht. (Nöstlinger)

■ Wortfeld Geräusch

Manche Geräusche heißen so, wie sie sich anhören.
Wer die Wörter leise spricht, hört das.
Trotzdem sind die Geräuschverben im Deutschen und
Englischen unterschiedlich.
Welche „Lautmalerei" ist besonders gut?

Wer? Wo?	deutsch	englisch
an Türen	klopfen	knock
Nüsse	knacken	crack
Pfeile	schwirren	whizz
Mägen	knurren	rumble
Hunde	knurren	growl
Schläfer	schnarchen	snore
Hühner	gackern	cackle
Frösche	quaken	croak
Babys	plärren	bawl
Kleinkinder	plappern	prattle
Gewichtheber	schnaufen	puff
Hände	klatschen	clap
Schuhabsätze	klappern	clack
Teller	klappern	clatter
Türen	knallen	bang
Motorräder	knattern	roar
ins Wasser	platschen	splash

R

G

V

RS

245

Regionalsprachen R

W

Landschaftliche Unterschiede in der Sprache

Claudia aus Stuttgart sagt: „Ich muss heute gelbe Rüben und Blaukraut einkaufen."

Cornelia aus Oldenburg sagt: „Ich muss Möhren und Rotkohl einholen."

Beide meinen dasselbe. In jeder Region gibt es viele unterschiedliche Wörter. Früher waren die Unterschiede viel größer. Da nannte man das Deutsch in den verschiedenen Regionen Mundart, Dialekt oder Platt.

R

Wie sagt man bei euch?

das **Abendessen**	Abendbrot, Nachtessen, zur Nacht essen, Vesper, Tee trinken
des **Apfels Kerngehäuse**	Kitsche, Ketsche, Griebs, Butzen
arbeiten	schaffen
die **Beule** (durch einen Stoß oder Schlag)	Brausche, Brusche, Brüsche, Binkel, Delle, Dübel, Dutzel, Dotz, Horn, Hübel, Bause, Batzen, Knubbel, Knuppe, Kneul, Knuppen, Knorren, Knörzche, Wehne
das **Brötchen**	Rundstück, Kipfl, Schrippe, Weck, Wecken, Weckla, Semmel
die **Brotscheibe**	Brot, Schnitte, Stück Brot, Stückl Brot, Fladen, Schmiere, Butteram, Botteram, Stulle, Bemme, Schnitte
das **Brotende**	Knäppchen, Knust, Kanten, Knaust, Rand, Scherzl, Ranft, Ränftel

G

V

RS

bummeln	trödeln, drömeln, mären, dampern
einsames **Dorf**	Posemuckel, Hintertupfingen, Hintertupfing, Kleinkleckersdorf
sich **erkälten**	sich verkälten, sich verkühlen
beim **Essen** wählerisch sein	verschnuckt, käbsch, schleckig, mäkelig, krüsch
Fangen spielen	Fangerl, Fangerles, Fangermandl, Fangetlis, Fangis, Fango, Fangus, Fangsterl, Tick, Kriegen, Einkriegen, Packen, Haschen, Nachlaufen, Nachlauf
die **Ferse**	die Ferscht, der Fersen, die Hacke, der Hacken
der **Fleischer**	Schlachter, Metzger, Fleischhauer
die **Harke**	der Harken, der Rechen, die Rief
die **Hausschuhe**	Babuschen, Pampuschen, Puschen, Finken, Latschen, Schluffen, Schlapfen, Pantoffeln
die **Heidelbeere**	Blaubeere, Bickbeere, Waldbeere, Worbel, Schwarzbeere, Schwarzebeere
die **Heuschrecke**	Heuschreck, Grashüpfer, Springhahn, Heupferdchen, Graspferd, Heuschnecke, Heubock, Heugumper, Heuhupfer, Heuhüpper, Heuhopper, Heuhopser
kleiner **Junge**	Knirps, Stöpsel, Butz, Steppke, Butt, Buttje, Knäckes, Lütter, Büawei
die **Kartoffel**	Erdapfel, Erpel, Tüffel, Grumbeere, Bumser
der **Klempner**	Spengler, Spangler, Flaschner, Blechner

W

R

G

V

RS

247

Regionalsprachen ⓡ

W

R

G

V

RS

das **Mädchen**	Mädel, Mäderl, Mädle, Madel, Madle, Maitli, Dirndl, Deern
der **Marienkäfer**	Muttergotteskäfer, Sonnenkäfer, Johanniskäfer, Mutschekiebchen, Herrgottskäfer, Glückskäfer
die **Mohrrübe**	Möhre, gelbe Rübe, Gelbrübe, Wurzel, Karotte
naschen	schlecken, schnökern, schlötzen, schnuckern, schnopen
nicht wahr?	nicht? gell? gelle? gelt? nä? woll? oder?
die **Ohrfeige**	Ohrfiech, Backpfeife, Backs, Schelle, Watsche, Dachtel, Backfeige
das **Pferd**	das Pferd, der Gaul, der Ackergaul, das Ross, der Globe, der Zossen
fein, leise **regnen**	nieseln, fisseln, siefern, sprenzen, nibeln schmuddern, stippern, trippern, drippeln, pritschen, sprisseln, schmuddeln
heftig **regnen**	gallern, plaastern, plästern, pladdern, drahschen
der **Rotkohl**	Rotkappes, roter Kappes, Blaukappes, Rotkraut, Blaukraut
die **Rutschbahn** (auf dem Eis)	Rutschebahn, Rutsche, Glitsche, Glitschbahn, Schlitterbahn, Schlickerbahn, Schlinderbahn, Schurrbahn, Eisbahn, Bahn, Glenner, Schleifbahn, Schleif, Schleife, Schliefe, Kachelbahn

rutschen (auf dem Eis)	glitschen, schlittern, schliddern, schlickern, schlindern, schindern, schurren, schusseln, Bahn schlagen, glennen, schleifen, schliefere, schliefitzen, schleimern, schliefe
das **Scheuertuch**	Aufnehmer, Feudel, Putzlumpen, Botzlabbe, Botzlombe, Hader
der **Schluckauf**	Schluckuck, Schlucken, Schlucker, Schluckser, Schlucks, Hetscher, Höscher, Hickser, Hecker, Hick, Gluggsi, Schnackler, Schnackel, Gluggser
der **Schulranzen**	der Ranzel, der Ränzel, der Tornister, die Schultasche, die Büchertasche, der Schulranzen, der Schulsack, die Schulmappe, die Schultonne, der Schulkalier
der **Sonnabend**	Samstag, Satertag, Sunnowend, Samstich
das **Springseil**	Sprungseil, Seil, Seilchen, Hüpfseil, Hopfseil, Hupfseil, Juckseil, Tau, Springtau, Springschnur, Strick
der **Tischler**	Schreiner, Schriener, Discher
der **Weißkohl**	Wittkohl, Kappes, weißer Kappes, Weißkraut, Kraut
die **Ziege**	Geiß, Hippe, Zicke, Ziech
die **Zwille**	Fletsche, Katschi, Zwiesel, Zwistel, Steinschleuder

W

R

G

V

RS

Regionalsprachen ®

Wie sagt man zum Beispiel in ...

Frankfurt am Main
babbeln: reden
Bobbes: Hintern
dabbisch: ungeschickt
Dutt: Tüte
enuff: hinauf

Stuttgart
Buggel: Rücken
bäbba: kleben
hudla: schnell machen
dädschig: sehr weich
äbbes: etwas

Münster (Westfalen)
Büxen: Hosen
Fleesk: Fleisch
Smacht: Hunger
küern: sprechen
grienen: weinen

Mainz
Kinnerschääs: Kinderwagen
Babbe: Vater
Schnääkes: Süßigkeiten
Zores: Streit
Sackduch: Taschentuch

Hamburg
vertellen: erzählen
lütt: klein
Diern: Mädchen
Klönschnack: Gespräch
Bangbüx: Angsthase

Dresden/Leipzig
Nischl: Kopf
Musschbridze: Regenschirm
dikschn: beleidigt sein
ditschn: eintunken
gaagsch: blass

Köln
jeck sein: verrückt sein
Trööt: Trompete
Penz/Pänz: Kinder
Bütt: Wanne
Sabbelschnüß: Vielredner

Ingolstadt
Busserl: Kuss
damisch: dumm
Gaudi: Spaß
graislig: hässlich
Dusl: Glück

Nürnberg
Ärwet: Arbeit
Barasoll: Regenschirm
Dsohdogda: Zahnarzt
ball: demnächst

Berlin
ick: ich
uff eenmal: auf einmal
kieken: kucken
pimpeln: empfindlich sein
affig: albern
bramsig: prahlerisch

Deutsche Sprichwörter und Redensarten

Früher gab es kein allgemeines Hochdeutsch.
Die Menschen sprachen zwar Deutsch, aber das war
in jeder Gegend anders. Unterschiede gab es oft sogar
zwischen Nachbarorten. Sehr viele Urgroßeltern
haben in Norddeutschland als Kinder zu Hause zuerst
Platt gelernt. Im Münsterland sagt man:
De meesten Kinner häbt to Huus toeerst Platt lernt.
Heutige Kinder müssen Sprachdetektive sein, um diese
Texte zu verstehen:

Hessen:
Owends wean die Faule
fleißig.

Schwaben:
Ein Dicker ka vom eigene
Speck zehre.

Sachsen:
Gugge nur, da schdehtr,
so ä Schdrubbelbeder!

Mecklenburg:
Handwark hett güllen Boden.

Altbayern:
A so a Loas kinn ma bei üns
it braucha.

Hannover:
Komm, wenn de wat wutt!
Hast woll keine Purre!

Berlin:
Det jeht een durch un durch!

Erzgebirge:
Iech bie e klaanr Dickr.

Allgäu:
Wenn des stimmt, dann friss
i an Beasa.

Braunschweig:
Datt is mich aans!

Eifel:
Mier kalle platt.

Odenwald:
Bäise Buwwe gitts schun
imme – Max und Moritz sin
noch schlimme!

Rheingau:
Wie uns de Schnawwel steht.

Niederrhein:
Nou bös do draan!

Hamburg:
Das wird ab sofoht anners.

Kleine Grammatik G

W

R

G

V

RS

Verben (Tunwörter)	Beispiele
Viele Wörter sagen, was man tut oder was geschieht. Wir nennen sie **Verben.**	
In Wörterbüchern stehen Verben immer erst in der <u>Grundform</u>. Fachname: **Infinitiv.**	malen sinken
Verben sagen oft, zu welcher Zeit das passiert, wovon im Satz die Rede ist: Sie stehen in verschiedenen <u>Zeitformen</u>:	
Manchmal passiert etwas jetzt gerade. Das heißt <u>Gegenwart</u>. Fachname: **Präsens**	er malt es sinkt
Manchmal wird es erst später passieren. Das heißt <u>Zukunft</u>. Fachname: **Futur.**	er wird malen es wird sinken
Manchmal ist es bereits passiert. Das heißt <u>Vergangenheit</u>. Da gibt es zwei Zeitformen: Die eine nennen wir <u>Erste Vergangenheit</u>. Fachname: **Präteritum.** Die <u>Zweite Vergangenheit</u> ist eine <u>Zwei-Wort-Vergangenheit</u>. Fachname: **Perfekt.**	er malte es sank er hat gemalt es ist gesunken

Nomen (Namenwörter, Substantive)

Nomen sind Namen. Es gibt Namen für:	
Menschen Tiere Dinge Gefühle	Lisa, Meier, Kind Hund, Mimi Tisch, Hose, Eis Liebe, Wut

Manche Nomen sind nur schwer als Namen zu erkennen.	Luft, Zeit, Meinung
Manchmal nennt ein Nomen nur eine einzige Sache. Wir sagen: Es steht in der <u>Einzahl</u>. Fachname: der **Singular.**	Kuh, Ast, Angst
Manchmal nennt es mehrere Sachen. Wir sagen: Es steht in der <u>Mehrzahl</u>. Fachname: der **Plural.**	Kühe, Äste, Ängste

Artikel (Begleiter)

Nomen können <u>Begleiter</u> haben. Es sind: *der, die, das, ein, eine.* Fachname: der **Artikel.**	*die* Kuh, *der* Ast *eine* Kuh, *ein* Ast

Pronomen (Fürwörter)

Für Nomen kann man auch Stellvertreter einsetzen. Diese Stellvertreter-Wörter heißen <u>Fürwörter</u>.	*Die Frau* singt. *Sie* singt.
„Für" heißt lateinisch „pro". Darum nennen wir diese Wörter auch **Pronomen.**	Es gefällt *der Frau.* Es gefällt *ihr.*

Adjektive (Wiewörter)

Viele Wörter sagen, wie die Dinge sind oder wie du sie findest. Sie heißen <u>Wiewörter</u>. Fachsprache: **Adjektive.**	klein, rot, laut frech, lieb, schön
So gut wie alle Adjektive lassen sich „steigern".	klein, kleiner, am kleinsten

Kleine Grammatik 🄶

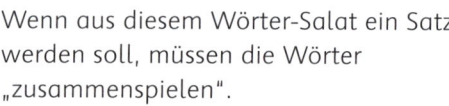

die Marie   der Max

schreiben   ein Brief

Wenn aus diesem Wörter-Salat ein Satz
werden soll, müssen die Wörter
„zusammenspielen".
Zuerst ist ein „Spielführer" nötig.
Der sagt, was in dem Satz getan wird
und was passiert. Spielführer kann
immer nur ein Verb sein. Als Spielführer
heißt es **Prädikat** oder **Satzaussage.**

„Spielführer" ist diesmal schreiben

| Prädikat
| (Satzaussage)

Der Spielführer braucht Mitspieler.
Die heißen **Satzglieder.**

Satzglieder

Zuerst fragt man natürlich: WER schreibt
denn da? Wir brauchen also einen
Mitspieler, der Antwort gibt auf die Frage:
WER tut etwas?

Antwort, zum Beispiel: die Marie
Dieser Mitspieler heißt **Subjekt** oder
Satzgegenstand.

Subjekt
(Satz-
gegenstand)

Jetzt sind sie zu zweit, aber das ist noch
kein Satz: schreiben   die Marie

Ein Satz wird das erst, wenn die beiden
zusammenspielen:

Die Marie   schreibt .

Mitspieler   Spielführer
Subjekt   Prädikat

Wir wollen natürlich mehr wissen: WEN ODER WAS schreibt die Marie? Der neue Mitspieler ist eine Ergänzung: ein Brief . Der Fachname für dieses Satzglied ist **Objekt.**

Objekt
(Ergänzung)

W

Das Objekt muss sich auf seine Mitspieler einstellen: ein**en** Brief .

Nun heißt der Satz:
Die Marie schreibt einen Brief .

R

WEM schreibt die Marie einen Brief? Wir brauchen eine weitere Ergänzung: Die hat ebenfalls den Fachnamen **Objekt:** der Max .

Für ein sinnvolles Zusammenspiel muss sich auch der neue Mitspieler anpassen: de**m** Max .
Und dann muss er sich an geeigneter Stelle einordnen. Nun kann der Satz heißen:

Die Marie schreibt dem Max einen Brief .

G

Aber die Satzglieder können sich auch ganz anders ordnen. Das kann man ausprobieren. Dann überlegt man: Was klingt am besten? Was ist am leichtesten zu verstehen? Stellen wir die Satzglieder mal um.

Zum Beispiel so:

Dem Max schreibt die Marie einen Brief .

V

RS

Kleine Grammatik G

oder so:

Schreibt die Marie dem Max einen Brief ?

Die näheren Umstände des Schreibens
sind ja noch nicht bekannt.
Wir wüssten gern mehr.

Zum Beispiel: WO, an welchem Ort,
schreibt denn die Marie? Aha: in der Klasse .
Das ist eine **Ortsangabe.**

Ortsangabe

Und WANN schreibt sie? Das wollen wir jetzt
aber auch noch wissen. Was stellt sich
heraus: Während der Pause .
Na so was!
Das ist eine **Zeitangabe.**
Jetzt ist wohl alles geregelt. Aber nein!
Was ist denn hier passiert?

Zeitangabe

Die Marie schreibt Pause ...

Das Wort Pause hat sich aus seinem
Satzglied herausgeschoben. So geht das
aber nicht! Ein vernünftiger Satz ist so
unmöglich geworden. Zurück mit der
Pause an ihren Platz!

Nur **ganze** Satzglieder können verschoben
werden.
Anders gesagt:
Satzglieder erkennt man daran, dass sie
gemeinsam verschoben werden können.

Jetzt können wir ein paar Umstellungen probieren. Wir fragen:
Wie versteht es der Leser am leichtesten?
Probieren wir mal ein bisschen!
(Fachleute nennen das Umstellprobe.)

Umstellprobe

Die Marie schreibt während …

Während der Pause schreibt …

In der Klasse schreibt die Marie …

Die vier Fälle

Der Name „Max" musste sich mehrmals seinen Mitspielern anpassen. Mal hieß es DER MAX und mal DEM MAX.
Man sagt: Es sind verschiedene Fälle des Namens Max.
Alle Nomen und Artikel können sich so verändern,
damit sie sich anpassen können. Hier folgt ein anderes Beispiel.

Eine schlecht bekömmliche Mahlzeit

	Frage	Antwort
Einst überfiel **der Wolf** sieben kleine Ziegen.	**WER** überfiel die kleinen Ziegen?	**der Wolf** 1. Fall (Nominativ)
Sechs Ziegen landeten im Bauch **des Wolfes**.	In **WESSEN** Bauch landeten sie?	**des Wolfes** Bauch 2. Fall (Genitiv)
Aber die Mahlzeit bekam **dem Wolf** nicht.	**WEM** bekam die Mahlzeit nicht?	**dem Wolf** 3. Fall (Dativ)
Mama Ziege erledigte nämlich **den Wolf**.	**WEN** erledigte Mama Ziege?	**den Wolf** 4. Fall (Akkusativ)

Häufige unregelmäßige Verben V

anbieten	sie bot an, sie hat angeboten
anfangen	es fängt an, es fing an, es hat angefangen
anrufen	er rief an, er hat angerufen
beginnen	er begann, er hat begonnen
bitten	sie bat, sie hat gebeten
bleiben	ich blieb, ich bin geblieben
brennen	es brannte, es hat gebrannt
bringen	er brachte, er hat gebracht
denken	sie dachte, sie hat gedacht
erhalten	du erhältst, du erhieltest, du hast erhalten
erkennen	er erkannte, er hat erkannt
essen	du isst, du aßest, ich aß, ich habe gegessen; Iss!
fahren	sie fährt, sie fuhr, sie ist gefahren
fallen	er fällt, er fiel, er ist gefallen
finden	sie fand, sie hat gefunden
fliegen	er flog, er ist geflogen
fressen	sie frisst, sie fraß, sie hat gefressen
frieren	ich fror, ich habe gefroren
geben	er gibt, er gab, er hat gegeben; Gib!
gehen	er ging, er ist gegangen; Geh!
geschehen	es geschieht, es geschah, es ist geschehen
gewinnen	er gewann, er hat gewonnen
halten	es hält, es hielt, es hat gehalten
heißen	es hieß, es hat geheißen
helfen	sie hilft, sie half, sie hat geholfen
kennen	er kannte, er hat gekannt
kommen	ich kam, ich bin gekommen
können	ich kann, ich konnte, ich habe gekonnt
lassen	sie lässt, sie ließ, sie hat gelassen
laufen	er läuft, er lief, er ist gelaufen
lesen	sie liest, sie las, sie hat gelesen; Lies!
lügen	sie log, sie hat gelogen
mögen	ich mag, ich mochte, ich habe gemocht

müssen	ich muss, ich musste, ich habe gemusst
nehmen	er nimmt, er nahm, er hat genommen; Nimm!
rennen	sie rannte, sie ist gerannt
rufen	sie rief, sie hat gerufen
schlafen	er schläft, er schlief, er hat geschlafen
schließen	sie schloss, sie hat geschlossen
schneiden	er schnitt, er hat geschnitten
schreiben	sie schrieb, sie hat geschrieben
schreien	er schrie, er hat geschrien
schwimmen	ich schwamm, ich habe/bin geschwommen
sehen	er sieht, er sah, er hat gesehen; Sieh!
singen	sie sang, sie hat gesungen
sitzen	er sitzt, er saß, er hat gesessen
sprechen	er spricht, er sprach, er hat gesprochen; Sprich!
springen	er sprang, er ist gesprungen
stehen	sie stand, sie hat/ist gestanden
sterben	er stirbt, er starb, er ist gestorben; Stirb!
streiten	sie stritt, sie hat gestritten
tragen	sie trägt, sie trug, sie hat getragen
treffen	er trifft, er traf, er hat getroffen; Triff!
trinken	sie trank, sie hat getrunken
tun	ich tue, ich tat, ich habe getan
verbieten	sie verbat, sie hat verboten
vergessen	er vergisst, er vergaß, er hat vergessen; Vergiss!
vergleichen	er verglich, er hat verglichen
verlieren	er verlor, er hat verloren
verstehen	er verstand, er hat verstanden
waschen	er wäscht, er wusch, er hat gewaschen
werden	es wird, es wurde, es ist geworden
werfen	sie wirft, sie warf, sie hat geworfen; Wirf!
wissen	sie weiß, sie wusste, sie hat gewusst
wollen	ich will, ich wollte, ich habe gewollt
ziehen	er zog, er hat gezogen

Kleines Rechtschreiblexikon

Klasse 1/2: Mitsprechwörter

W

> Ich horche ein Wort Laut für Laut ab.
> Dann schreibe ich Buchstabe für Buchstabe.

Zahlwörter: *5, 8, 11, 12, 100*

Kalender-Wörter: *Juni, Januar, Juli, Oktober, Februar, Dezember, September, Ostern, Freizeit*

Körper-Wörter: *Körper, Finger, Schenkel, Arm, Hals, Nase, Fingernagel, Gesicht*

R

Familien-Wörter: *Familie, Onkel, Eltern, Schwester, Tochter, Kusine, Opa, Bruder*

Pflanzen-Wörter: *Gras, Busch, Licht, Ast, Blume, Blüte, Gemüse, Wurzel, Pflaume, Frucht, Birne, Apfel, Fichte*

G

Aufgaben mit Kontrolle

1. Ein Familien-Wort steht nicht auf den blauen Seiten. Schreibe alle anderen auf.

2. Drei Pflanzen-Wörter stehen nicht auf den blauen Seiten. Schreibe alle anderen auf.

V

3. Schreibe die fünf Zahlen als Wörter in dein Heft. Partnerkontrolle!

4. Ein Kalender-Wort steht nicht auf den blauen Seiten. Schreibe alle anderen in dein Heft.

RS

5. Schreibe alle Familien-Wörter und Kalender-Wörter mit der Endung **-er.**

6. Zwei Körper-Wörter stehen nicht auf den blauen Seiten. Schreibe alle anderen in dein Heft. Partnerkontrolle.

7. Diktiert einander Wörter aus allen Aufgaben. Wechselt nach jedem Wort.

8. Raten mit Wörtern aus dem Wörterbuch: Mindestens drei Kinder spielen zusammen. Ein Kind beginnt zum Beispiel so: „Mein Zahlwort fängt mit **f** an." Das nächste Kind muss den nächsten Laut nennen: **ü.** Dann das nächste: **n.** Wer den letzten Laut sagt, darf danach das ganze Wort nennen: „Fünf!" Dann schreiben alle Kinder das Wort in ihr Heft. Wer das ganze Wort nannte, darf die nächste Rätselfrage stellen. Erfindet eure eigenen Spielregeln.

9. Schreibe alle Monatsnamen in der richtigen Reihenfolge.

| warm | kalt | Körper | Winter |
| hart | alt | Ast | Onkel |

10. Nimm immer ein Wort von links und eins von rechts: ein warmer Körper, ein ...

| bunt | frisch | schön | Blume | Frucht | Blüte |

11. Mache es genauso auch mit diesen Wörtern.

261

Kleines Rechtschreiblexikon [RS]

W

R

G

V

RS

Klasse 2: Wörter mit
eu, ei, st, sp, ie, qu und verstecktem r

Eu/eu, nicht e-u!

*die Eule / neun Euro / neue Leute / freuen /
die Freude / heute / der Freund / die Freundin*

1. Schreibe die Wörter mit **Eu/eu** in der Reihen-
folge, wie sie auf den blauen Seiten stehen.

Ei/ei, nicht e-i!

*eins, zwei, drei / bleiben, schreiben / Freitag /
leise arbeiten / weit reisen / ein leichtes Kleid /
zeigen / Eier schneiden / scheinen / schreien*

2. Partnerdiktat. Immer bis zum Strich.

St/st, nicht scht!

*stehen / die Stange / der Stift, der Strauch /
stellen, die Stirn / das Gestell, die Stunde*

3. Diktat: Immer bis zum Strich. Unterstreicht
das verwandte Wortpaar im Heft.

Sp/sp, nicht schp!

sparen, ein Spiel spielen, der Sport

Qu/qu, nicht kw!

quaken, das Quadrat

4. Schreibe alle Wörter auswendig. Zu welchem
der Nomen (Namenwörter) steht auf den
blauen Seiten keine Mehrzahl? Unterstreiche!

-ar-, -er-, -ir-, -or-, -ur
Wer genau spricht, hört das r!

im Garten arbeiten / Birnen im Herbst /
Wurzeln in der Erde / ein hartes Wort /
Es war gestern warm.

5. Diktat: Immer bis zum Strich.
Sprecht dazu übertrieben deutlich.

-ie
Das lang gesprochene **i** schreibt man meist **ie**.

Viele Bienen fliegen auf der Wiese. / Ein Brief
kommt am Dienstag. / Papier liegt auf dem Weg. /
spielen, das Spiel / sieben Tiere / vier Zwiebeln

6. Schreibe von jedem Nomen (Namenwort)
erst die Einzahl dann die Mehrzahl:
die Biene – die Bienen, die …

7. Partnerdiktat: Immer bis zum Strich.

-auen -lafen -ehen -aren -reiben -ließen
-neiden -ielen -ellen -lagen

8. Am Anfang fehlt **sch** oder **st** oder **sp.**
Probiert flüsternd, wie die Wörter heißen.
Manchmal gibt es mehrere Möglichkeiten.

9. Diktat: Wort für Wort wechselnd.
Der Partner kontrolliert nicht erst hinterher,
sondern schon beim Schreiben.

10. Welche der Verben (Tunwörter) stehen
nicht auf den blauen Seiten?

W

R

G

V

RS

263

Kleines Rechtschreiblexikon RS

Nomen (Namenwörter)

Nomen (Namenwörter) schreiben wir groß.

*BRUDER / BAUM / BLUME / HASE /
BIENE / WACHSEN / EULE / MANN /
KRAUT / SPRECHEN / HUND / IGEL /
FREUNDIN / RAUPE / FLIEGEN /
MUTTER / BUSCH / GRAS*

1. Drei Wörter sind keine Nomen (Namen-wörter). Welche? (Nicht ins Buch schreiben!)

2. Diktat: Ein Kind diktiert die Namen von Menschen, das andere diktiert die Namen von Tieren. Kontrolliert sofort.

3. Schreibe die fünf Pflanzennamen auswendig. Kontrolliere mit den Wörtern auf den blauen Seiten.

4. Drei der Nomen (Namenwörter) stehen auf einer einzigen blauen Seite. Schreibe sie auf.

ein harter Stängel / neun neue Kleider / gestern, heute, morgen / Sport, Wort / Birnen im Garten / reiche Leute / eine heiße Stirn / ein kleiner Stift / eins, zwei, drei / weiß, heißen / gehen, stehen

5. Partnerdiktat. Wechselt bei jedem Strich.

Sche-	-ter	Schwes-	-de	Stän-	-re	Stun-	-gel

6. Schreibe die Wörter richtig in dein Heft. Schreibe zu jedem Nomen (Namenwort) seinen Artikel (Begleiter).

Doppelte Mitlaute, Dehnungs-h, tz, ß, langes i, aa, ee, ck und v

Merkstelle: doppelte Mitlaute

*immer im Zimmer / wollen, rollen, sollen /
alle Bälle / Wasser, flüssig / füllen, der Füller /
kommen, können*

1. Schreibe die Wörter mit getrennten Silben:
im - mer, ...

*Teddy und Puppe / still, ich will / hell, schnell /
ein Blatt fällt, Blätter fallen / müssen,
ich muss / wann, dann*

2. Schreibe immer bis zum Strich. Kontrolliere.

*Mutter nimmt Pommes. / Pizza und Spagetti
essen / Sommer, Sonne, Sonntag / ein Mann,
der alles kann / das Wetter am Donnerstag /
ein Schmetterling in der Klasse*

3. Sucht euch zwei Wortgruppen aus.
Schreibt zu jeder einen Satz. Benutzt nur
Wörter von den blauen Seiten.

Merkstelle: Dehnungs-h

*fahren, sie fährt, die Fähre / früh, der Frühling,
das Jahr / die Kuh, die Kühe / wohnen, nehmen,
ein Sohn / Zahlen zählen, bezahlen /
zehn Zähne / Weihnachten*

4. Diktiert einander.
Wechselt bei jedem Strich.

Kleines Rechtschreiblexikon

Merkstelle: tz

Mit einem Satz sitzt die Katze auf ihrem Platz am Fenster.

5. Schreibe auswendig. Unterstreiche alle Merkstellen. Kontrolliere.

Merkstelle: ß

Ein Indianer mit großen Füßen heißt Großfuß-Indianer!

6. Schreibe auswendig. Kontrolliere.

Merkstelle: lang gesprochenes I/i

IM JUNI UND JULI GIBT ES IGEL-KINDER.

7. Schreibe in deiner Schrift. Achtung beim Satzanfang und bei Nomen (Namenwörtern).

Merkstelle: aa, ee

Schnee im Haar, Haare im Tee

8. Schreibe auswendig. Kontrolliere.

Merkstelle: ck

Rü-, He-, Ro-, Zu-

9. Schreibt die Nomen (Namenwörter) ganz. Markiert Merkstellen.

Merkstelle: V, v

Vater versucht mit vier Vögeln durch den Verkehr zu kommen.

10. Schreibe auswendig. Unterstreiche die Merkstellen. Kontrolliere!

Klasse 3: Wörter verändern

danken, denken / bewegen, bringen / fangen,
legen / pflegen, sagen / schlagen, singen / sinken,
tragen / trinken, fegen

1. Schreibe jede Gruppe auswendig. Unterstreiche
im Heft mit Stift und Lineal immer den Wortstamm:
danken, ...

2. Schreibe immer die Du-Form und unterstreiche
mit Stift und Lineal den Wortstamm:
du dankst, ...

leben, heben, kleben / bleiben, schreiben / üben

3. Schreibe von Strich bis Strich so in dein Heft:
leben, du lebst, ... Kontrolliere.

Ente, Gemüse, Telefon, Hose, Blume, Fenster,
Garten, Familie, Bein, Buch, Flügel, Wurzel

4. Setze neue Wörter zusammen, immer eins
von oben und eins von unten. Schreibe die
zusammengesetzten Nomen in dein Heft:
Entenfamilie, ... Vergiss die Kontrolle nicht.

gehen, geben, haben, lesen, sehen

5. Bilde neue Wörter mit den Vorsilben **ver-** und
vor- (aber nur Wörter, die du wirklich kennst).

6. Schreibe zu drei Wörtern einen vernünftigen Satz,
in dem nur Wörter aus dem 3. Wörterverzeichnis
vorkommen. Lass ein Partnerkind kontrollieren.

grün, blau, braun, grau, rot

7. Eine sehr schwache grüne Farbe nennt man grünlich.
Schreibe so von allen Farben:
Ein grünlicher Schimmer, ...
Schreibe dann nur die fünf Adjektive.

RS

Kleines Rechtschreiblexikon ᴿˢ

W

R

G

V

Auslaute: d/t, g/ch/k, silbentrennendes h; Verlängern von Wörtern

wild, blind, bunt, rund, fremd, gelb, verbrannt, hart
Hund, Land, Paket, Magnet, Wald, Strand, Hemd

1. Suche zu jedem Nomen ein passendes Adjektiv. Du kannst ein Adjektiv auch mehrmals verwenden. Schreibe dann so:
tausen**de** von har**t**en Magne**t**en …
oder: hunder**t**e von har**t**en Magne**t**en …
(Hundert-Tausend-Trick)

laut, lieb, tot, rot, kalt, fremd, gesund, dreckig,
Kleid, Nacht, Pferd, Text, Hand, Brot, Abend

2. Sucht zu jedem Nomen ein passendes Adjektiv. Schreibt dann mit dem Trick aus Aufgabe 1.

gefährlich, schrecklich, stürmisch, richtig, wichtig
Flugzeug, Käfig, Fabrik, Tag, Weg, Krieg, Bank

3. Suche zu jedem Adjektiv ein passendes Nomen. Schreibe dann mit dem Hundert-Tausend-Trick aus Aufgabe 1. Kontrolliere selbst: Wort für Wort.

gehen, stehen / drehen, wehen / blühen, glühen /
Schuhe, Ruhe / ziehen, fliehen

4. Schreibe mit getrennten Silben, immer von Strich bis Strich auswendig: ge-hen, … Kontrolliere.

Übung: Anne auf dem Schrank

Die Kinder spielen. Eigentlich sind sie richtig lieb, aber leider auch ziemlich wild. Es geht ordentlich rund. Und was macht Anne auf dem Schrank?

Die sei krank, sagen sie, und wurde zur Kur ins Gebirge geschickt.

28 Wörter + 12 Wörter = 40 Wörter

RS

268

ä und äu

Apfel, Ast, Bank, Bauch, Blatt, Hals, Hand, Haut,
Land, Mann, Maus, Pass, Platz, Satz, Strauch

1. Schreibe jedes Nomen mit seiner Mehrzahl:
der Apfel, die Äpfel, der ...

Garten, Hase, Bahn, Straße, Strauß, Baum, Haus

2. Eine kleine Maus ist ein Mäuschen oder Mäuslein.
Schreibe diese Nomen auch so.

> Wörter mit **ä** und **äu** haben fast immer
> Verwandte mit **a** und **au**. Ausnahmen:
> während, Lärm, Träne, Käfig

fahren, falten / fangen, halten / laufen, schlagen /
tragen, waschen / lassen, weglaufen

3. Lies noch einmal auf S. 260 oben über die
Mitsprechwörter nach. Schreibe dann von jedem
Verb die Du-Form – immer zwei Wörter auswendig:
Du fährst, du ...

bauen, backen, der Haufen, der Hang, das Gebäude,
das Gebäck, aufhängen, Kartoffeln häufeln,
der Bäcker, die Hängematte, häufiger Regen,
abhängig sein, der Anhänger, Reichtum anhäufen

4. Diese Wörter gehören zu vier Wortfamilien:
bauen, Haufen, hängen, backen. Sucht die
Familienmitglieder. Schreibt sie hintereinander.

packen, scharf, stark, laut

5. Schreibe jedes dieser Wörter mit zwei Verwandten.
Wenn du Probleme hast: Partnerhilfe!

alt, hart, kalt, warm, stark

6. Schreibe so: alt, am ältesten – ... Lass kontrollieren.

RS

Kleines Rechtschreiblexikon

Wörter mit ie und zehn Ausnahmen

fließen, gießen / biegen, fliegen, wiegen / kriegen, liegen,
siegen / der Krieg, sie schwieg / kriechen, riechen /
ziemlich viel, das Beispiel / die Familie / das Tier, vier

1. Partnerdiktat: Diktiert einander immer von Strich bis Strich

> Das lang gesprochene **i** schreibt man meistens **ie.**
> Aber es gibt Ausnahmen.
> Die ersten fünf Ausnahmewörter:
> *Igel, Giraffe, Kaninchen, Krokodil, Tiger.*
> Die zweiten fünf Ausnahmewörter:
> Ein altes Wort für „gegen" ist wider:
> *Widerstand, widersprechen, erwidern, Widerwille, widerlich.*

2. Schreibt auswendig so viele dieser zehn Wörter mit **i**,
wie ihr behalten könnt. Kontrolliert.

3. Schreibe auswendig die drei Sätze von den
Nachdenkwörtern mit **ie** von Seite 263.

4. Suche in diesem Buch Reimwörter zu *Lied* mit *Gl-*,
zu *schwierig* mit *g-*, zu *friedlich* mit *n-*, zu *Spiegel*
mit *S-*, zu *Miete* mit *N-*, zu *lieben* mit *sch-*.

Übung: Besuch im Zoo

Am Dienstag geht die Familie im Zoo spazieren.
Es ist ziemlich kalt und alle frieren. Papa überlegt,
ob wohl viele Tiere sich erkälten können.
„Sicherlich die aus Afrika", meint Tino, „wie
zum Beispiel Krokodile."

Da lacht Tina: „Aber die Giraffen kriegen Schnupfen
erst vier Wochen später!"

37 Wörter + 12 Wörter = 49 Wörter

Doppelte Mitlaute, Silbentrennung, Vorsilbe ver-, Großschreibung: Nomen

er fällt, sie rennt, sie stellt, es beginnt, es brennt,
sie kennt, er hofft, sie gewinnt, er packt, es passt,
sie nennt, sie schwimmt, es stimmt, er trifft, er pennt

1. Schreibe so mit Silbentrennung:
fal-len – er fällt, …

lassen, stellen, brennen, passen, messen, schütten

2. Zu welchen dieser Verben findest du andere mit der Vorsilbe **ver-**? Schreibe nur Wörter, die du kennst.

3. Unterstreiche in deinem Heft alle gefundenen Wörter, die nicht in diesem Buch stehen.

GEWISSEN, DUMM, VERBRENNUNG, LASSEN,
FLÜSSIG, STÖREN, DONNER, DUMMHEIT,
FLÜSSIGKEIT, STAMM, SCHALL, PROGRAMM,
HOFFENTLICH, INTERESSANT, SOLLEN, NUMMER,
MESSER, PASSEN, MITTAG, NASS

4. Überlege: Welches sind die elf Nomen?

5. Schreibe in deiner Schrift: erst die Nomen, dann alle anderen Wörter in einer anderen Farbe.

Übung: Die Rechthaberin

Im Kinderzimmer gibt es oft Streit zwischen Tommi und Anna. Er jammert: „Das kommt daher, weil du immer alles besser wissen willst! Allen Bekannten fällt auf, dass du stets eine andere Meinung haben musst als ich."

Da antwortet sie: „Das ist doch toll! Wäre es anders, dann hätten wir ja immer alle beide unrecht!"

38 Wörter + 18 Wörter = 56 Wörter

Kleines Rechtschreiblexikon

tz und ck

Der Bäcker backt Geb-. / Keine Brü- ohne Lü-! / mit Sack
und Pack / verpacken, Verpackung / schrecklich, erschrecken
entwi-, Entwi- / Leckeres schmecken / dreck-, speck-

1. Überlege: Was ist schwierig? Schlage nach.
   Schreibe auswendig immer bis zum Strich.

   Abzählvers:
   Ecke, eckig, Decke, dreckig, / Pech und Glück kommt oft
   zurück, / du kriegst Druck, raus, ruck, zuck!
2. Schreibe Zeile für Zeile auswendig. Kontrolliere.

   Aus unserer Sprache
   Eine Decke bedeckt oder verdeckt etwas. Wer sie aufdeckt,
   entdeckt, was darunter versteckt ist. – Gesetze setzen fest,
   nach welchen Regeln wir zusammenleben.
3. Schreibe Satz für Satz auswendig und kontrolliere.

   Bei dieser schrecklichen Hitze ist ein Sonnenschutz
   nützlich. / Wer zuletzt lacht, lacht am besten. / Leider
   sind Katzen nicht nur nützlich. / Schmutz in offenen
   Wunden kann schreckliche Folgen haben.
4. Schreibe Satz für Satz auswendig und kontrolliere.

Übung: Rätsel ohne Lösung

Der Schmutz verschmutzt. / Ein Putzer putzt. / Ein
Kratzer kratzt. / Ein Schmatzer schmatzt. / Der Gucker
guckt. / Der Drucker druckt. / Die Decke deckt. / Der
Wecker weckt. / Der Blitz, der blitzt. / Ein Spitzer spitzt.
Warum die Hitze wohl nicht hitzt?

Und wer bei dieser Frage schwitzt, merkt schnell,
dass ihm das gar nichts nützt.

40 Wörter + 14 Wörter = 54 Wörter

V/v, Dehnungs-h, ß, -ig, -lich, -isch

die Vase, verbieten, verbrauchen, verbrennen, der Verein,
verpacken, verletzen, verlieren, verschmutzen,
die Vorfahrt, vorsichtig, die Vorsicht

1. Schreibe diese Wörter geordnet nach dem ABC.
   Kontrolliere mit diesem Buch.

   Leben, Mitleid, Afrika, Gefahr, Bayern, Tag

2. Schreibe jedes Wort zusammen mit einem Adjektiv
   aus seiner Wortfamilie. (Vorsicht: Schlag nach!)

   Gefühl, Lohn, Bohnen, Kahn, wählen, kühlen, Gefahr
   kühl, Sohn, wohnen, Bahn, zählen, fühlen, wahr

3. Zu den Wörtern in der 1. Zeile gibt es Reimwörter
   in der 2. Zeile. Schreibe die Reimwörter immer
   nacheinander. (Merkst du etwas?)

   heiß, heißen / weiß, beißen / Fleiß, reißen / draußen,
   außen / schließen, schließlich / fließen, gießen /
   Straße, Strauß / groß, bloß / Maß, Spaß / süß, Fuß

4. Schreibe auswendig, immer von Strich bis Strich.

5. Zu zwei Nomen stehen in diesem Buch als
   Nebenstichwörter Adjektive. Schreibe sie ins Heft.

Übung: Fritzchens Rechtschreiben

Fritzchen ist sehr fleißig, aber mehr als zehn Fehler in
jedem Diktat machen der Lehrerin große Sorgen.
Schließlich sagt sie: „Wenn du ein unsicheres Gefühl
hast, schlage während der Arbeit im Wörterbuch nach."

Fritzchen antwortet ehrlich: „Ja, ich weiß. Ich fühle
mich bloß nie unsicher!"

35 Wörter + 12 Wörter = 47 Wörter

RS

273

Kleines Rechtschreiblexikon

Klasse 4: Schwierige Namen, Stamm und Endung, Wortfamilien

blicken, untersuchen, mieten, mischen, unterrichten,
informieren, berichten, quälen, entfernen, jubeln

1. Schreibe zu jedem Verb sein Nomen.
   Unterstreiche bei den Verben den Wortstamm.
   blicken – der Blick, …

2. Bei der Du-Form wird meist **-st** an den Stamm gehängt.
   Schreibe alle Du-Formen:
   du blickst, …
   Unterstreiche die Wörter, bei denen du gezögert hast.

brennen, donnern, Lebensmittel, Erlebnis, Brand, Druck,
lebhaft, Brennnessel, Brandanschlag, Donnerstag, drucken,
Donner, Druckerei, leben, drücken, lebendig

3. Diese Wörter gehören zu vier Familien.
   Schreibe alle vier nacheinander.

Übung: Nur keine Angst

Mister Miller hat Glück im Lotto gehabt. Nun will er
sich einen Traum erfüllen und ein altes Schloss in der
Nähe kaufen. Aber er hat noch Bedenken und kein
gutes Gefühl. Am Tor empfängt ihn ein alter, grauer
Mann mit muffigem Geruch und stechendem Blick.
Mister Miller sagt, er möchte das Schloss kaufen.
Aber nach seinen Informationen gebe es ein Geheimnis:
Ein Geist spuke darin.

Da lacht der Alte mit heiserer Stimme:
„Ich habe hier noch nie ein Gespenst gesehen,
und ich wohne hier schon seit zweihundert Jahren!"

68 Wörter + 23 Wörter = 91 Wörter

RS

Auslaute -d/-t und -g/-k, schwierige Namen, Wortfamilien

-d oder *-t*, *-g* oder *-k*?

wichti- , Zeitun- / gesun- , Saf- / hungri- , Hun- /
zuverlässi- , Freun- / kran- , Pfer- / lau- , Flugzeu- /
kal- , Nach- / frem- , Lan- / schwieri- , Geschäf-

1. Bei jedem Wort fehlt der letzte Buchstabe.
   Du findest alle, wenn du mit dem Hundert-Tausend-
   Trick von Seite 268 schreibst.
   Zum Beispiel so: Hundert wichtige Zeitungen, …

ANGST, WÜTEND, HUNGRIG, ÄRGER,
SCHMERZHAFT, GLÜCK, DURST, HUNGER,
ÄNGSTLICH, WUT, GLÜCKLICH, ÄRGERLICH,
SCHMERZ, DURSTIG

2. Immer ein Nomen und ein Adjektiv gehören zusammen.
   Schreibe sie paarweise: Angst – ängstlich, …
   Kontrolle: Sind alle Nomen großgeschrieben?

Übung: Überraschung beim Einkauf

Am Freitag kurz vor Mittag steht eine Kundin vor einem
Marktstand. Nur noch sechs Hähnchen liegen im Korb
auf einer Bank. Die Tiere sehen alle nicht mehr jung,
gesund und frisch genug aus, eher alt und krank und
reichlich abgelagert. Die Kundin bittet darum, die fünf
ältesten Hähnchen zur Seite zu legen. Die Marktfrau
denkt an ein richtig gutes Geschäft und fragt, ob sie
diese fünf gleich fertig einpacken dürfe.

Die Kundin hat das Geld schon in der Hand und sagt
ruhig: „Nein, nicht diese fünf, ich möchte nämlich das
sechste da."

73 Wörter + 22 Wörter = 95 Wörter

W

R

G

V

RS

Kleines Rechtschreiblexikon

ä, eu/äu, silbentrennendes h

dr-, dr-, ge-, kr-, se-, nä-, ste-, verst-, mä-, we-

1. Hier stehen die Anfänge von zehn Verben. Jedes endet mit der Silbe **-hen**. Schreibe alle zehn Verben und dazu je eine Form mit sie: drehen, sie dreht, …

Ast, Apfel, Ball, Bank, Blatt, Gras, Hals, Hand, Haus, Haut, Maul, Lokal, Magd, Maus, Nacht, Pfau, Platz

2. Schreibe die Nomen der ersten Reihe mit ihrer Mehrzahl: der Ast, die Äste, … (Bei einem der Nomen sind zwei Mehrzahlformen möglich.)

3. Bei den meisten Nomen der zweiten Reihe wird in der Mehrzahl aus a **ä** und aus au **äu**. Schreibe nur diese.

Achtung: **äu** gibt es nur in Wörtern, die Verwandte mit **au** haben. Sonst schreibt man immer **eu**.

B_che, B_me, h_te, n_, n_n, f_cht, H_ser, F_er, Kr_ z, St_er, Kr_ter, M_se, l_chten, tr_men, Str_cher, h_fig

4. Hier fehlt immer **eu** oder **äu**. Sprich jedes Wort. Gibt es ein verwandtes Wort mit **au**?

Übung: Wörterliste

Eule, Blumensträuße, träumen, Euro, aufräumen, Verkäufer, Feuchtigkeit, Kreuzung, Räuber, häufig, Bäumchen, steuern, Freundin, Gebäude, Geräusch, Häuser, Mäuschen, deutsch, Häuptling, säubern, leuchten, neun, feuern, Zeuge, Kerzenleuchter, verleugnen, bläulich,

sich verbeugen, erneuern, sich freuen, bereuen, Zäune, säubern, läuten, Heuhaufen, Schleuder, heulen

27 Wörter + 10 Wörter = 37 Wörter

Lang gesprochenes i

Für das lange **i** gibt es vier Schreibweisen. Wer sie durcheinander übt, macht mehr Fehler als vorher.

W

Gruppe 1: **ie** – so schreibt man es meistens:
*Biene, Brief / Dienstag, sieben / vier, fließen /
frieren, Kiefer / kriechen, Lieder / Miete, niemals /
niemand, riechen / schieben, schief /
produzieren, schließen / schließlich, Spiegel /
Stiel, wiegen / Ziel, zielen /
Spaziergang, verbieten / Spiel, schwierig /
gießen, genießen / verlieren, in der Tiefe /
Frieden, friedlich / spielen, Spiel, Krieg*

R

Gruppe 2: **i** – so schreibt man es manchmal:
*Igel, Tiger, Apfelsine, / auch Familie und Fabrik, /
Widerstand und Margarine, / Kino, Kilo und Musik, /
prima, Linie, Schreibmaschine, / lila, dir und mir, /
Gardine, / Widerstand, Berlin und Schi /
schreibt man ebenso mit i / wie Kaninchen und im Nil /
das berühmte Krokodil.*

G

1. Partnerdiktat:
   Immer Wörter der ersten Gruppe.

2. Eigendiktat:
   Präge dir Wörter der zweiten Gruppe
   immer von Strich bis Strich ein und schreibe sie
   dann auswendig. Wer spricht das Ganze wie ein
   Rap-Gedicht auswendig?

V

Gruppe 3: **ieh** – So schreibt man es selten:
fliehen, ziehen, es geschieht, sie sieht

Gruppe 4: **ih** – so schreibt man sehr selten:
ihm, ihn, ihr

RS

Kleines Rechtschreiblexikon

Doppelte Mitlaute ll, mm, schwierige Namen, Wortfamilien, zusammengesetzte Wörter

> **„Heit-ung-keit"**-Wörter
> Hier stehen Verben und Adjektive. Wenn du die Endung
> **-ung**, **-heit** oder **-keit** benutzt, werden Nomen daraus.
> Bei diesen Nomen übersieht man leicht, dass sie – wie
> alle anderen Nomen auch – großgeschrieben werden.

dumm, schnell, hell, sammeln, einfach, ordnen,
hoffen, füllen, abstimmen, bestellen

1. Schreibt diese Wörter und dazu ihre Nomen
mit Artikel – aber nur die, die ihr kennt:
dumm – die Dummheit, …
Unterstreiche das Nomen, das nicht im Wörterbuch steht.

Gürtel / Maurer / Kuh / Auto / Abfall / Teller
Eimer / Stall / Kelle / Rand / Schnalle / Unfall

2. Setze neue Nomen zusammen, immer eins von oben
und eins von unten: *Gürtelschnalle, …*

Übung: Pelle

Herr Müller hat / einen neuen Hund bekommen. /
Der hat zwar / ein schönes, / hell geflammtes Fell, /
aber er ist / noch nicht erzogen. / Nun soll er lernen /
zu bellen, / wenn er Futter will. / Damit er das schnell
lernt, / bellt Herr Müller immer, / wenn er ihm /
seinen Topf voll Futter hinstellt.

Eine tolle Idee / war das bestimmt nicht. / Denn jetzt /
frisst Pelle nur noch, / wenn Herr Müller / vorher bellt.

49 Wörter + 18 Wörter = 67 Wörter

278

Doppelte Mitlaute ff, ll, mm; Sprech- und Schreibsilben

Kummer, Hammer, Schlummer, Sommer, Hummer, Nummer
Trümmer, Semmel, Kümmel, Brummer, Schimmer, Summer

1. Es gibt sechs Reimwörter. Versuche sie dir einzuprägen und schreibe sie auswendig. Kontrolliere.
Welche der Wörter stehen im 3. Wörterverzeichnis?
Schreibe sie auf: der Kummer, …

Knall auf Fall / in Hülle und Fülle / eine billige Brille /
schrill schreien / laut brüllen / ein tolles Holland-Rad /
volle Pulle / helles Metall / Krawall im Schweinestall

2. Partnerdiktat: Wechselt bei jedem Strich.

ab- be- weg- herbei- zurück- an- er- ver- fort- recht-
+ schaffen

3. Setze neun Verben zusammen. (Achtung: nur Verben!)
Schreibe sie mit getrennten Silben: ab - schaf - fen, …

Übung: Ein dummer Köter

Frau Pammel trifft den Verkäufer aus dem Zoogeschäft. Mit schriller Stimme lässt sie einen Wortschwall los. Der Verkäufer steht still und stumm vor Schreck. Einen solchen Lümmel von Verkäufer sollte man anzeigen! Der Hund aus seinem Geschäft sei ganz bestimmt ein billiger, dummer Köter, vollkommen unfähig, eine Null! Sie habe einen Wachhund fürs Geschäft anschaffen wollen. Aber nun habe sie begriffen, wie man sie betrogen habe!

Gestern habe ein Dieb ihr ganzes Geschäft ausgenommen. Sie habe das nicht hören können, weil der Köter so einen höllischen Krawall gemacht habe!

69 Wörter + 23 Wörter = 92 Wörter

Kleines Rechtschreiblexikon

W

R

G

V

RS

Doppelte Mitlaute mit pp, ss, tt; Schreibsilben

kippen, schlapp, klappen, die Lippe, die Puppe, klappern,
hoppeln, die Suppe, der Teppich, die Treppe, schnappen

1. Schreibe mit getrennten Silben: kip-pen, …

 Zu welchem Verb steht in diesem Buch ein Nomen
als Nebenstichwort? Schreibe dieses eine.

Regen-Rap im Wolkenbruch:
Nicht zu fassen: Wassermassen / gossen, flossen in die
Gassen / von den Häusern auf Terrassen!

2. Sprecht flüsternd im Rap-Rhythmus. Diktiert einander,
 wechselt bei den Strichen.
Wer kann das ganze Gedicht auswendig schreiben?

BETTBITTERBLATTWETTENBRETTGLATTBUTTERKAPUTT
FUTTERBITTENGITTERKLETTERNHÜTTESCHÜTTELNKETTE
MITTAGNETTMITTESATTPLATTERETTENHIMMEL

3. Schreibe alle Wörter in deiner Schrift. (Vorsicht: Nomen!)

Übung: Dumm gelaufen

Herr Brösel ist stolz, denn er hat in seiner Firma ein
eigenes Büro bekommen. Kurz vor Mittag wird die Tür
geöffnet und ein junger Mann betrit das Zimmer.
Schnell nimmt Herr Brösel den Hörer des Telefons und
wählt eine Nummer. Dann spricht er mit wichtiger
Stimme in den Hörer.

Endlich legt Herr Brösel auf und will wissen, was er für
den Mann tun könne. Der schüttelt den Kopf, nennt
seinen Namen und antwortet: „Ich soll Ihr kaputtes
Telefon reparieren."

51 Wörter + 30 Wörter = 81 Wörter

tz, ck

Redensarten

Lass die Katze aus dem Sack. / Es kam wie ein Blitz aus heiterem Himmel. / Er sitzt zwischen den Stühlen. / Das ist nur die Spitze eines Eisbergs.

1. Was bedeuten die Redensarten? Erforscht es.

2. Schreibe eine Redensart nach der anderen auswendig.

Rap-Spruch für Wutanfälle

Schicke, schacke, dicke Backe! / Mückenpickel, Ochsenglocke! / Eiterpocke, Stinkesocke! / Wütend gucken, zweimal jucken, / runterschlucken, dreimal spucken! / Lauthals brüllen tut ganz gut. / Und zum Kuckuck mit der Wut! / So ein Glück: Sie geht zurück, / leider langsam, Stück für Stück! / Weg mit ihr nach Trallala, / nach Afri- und Amerika!

3. Lies den Spruch flüsternd im Rap-Rhythmus.

4. Merkt euch immer zwei Zeilen, schreibt sie auswendig und kontrolliert sofort.

Übung: Zweitsprache

Mutter Katze geht mit ihren drei jungen Kätzchen spazieren. Plötzlich sehen sie hinter sich einen dicken Hund heranflitzen. Die Katzenkinder schreien entsetzt. Gegen den Köter gibt es für sie keinen Schutz. Aber im letzten Augenblick blickt sich die Katze um und bellt laut. Der Hund duckt sich erschrocken und trabt zurück. Da spricht Mutter Katze:

„Look, this is the advantage of a second language!"

56 Wörter + 9 englische Wörter

RS

Kleines Rechtschreiblexikon ^{RS}

W

Dehnungs-h, Wortfamilien

Verwandte und Fremde
fahren – die Erfahrung, fühlen – der Fühler, nehmen – die
Ausnahme, der Lehrer – der Lehrling, überzeugen – der Zeuge,
nah – die Nahrung, waagerecht – richtig,
barfuß – bar zahlen, früh – das Frühstück,
müssen – das Gemüse, der Mann – niemand

1. Immer zwei Wörter gehören zu einer Familie. Aber die
Wörter zweier Paare haben nichts miteinander
zu tun. Schreibe nur die neun Verwandten.

R

Schuh, Sohn, Uhr, Zahn, Lehrerin, Draht, Stuhl, Wahl

2. Schreibe nur das Nomen, zu dem im Wörterbuch
ein Adjektiv als Nebenstichwort steht.

Übung: Deutscher Meister Berri

G

Im Frühling vorigen Jahres nahm Berri an der Meister-
schaft für Wachhunde teil. Er musste zehn sehr schwierige
und sogar gefährliche Aufgaben lösen, schien aber Ge-
fahren geradezu zu ahnen und vorherzufühlen und löste
alle Aufgaben fehlerfrei. Deshalb wurde er zum besten
Wachhund gewählt und mit zehn Dosen Hundenahrung
belohnt. Die Wahl machte seinen Besitzer sehr stolz und
froh. Wer Berri jetzt hätte kaufen wollen, hätte ungefähr
doppelt so viel für ihn bezahlen müssen wie vorher.

V

Am nächsten Tag fehlte Berri in seinem Käfig. Ein
Besucher fragte nach ihm. Sein Besitzer antwortete:
„Keine Ahnung, wo er ist! Während der Nacht wurde
er gestohlen!"

77 Wörter + 27 Wörter = 104 Wörter

RS

ss, β; lange und kurze Vokale

> Ein **β** steht nur noch langem Selbstlaut.

*Draβen – drassen / bassen – baβen / klessen – kleβen /
luβen – lussen / zissen – zieβen / krassen – kraβen /
brüβen – brüssen / kosselig – koβelig / lässig – läβig*

1. Lest leise. Achtet auf die kurzen und langen Selbstlaute.
Ein Kind liest, das andere sagt: **ss** oder **β.**
Nur eines dieser Wörter gibt es. Welches?

*das Fass, sie <u>flossen</u>, der Fluss / fressen, sie frisst / ge-
sessen, sie goss / interessant, das <u>Kissen</u> / die <u>Klasse</u>,
lass das!, das Messer / müssen, du musst, nass / passen,
das <u>Schloss</u> / ein bisschen, wir bissen, wir essen*

2. Lest einander diese Wörter vor und sprecht
den kurzen Selbstlaut so kurz wie möglich.

*wir <u>aβen</u>, auβen, auβerdem, beiβen, <u>bloβ</u> / drauβen,
<u>dreiβig</u> / <u>flieβen</u>, sie fraβen / der Fuβ, gieβen, groβ,
der Gruβ / heiβen, sie lieβ, wir saβen, ich <u>vergaβ</u>*

3. Präge dir jeweils die Wörter bis zum Strich ein und
schreibe sie auswendig. Kontrolliere sofort.

4. Schreibe jedes unterstrichene Wort
aus Aufgabe 2 und 3 mit einem Reimwort.

gieβen, flieβen, beiβen, essen, fassen

5. Schreibe jedes Verb und dazu zwei Verbformen
und zwei Nomen:
gieβen, er goss, sie gieβt, der Guss, die Gosse

interessant, vergesslich, spaβig, verfressen

6. Schreibe zu jedem dieser Adjektive ein Verb und
ein Nomen aus derselben Wortfamilie.

Kleines Rechtschreiblexikon

Vorsilbe ent-, „Heit-ung-keit"-Wörter

binden, kommen, lassen, stehen, werfen, wickeln

1. Schreibe jedes Verb und sein verwandtes Verb mit der Vorsilbe **ent-**: binden – entbinden, …

Die Wörter endgültig, endlos und endlich sind mit Ende verwandt.

Wörtern mit den Endungen **-heit**, **-ung** und **-keit** merkt man nicht leicht an, dass sie Nomen sind.

frei, gesund, leisten, leiten, geschwind, betrachten, fähig, selig, zäh, frech, krank, achten, faul, dumm, heizen, fröhlich, fromm, kreuzen

2. Schreibe jedes Wort und sein Nomen mit **-heit**, **-ung** oder **-keit**: frei, die Freiheit, …

Übung: Merkwürdiger Einbruch

Dass bei der Polizei Leute anrufen, deren Stimme sich vor Aufregung überschlägt, ist keine Seltenheit. Dem Londoner Polizisten Miller aber ist ein Anruf wegen seiner Merkwürdigkeit und Einmaligkeit in bleibender Erinnerung. Eine Stimme krächzte: „Einbruch! Eine Katze ist eingebrochen!" Mister Miller, der viel Erfahrung hatte, antwortete, die Polizei übernehme für Katzen keine Verantwortung.

Weil Katzen nicht in die Zuständigkeit der Polizei fielen, sehe er weder eine Möglichkeit noch die Notwendigkeit, einen Streifenwagen zu schicken. Da krächzte die Stimme: „Hilfe! Es geht um Leben und Tod! Hier spricht der Papagei!"

55 Wörter + 36 Wörter = 91 Wörter

chs/x, Fremdwörter, Problemwörter, Doppelvokale, ie

*die Hexe, der Lexikon-Text, extra, mixen, boxen /
der kleine Fuchs wuchs, sechs Gewächse wachsen,
wechseln, der nächste Tag / das sympathische Theater,
das Thermometer*

1. Schreibe jede Wörtergruppe auswendig. Kontrolliere.

*Recycling
Die Griechen nannten Kreis und Kreislauf cyclos.
Daraus wurde bei den Römern cyclus und bei den
Engländern cycle. – Die Vorsilbe re- bedeutet oft: zurück.
Wenn ich etwas zurück in den Kreislauf bringe,
heißt das auf Englisch: I recycle.*

2. Erforsche: Was bedeutet recyceln? Warum heißt
⭐ Fahrrad im Englischen bicycle und Radfahren cycling?

*Wörter, die mit Flüssigkeiten zu tun haben:
Tee, Ka-, See, Meer, Moo-, Moo-, Schn-, Boot*

3. Schreibe diese Wörter vollständig und mit Artikel.

*doof, ein Paar Schuhe, ein paar Tage, die Idee, der Zoo,
brav, Vase, Konserve / überqueren, quälen, Qual, Quelle /
Christ, Chance, Charakter, Charterflug / Handy, Clown*

4. Denkt euch selbst Übungen aus.

*ie-Rap
Fließen, schließen und genießen, / fliegen, siegen, wiegen,
gießen, / subtrahieren, schief addieren, / Ärger kriegen,
Vier kassieren, / Besenstiel und Fußballspiel. / Beispiel,
Schauspiel, ziemlich viel, / biegen, fliegen und verlieren, /
liegen, kriegen und blamieren, / schrieb Mariechen
Wiesenklee / noch im Halbschlaf mit i-e!*

5. Sprich im Rap-Rhythmus.

6. Eigendiktat: Immer von Strich bis Strich.

Englisch: Bild-Wort-Lexikon

My family

grandfather
(grandpa)

grandmother
(grandma)

father
(dad) parents mother
(mum)

She's my
sister.

He's my
brother.

son daughter

Have you
got brothers
or sisters?

Yes, I've got
two sisters.

No, I
haven't.

My face and my body

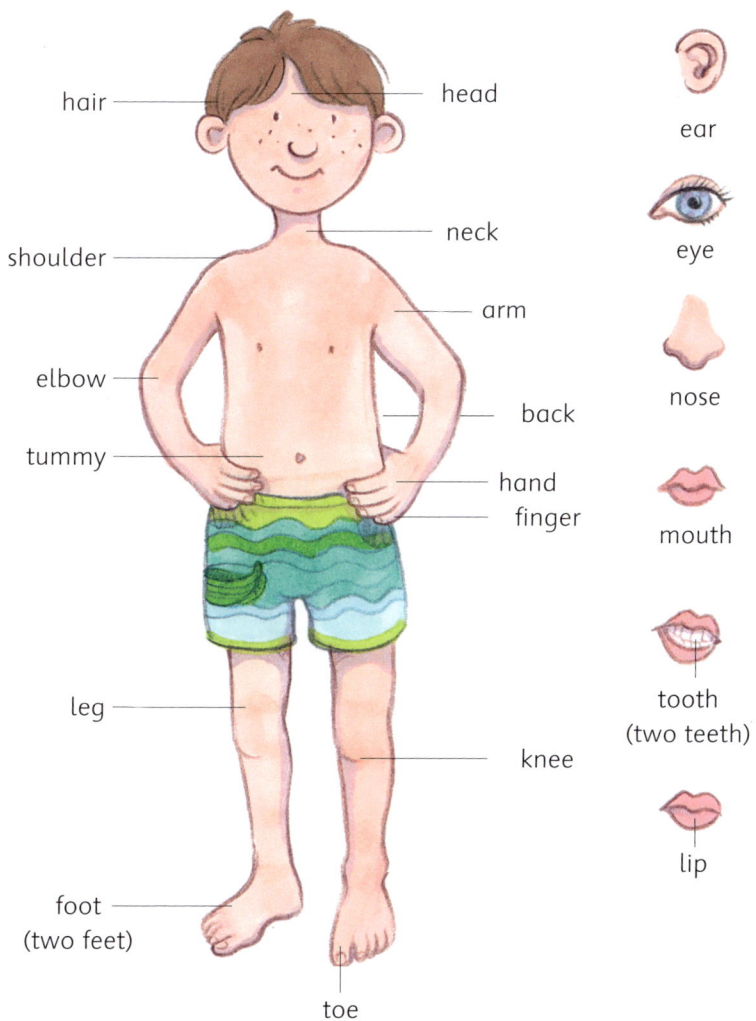

hair

head

shoulder

neck

arm

elbow

tummy

back

hand

finger

leg

knee

foot
(two feet)

toe

ear

eye

nose

mouth

tooth
(two teeth)

lip

Englisch: Bild-Wort-Lexikon

Colours and clothes

yellow red brown orange green blue white black grey

pullover T-shirt socks dress

cap anorak jeans jacket

skirt sweatshirt shoes trousers

What colour is the skirt?

The skirt is green.

putting on a dress

taking off shoes

Opposites and feelings

a happy boy

a sad boy

a cold drink

a hot drink

a new car

an old car

a wet dog

a dry dog

a big pig

a little pig

the left side

the right side

good news

bad news

a tall girl

a small girl

What's the matter?

I'm sick.

I'm tired.

I'm fine.

Englisch: Bild-Wort-Lexikon

At school

board

chalk

picture

table

chair

schoolbag

book

exercise book

pen

pencil

felt tip

scissors

pencil sharpener

ruler

glue stick

rubber

pencil case

pupil

teacher

desk

Englisch: Bild-Wort-Lexikon

Numbers

There are three birds and four stars and…

1 one	15 fifteen
2 two	16 sixteen
3 three	17 seventeen
4 four	18 eighteen
5 five	19 nineteen
6 six	20 twenty
7 seven	21 twenty-one
8 eight	30 thirty
9 nine	40 forty
10 ten	50 fifty
11 eleven	60 sixty
12 twelve	70 seventy
13 thirteen	80 eighty
14 fourteen	90 ninety
	100 one hundred

Time

What time is it?

It's ten o'clock.

clock

At...
I...

get up.

have breakfast.

go to school.

have lunch.

do my homework.

play football.

have supper.

go to bed.

 two o'clock

 a quarter past two

 half past two

 a quarter to three

 ten to four

 ten past four

Englisch: Bild-Wort-Lexikon

Days of the week and my hobbies

I like …

cycling

going to the cinema

playing cards

in-line skating

playing football

meeting friends

playing the
guitar

reading books

ballet dancing

Monday	Tuesday	Wednesday	Thursday	Friday	Saturday	Sunday
Peter		16⁰⁰ football				

What are you
doing on Monday?

On Monday I'm
meeting a friend.

At the playground

on the swing

climbing **up** the ladder

under the ladder

going **down** the slide

going **through** the tunnel

in **front of** the tree

behind the tree

in the sandpit

Englisch: Bild-Wort-Lexikon

My town

school

bus stop

station

supermarket

street

cinema

post office

church

traffic lights

How do you go to school?

I go to school by bus.

motorbike

bike

car

bus

tram

taxi

train

At home

window

door

chair

table

bed

fridge

calendar

lamp

television

computer

wardrobe

bookshelf

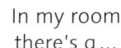
Our house has got…

In my room there's a…

bathroom

living room

kitchen

bedroom

stairs

garden

Englisch: Bild-Wort-Lexikon

Food and drink

Would you like some juice?

Would you like a cup of tea?

Yes, please.

No, thank you. I'd like a glass of milk.

teapot

cup

bottle

bowl

spoon

frying pan

glass

pepper

salt

fork plate knife

What would you like to eat?

I would like to have a sandwich.

Englisch: Bild-Wort-Lexikon

At the zoo

Pets and farm animals

cat

rabbit

fish

mouse

hamster

guinea pig

budgie

dog

Have you got a pet?

chicken

pig

sheep

duck

horse

cow

Englisch: Bild-Wort-Lexikon

Seasons

spring   March • April • May   *Easter*

summer   June • July • August   *holidays*

autumn   September • October • November   *Halloween*

winter   December • January • February   *Christmas*

Englisch: Bild-Wort-Lexikon

Hello and goodbye

Questions and answers

Englisch: Wörterverzeichnis

A a

Abend	evening
Abendbrot essen	to have supper
acht	eight
achtzehn	eighteen
achtzig	eighty
Affe	monkey
alle	everybody
alt	old
Ampel	traffic lights
Ananas	pineapple
Anorak	anorak
anrufen	to call
Antwort	answer
anziehen	to put on
Apfel	apple
Apfelsine	orange
April	April
Arbeitsstelle	job
Arm	arm
auch	too, also
auf	on
aufstehen (morgens)	to get up
aufstehen (vom Stuhl)	to stand up
auf Wiedersehen	goodbye
Auge	eye
August	August
ausgezeichnet	fine
ausziehen	to take off
Auto	car

B b

Badezimmer	bathroom
Bahnhof	station
Ball	ball
Ballett	ballet
Banane	banana
Bär	bear
Bauch	tummy
Bauernhof	farm
Baum	tree
Bein	leg
Bett	bed
bezahlen	to pay
Bild	picture
Birne	pear
bitte	please
Blatt (Blätter)	leaf (leaves)
blau	blue
Bleistift	pencil
Blume	flower
braun	brown
Brief	letter
Brot	bread
Bruder	brother
Buch	book
Bus	bus
Bushaltestelle	bus stop
Butter	butter

C c

Computer	computer
Cornflakes	cornflakes

D d

danke	thank you
dein(e)	your
Delfin	dolphin
deutsch	German
Dezember	December
Dienstag	Tuesday
Donnerstag	Thursday
Drachen	kite
drei	three
dreißig	thirty
dreizehn	thirteen
du	you
durch	through
durstig	thirsty

E e

Ei	egg
einhundert	one hundred
eins	one
Eis	ice
Eiscrem	ice cream
Elefant	elephant
elf	eleven
Ellenbogen	elbow
Eltern	parents
englisch	English
Ente	duck
er	he
es	it
essen	to eat
euer/eure	your

F f

Fahrrad	bike
Fahrrad fahren	to ride a bike
Familie	family
Farbe	colour
Farm	farm
Februar	February
Federmappe	pencil case
fein	fine
Fenster	window
Ferien	holidays
Fernseher	television
Filzstift	felt tip
Finger	finger
Fisch	fish
Flasche	bottle
fliegen	to fly
Flugzeug	(air)plane
Fluss	river
Frage	question
Frau	woman
Freitag	Friday
Freund	friend
Frucht	fruit
Frühling	spring
Frühstück	breakfast
frühstücken	to have breakfast
Füller	pen
fünf	five
fünfzehn	fifteen
fünfzig	fifty
Fuß (Füße)	foot (feet)
Fußball	football

G g

Gabel	fork
Garten	garden
Geburtstag	birthday
Gefühl	feeling
Gegensatz	opposite
gehen	to go
gelb	yellow
Geld	money
Gemüse	vegetable
Geschichte	story
Gesicht	face
Getränk	drink
Gitarre	guitar
Glas	glass
glücklich	happy
Gras	grass
grau	grey
groß	big, tall
Großmutter	grandmother (grandma)
Großvater	grandfather (grandpa)
grün	green
Gurke	cucumber
gut	good, well

H h

Haar	hair
haben	to have
Hals	neck
Hamster	hamster
Hand	hand
Haus	house
Hausaufgaben	homework
Haustier	pet
Heft	exercise book
heiß	hot
helfen	to help
Hemd	shirt
Herbst	autumn
heute	today
hinauf	up
hinter	behind
hinunter	down
Hobby	hobby
Honig	honey
Hose	trousers
Hügel	hill
Huhn	chicken
Hund	dog
hundert	a hundred
hungrig	hungry

I i

ich	I
ihr	you
ihr(e)	her/their
in	in

J j

ja	yes
Jacke	jacket
Jahr	year
Jahreszeit	season
Januar	January
Jeans	jeans
jetzt	now
Juli	July
Junge	boy
Juni	June

K k

Kaffee	coffee
Kalender	calendar
kalt	cold
Känguru	kangaroo
Kaninchen	rabbit
Karte	card
Kartoffel	potato
Käse	cheese
Katze	cat
kaufen	to buy
Kino	cinema
Kirche	church
Klasse	class
Kleber	glue stick
Kleid	dress
Kleider-schrank	wardrobe
Kleidung	clothes
klein	little, small

klettern	to climb
Knie	knee
Kopf	head
Körper	body
krank	ill, sick
Kreide	chalk
Küche	kitchen
Kuchen	cake
Kuh	cow
Kühlschrank	fridge
Kürbis	pumpkin

L l

Lampe	lamp
leben	to live
Lebens-mittel	food
Lehrer(in)	teacher
Leiter	ladder
lernen	to learn
lesen	to read
Lied	song
Lineal	ruler
links	left
Lippe	lip
Löffel	spoon
Löwe	lion
lustig	funny

M m

Mädchen	girl
Mai	May
Mann	man
Markt	market
Marmelade	jam
März	March
Maus (Mäuse)	mouse (mice)
Meer	sea
Meer-schweinchen	guinea pig
mein, meine	my
Messer	knife
Milch	milk
Mineralwasser	mineral water
Mittagessen	lunch
Mittwoch	Wednesday
mögen	to like
Möhre, Rübe	carrot
Monat	month
Mond	moon
Montag	monday
Morgen	morning
morgen	tomorrow
Motorrad	motorbike
müde	tired
Mund	mouth
Mutter	mother (mum)
Mütze	cap

N n

Nachmittag	afternoon
Nacht	night
Name	name
Nase	nose
nass	wet
Nebel	fog
neblig	foggy
nein	no
Nest	nest
nett	nice
neu	new
neun	nine
neunzehn	nineteen
neunzig	ninety
Nilpferd	hippo
November	November

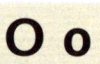

O o

Obst	fruit
Ohr	ear
Oktober	October
Oma	grandma
Opa	grandpa
orange	orange
Osterei	Easter egg
Ostern	Easter

P p

Paprika (grün)	green pepper
Park	park
Pfanne	frying pan
Pfeffer	pepper
Pferd	horse
Pflaume	plum
Pinguin	penguin
Post	post office
Pullover	pullover

R r

Radiergummi	rubber
rechts	right
Regal	shelf
Regen	rain
Regenschauer	shower
regnerisch	rainy
Rock	skirt
rot	red
Rücken	back
Rutsche	slide

S s

Saft	juice
Salat	lettuce
Salz	salt
Sandkasten	sandpit
Sandwich	sandwich
Schachtel	box
Schaf	sheep
Schaukel	swing
Schere	scissors
Schiff	ship
Schinken	ham
Schlafzimmer	bedroom
schlecht	bad
Schlitten	sledge
Schmetterling	butterfly
Schnee	snow
Schneeball	snowball
Schneeflocke	snowflake
Schneemann	snowman
Schokolade	chocolate
Schrank	wardrobe
schreiben	to write
Schreibtisch	desk
Schuhe	shoes
Schule	school
Schüler(in)	pupil
Schultasche	schoolbag
Schulter	shoulder
Schüssel	bowl
schwarz	black
Schwein	pig
Schwester	sister
Schwimm-becken	swimming pool

Englisch: Wörterverzeichnis

T t

schwimmen	to swim
sechs	six
sechzehn	sixteen
sechzig	sixty
See	lake
Seehund	seal
sein(e)	his
September	September
sie (eine)	she
sie (mehrere)	they
sieben	seven
siebzehn	seventeen
siebzig	seventy
singen	to sing
Socken	socks
Sohn	son
Sommer	summer
Sonnabend	Saturday
Sonne	sun
sonnig	sunny
Sonntag	Sunday
Spiel	game
spielen	to play
Spitzer	pencil sharpener
Stadt	town
Stadtzentrum	city
Stern	star
Strand	beach
Straße	street, road
Straßenbahn	tram
Stuhl	chair
Supermarkt	supermarket
süß/Süßigkeit	sweet
Sweatshirt	sweatshirt

Tafel	board
Tag	day
tanzen	to dance
Tasse	cup
Taxi	taxi
Tee	tea
Teekanne	teapot
Teller	plate
Tier	animal
Tiger	tiger
Tisch	table
Tochter	daughter
Tomate	tomato
traurig	sad
treffen	to meet
Treppe	stairs
trinken	to drink
trocken	dry
T-Shirt	T-shirt
tun	to do
Tunnel	tunnel
Tür	door

U u

Übung	exercise
Uhr	clock, watch
und	and
unser(e)	our
unter	under
Urlaub	holidays

V v

Vater	father (dad)
vier	four
vierzehn	fourteen
vierzig	forty
Vogel	bird
vor	in front of

W w

warm	warm
was	what
Wasser	water
Weihnachten	Christmas
Weihnachts- baum	Christmas tree
weiß	white
Wellensittich	budgie
Wetter	weather
wie	how
Wind	wind
windig	windy
Winter	winter
wir	we
wissen	to know
wo	where
Woche	week
Wohnzimmer	living room
Wolke	cloud
wolkig	cloudy
Wort	word

Z z

Zahl	number
Zahn (Zähne)	tooth (teeth)
Zehe	toe
zehn	ten
zeichnen	to draw
Zeit	time
Zimmer	room
Zitrone	lemon
Zucker	sugar
Zug	train
zwanzig	twenty
zwei	two
Zwiebel	onion
zwölf	twelve

Wie man auf Englisch...

Wie man sich auf Englisch freut:

Das macht mir Spaß.	That's fun.
Das ist ja super!	That's really good.
Darüber freue ich mich.	I'm really pleased about that.
Das gefällt mir total gut.	I really like that.

Wie man sich auf Englisch ärgert:

Ich halte das nicht mehr aus.	I can't stand it any longer.
Das ist die Höhe.	That really takes the biscuit.
Das muss anders werden.	We'll have to do it differently next time.
Ich bin wütend.	I'm really annoyed.
Das gefällt mir überhaupt nicht.	I don't like that at all.

Wie man sich auf Englisch wundert:

Komisch. / Merkwürdig.	That's strange.
Na, so was!	I'm quite shocked.
Unglaublich!	I don't believe it.
Wirklich?	Really?

Wie man jemanden auf Englisch ermahnt:

Das geht nicht.	You can't do that.
Mach keine Dummheiten.	Don't do anything silly.
Mach keinen Unsinn.	Stop messing about.
Sei vorsichtig.	Be careful.
Lass das lieber.	Stop it.
Hände weg!	Don't touch that.

Wie man auf Englisch unfreundlich ist:

Das geht dich nichts an.   Mind your own business.
Lass mich in Ruhe.   Leave me alone.
Du gehst mir auf die Nerven.   You're getting on my nerves.

Wie man jemandem auf Englisch etwas Gutes sagt:

Ich liebe dich!   I love you.
Das ist nett von dir!   That's very nice of you.
Gut gemacht!   Well done.
Das war Klasse!   That was really great.
Das ist nett/freundlich von dir. That's very kind of you.

Wie man jemanden auf Englisch abwimmelt:

Ich habe keine Zeit.   I'm late already. /
                                  I don't have time.

Ich hab's eilig.   I'm in a hurry.
Komm morgen wieder!   Come back tomorrow.
Ich muss weg.   I have to go.

Wie man sich auf Englisch verabschiedet:

Viel Spaß!   Have a good time.
Bis dann!   Till (the) next time.
Schönen Tag noch!   Have a nice day.
Auf Wiedersehen!   See you again.
Alles Gute!   All the best.
Viel Glück!   Good luck.

Englisch in unserer Sprache

abtörnen, das törnt mich ab ich bin enttäuscht oder sehr gelangweilt, schlechter Stimmung (turn = sich verwandeln)

Action, da ist Action da passiert etwas, da ist was los (action = Tat, Handlung)

boomen, die Sache boomt das entwickelt sich rasant (boom = Aufschwung)

checken, das ist gecheckt untersucht (check = Kontrolle)

Connections haben Beziehungen haben (connection = Verbindung)

cool, er ist cool der ist ruhig, gelassen; besonders gut (cool = kühl, gelassen)

easy, das ist easy leicht, bequem, unkompliziert (feeling = Gefühl)

fit, ich bin fit gut in Form (fit = gut in Form)

geschockt, er ist geschockt erschrocken (schock = Schreck)

gestylt, sie ist gestylt sie hat sich schick gemacht (style = Stil, Mode)

happy, ich bin happy ich bin glücklich (happy = glücklich)

heavy, das ist heavy das ist schwer, ein „starkes Stück" (heavy = schwer)

in, das ist in das ist Mode (in = in Mode)

joggen, ich gehe joggen ich laufe (jogging = Dauerlauf)

knockout, ko., ich bin k.o. (knocked out = bewusstlos geschlagen)

Power, der hat viel Power jemand hat viel Kraft und Energie (power = Kraft)

relaxed, ich bin relaxed ich bin ruhig, gelassen, entspannt (relaxed = entspannt)

Story, erzähl keine Storys erzähl keine Lügengeschichten (story = Geschichte, Erzählung)

Sound (sound = Klang)

top, das ist top das ist eine Spitzensache (top = Spitze)

Trouble, er hat Trouble (trouble = Probleme, Ärger, Schwierigkeiten)

Zu den Aufgaben der Seiten 20–25

17. müde, Rücken, wünschen / spät, Stängel /
böse, Brötchen, hören, können, plötzlich, zwölf

 5. Anna, Emma, Hanna, Lena, Sofie

14. A**a**l, A**b**end, a**c**ht, A**d**er, A**ff**e
Oder:
O**b**st, O**f**en, O**h**r, O**k**tober, O**m**a, O**n**kel,
O**p**a, O**r**t, O**s**ten, O**z**ean

 6. David, Felix, Jonas, Murat, Paul

15. Pizza, Pommes, Puppe, Quatsch, Ring

 7. Lehmann, Meier, Posser, Seiler, Wagner
Oder:
Anna, David, Emma, Felix, Hanna, Jonas, Lena,
Murat, Paul, Sofie

Zu den Aufgaben der Seiten 54–61

 5. Kasse

 4. passen, quer, Rübe, Rücken, rudern, rufen, ruhig,
Rummel, rund, schwarz, schwer

 1. Ba**c**ke, ba**d**en, Ba**g**ger, Ba**h**n, ba**l**d
Oder:
Ba**c**ke, Ba**g**ger, ba**l**d, Ba**n**ane, Ba**r**ren, Ba**s**t, Ba**y**ern

 3. Anna, Anton, Marie, Martin, Sofie, Sonja

 6. Stern

 2. lachen, Lack, laden, Lager, lahm, Lampe, lang,
Lappen, lassen, Latte
Oder:
kochen, lachen, laden, lahm, lang, Latte, Mut, Mutter

Von A bis Zett

Wörterbuch für Grundschulkinder
von Gerhard Sennlaub

Redaktion: Redaktion Primarstufe
Umschlaggestaltung und Layoutkonzept: Corinna Babylon
unter Beratung von Katharina Wolff-Steininger
Layout und technische Umsetzung: Corinna Babylon
Illustration: Eve Jacob

www.cornelsen.de

Alle Drucke dieser Auflage sind inhaltlich unverändert
und können im Unterricht nebeneinander verwendet werden.

Druck: H. Heenemann, Berlin

ISBN 978-3-06-083218-7
(kartoniert)
1. Auflage, 7. Druck 2025

ISBN 978-3-06-083217-0
(Ausgabe mit CD-ROM)
1. Auflage, 2. Druck 2015

ISBN 978-3-06-083101-2
(flexibler Kunststoff-Einband)
1. Auflage, 10. Druck 2024

PEFC zertifiziert
Dieses Produkt stammt aus nachhaltig
bewirtschafteten Wäldern und kontrollierten
Quellen.

www.pefc.de

PEFC/04-31-1156